高等职业教育航空运输类专业系列教材

民航旅客订座实训教程

（第二版）

主　编　魏　彬　白杨敏

副主编　胡　涛

科学出版社

北　京

内 容 简 介

本书以国内 CRS 和 ICS 客票订座的基本指令和基本操作过程为主线，介绍了民航电子客票订座的基本理论、操作方法。本书共五个项目，即民航订座基础知识、民航订座系统基本操作、民航信息查询、旅客订座记录的处理、综合实训。本书通过民航订座范例，密切结合实践，方便教师的讲授和学生的学习。

本书既可作为中高职院校民航运输相关专业的教学用书，也可作为民航企业培训用书。

图书在版编目（CIP）数据

民航旅客订座实训教程 / 魏彬，白杨敏主编．—2 版．—北京：科学出版社，2024.6

（高等职业教育航空运输类专业系列教材）

ISBN 978-7-03-076611-3

Ⅰ．①民…　Ⅱ．①魏…　②白…　Ⅲ．①民用航空-商业服务-计算机管理系统-高等职业教育-教材　Ⅳ.①F562.6-39

中国国家版本馆 CIP 数据核字（2023）第 193142 号

责任编辑：高立凤　周春梅 / 责任校对：赵丽杰
责任印制：吕春珉 / 封面设计：东方人华平面设计部

科学出版社 出版
北京东黄城根北街 16 号
邮政编码：100717
http://www.sciencep.com
三河市骏杰印刷有限公司印刷
科学出版社发行　各地新华书店经销
*
2017 年 3 月第　一　版　开本：787×1092　1/16
2024 年 6 月第　二　版　印张：15 1/4
2024 年 6 月第八次印刷　字数：361 000

定价：55.00 元

（如有印装质量问题，我社负责调换）
销售部电话 010-62136230　编辑部电话 010-62135120-2052（VF02）

第二版前言

党的二十大报告提出："高质量发展是全面建设社会主义现代化国家的首要任务。发展是党执政兴国的第一要务。没有坚实的物质技术基础，就不可能全面建成社会主义现代化强国。必须完整、准确、全面贯彻新发展理念，坚持社会主义市场经济改革方向，坚持高水平对外开放，加快构建以国内大循环为主体、国内国际双循环相互促进的新发展格局。"

随着国民经济的高速发展，机场及相关配套服务设施的扩建与完善，乘坐飞机出行成了人们旅行的重要交通方式。民航客票销售作为旅客运输的首要环节，在整个运输过程中起着至关重要的作用。客票销售工作的质量，直接影响旅客的后续旅行是否顺利。因此，提升民航客票销售人员使用计算机订座系统完成国内客票销售工作技能也成为各个航空运输企业及客票销售代理人的重要工作。

国内开设民航客票销售课程的职业院校有很多，适合职业院校的实用教材却很少。究其原因，主要是民航客票销售教材难以满足民航客票销售相关岗位人员的教学与培训要求。这些教材不外乎两类：一类是讲述民航客票销售理论知识的；另一类是中国民航信息网络股份有限公司开发的计算机订座系统操作手册。无论是哪类教材，都存在与民航国内客票销售岗位工作脱节的问题。

本书从民航客票销售岗位日常工作流程入手，以客票销售工作实例为载体，系统完整地介绍了民航客票销售的主要工作内容，包括民航信息查询，运价查询，旅客订座记录的建立、修改、删除，以及民航电子客票的退票、变更、签转等。本书着重呈现民航客票销售人员的工作实践过程和任务实施过程，重点在于怎样利用民航订座系统为旅客提供客票销售服务。

本书由武汉市交通学校魏彬、中国民航大学白杨敏担任主编，成都琳多航空技术咨询有限责任公司胡涛担任副主编，全书由魏彬统稿和审定。具体编写分工如下：项目一、二、三、五、附录一～四由魏彬编写；项目四由白杨敏编写；附录五由胡涛编写。

由于编者水平有限，加之时间仓促，书中疏漏与不足之处在所难免，恳请广大读者批评指正。

第一版前言

民航旅客订座系统包括航空公司订座系统（inventory control system，ICS）和代理人分销系统（computer reservation system，CRS），是为旅客办理乘机机票的订座和形成旅客订座记录（passenger name record，PNR）的系统。2008年以来，民航国内旅客订座都是通过电子客票的方式来实现客票订座的。电子客票是民航客票订座最先进的客票形式。

ICS是一个集中式、多航空公司的系统。航空公司享有自己独立的数据库、独立的用户群、独立的控制和管理方式，各种操作均可个性化，包括班期、运价、可利用情况、销售控制参数等信息和一整套完备的订座功能。

CRS的主要功能是为代理人提供航班可利用情况查询、航段销售、电子客票订座等服务。

CRS的航班信息是从ICS得来的。ICS把所建立的航班信息通过网络系统传送到CRS，CRS的代理人为旅客建立旅客订座信息，并把旅客订座信息记录传送到ICS。ICS如果确认并返回订座正常信息，CRS的代理人就可以为旅客出票。

编者根据国内民航旅客电子客票订座情况，以及航空公司和民航类专业学员进行电子客票订座教学和培训的需求，在长期从事教学和大量实践操作的基础上编写了本书。本书除了包括民航客票订座的基本理论、基础知识和基本概念外，还提供了大量的实践操作范例。实践操作是在“电子客票培训系统”（简称“培训系统”）的系统平台上完成的。

“培训系统”是国内唯一开发研制，在一个局域网内运行，高度仿真民航订座生产系统的业务流程和电子客票订座操作功能的培训系统，并已获得国家专利，专利号是2012105026032。

本书由胡涛、白杨敏担任主编，并统稿和审定全书；赵鸣、魏彬、袁海燕、刘碧辉担任副主编。具体编写分工如下：第一部分由四川西南航空专修学院刘碧辉编写；第二部分由上海工程技术大学赵鸣编写；第三部分由武汉市交通学校魏彬编写；第四部分由中国民航大学白杨敏编写；第五部分由南京航空航天大学袁海燕编写；附录由电子科技大学胡涛编写。

编者希望通过本书使读者全面了解民航国内电子客票销售的工作内容、操作方法与操作过程。它不等同于网上客票销售，而是和CRS、ICS密切相关的工作内容和操作方法。编者希望本书有助于促进民航经济与管理方面的研究，能够为提高民用航空类专业的教学和科研工作水平、国内客票销售服务人员的业务水平做出应有的努力。

目 录

模块一 知识篇

模块二 技能篇

模块一

知 识 篇

项目一 民航订座基础知识

项目导读

本项目介绍了民航客票基础知识和民航运输业务基础知识。

知识目标

1. 掌握电子客票定义、电子客票状态、机票运价及相关规定等基础知识。
2. 能够准确说出国内主要航空公司的二字代码、国内城市机场的三字代码。
3. 掌握航段、航线、航班等概念，掌握民航旅客的类别。

能力目标

能够运用客票相关规定的知识，分析实际工作中所适用的票价及行李限额问题。

素质目标

具备自觉遵守行业法规和职业规范的意识和素质。

任务一 民航客票基础知识

任务目标

1. 掌握电子客票定义、电子客票状态等基础知识。
2. 掌握民航机票运价、机票相关规定等基础知识。

一、电子客票的定义

电子客票（electronic ticket，ET），又称为“无纸化客票”。旅客购买机票的记录保留在航空公司的订座系统内，不会收到纸质客票，所以称为电子客票。电子客票是普通纸质客票的替代产品，旅客通过CRS/ICS或互联网订购机票之后，仅凭有效身份证件直接到机场办理乘机手续即可乘坐飞机旅行，实现“无票乘机”。

电子客票作为世界上最先进的机票形式，依托现代信息技术，实现无纸化、电子化的订票、结账和办理乘机手续等全过程，给旅客带来诸多便利并为航空公司降低了成本。

中国航空领域从 2006 年年底电子客票全面实施以来，机票销售的网上交易量及在线支付量每年呈几何倍数迅猛增长。旅客电子客票的订座或销售，是由航空公司运营部、销售代理人或者授权销售代理人凭借电子网络设备，通过 CRS/ICS 完成的。

电子客票票号是电子客票的唯一标识符，由 13 位数字和一个连字符“-”组成，格式为 NNN-KKKKKDDDDD。其中，NNN 是航空公司的结算代码，表示此电子客票的所属航空公司；KKKKK 是电子客票的号段代码，编码规则内定；DDDDD 是客票序号（流水号），范围为 00001～99999。

电子客票票号由开账与结算计划（billing and settlement plan，BSP）进行统一发放，由各销售部门申请领取，存放于民航旅客订座系统中。开票、使用和作废等操作记录由 CRS/ICS 管理。

国内电子客票销售结算是由结算中心（如中国民航局客票结算中心、BSP 结算）根据电子客票票号，即各航空公司的电子客票号的前三位（结算代码）进行结算的。例如，中国国际航空公司的结算代码是 999。

二、电子客票的状态

电子客票目前有 14 种状态，CRS/ICS 根据这些状态对电子客票进行处理和控制。电子客票状态及其意义如下。

OPEN FOR USE/USED	客票未出票，有效
VOID	已作废
REFUNDED	已退票
CHECKED IN	已经办理值机
USED/FLOWN	客票已使用，出票
SUSPENDED	系统处理，客票禁止使用
PRINT/EXCH	电子客票已换开为纸票
FIM EXCH	电子客票已换开为 FIM 单
LEFT/BOARDED	客票已登机
EXCHANGED/RE-ISSUED	客票已经换开
AIRP CNTL[/DM]	控制权在 DM（DM 为某航空公司二字代码）
PAPER TICKET	纸票
IRREGULAR OPERATION	故障操作
PRINTED	已经打印

订座系统约定在打印了电子客票行程单后，才确认客票已使用，其状态是 USED。

三、电子客票行程单

《航空运输电子客票行程单》由国家税务总局监制并纳入税务机关进行发票管理，是适用于境内出具的国内、国际航线的旅客购买电子客票的唯一纸质报销凭证。由客票销售部门根据旅客需要打印的电子客票行程单才能作为报销凭证。

四、电子客票行程单与旅客登机牌

民航旅客登机牌是旅客登机的凭证。电子客票行程单不是旅客旅行登机的凭证。电子客票是纸质机票的电子形式，是电子数据记录，购买了电子客票的旅客，持有效身份证件（如居民身份证、护照、军官证等），到机场办理值机手续后取得旅客登机牌，凭旅客登机牌登机旅行。

五、电子客票的销售管理

1）电子客票有效期的修改。各营业部对境外代理人销售的电子客票的有效期，在规定条件下进行变更（按规定收取改期费），使用 ETV 指令修改。

2）电子客票状态的修改。由于某种客观因素，工作人员需要对电子客票的状态进行修改。例如，当电子客票的状态为 OPEN FOR USE/USED 时，工作人员方能为旅客办理乘机、客票变更、签转、退票等手续。可使用 DETR 指令提取电子客票信息。

3）电子客票的变更。电子客票的变更包括航程、日期和舱位的变更，电子客票的换开（对于尚未使用电子客票的境外营业部对境外代理人），退票。

4）电子客票的有效期。客票自旅行开始之日起，一年内运输有效。根据子舱位票价或票价折扣情况，也有半年和三个月有效期的。有效期的计算，从旅行开始或填开客票之日的次日零时起至有效期满之日的次日零时为止。特种客票的有效期，按该客票适用票价的有效期计算。由于航空公司的原因，其客票有效期将会延长到航空公司能够安排旅客乘机为止。

六、网上旅客机票订座

旅客在网上预订机票的流程如下。

1）登录机票预订网站（如携程旅行网、去哪儿网或某航空公司机票预订的网站）。根据行程，选择“国内机票”或“国际机票”；选择航程类型（往返、单程或者联程）、出发城市、目的城市、出发日期、出发时间（如果选择了返程，则还需要选择“返回日期”和“返回时间”），填写“送票城市”“乘客类型”“乘客人数”，选择舱位等级等。

2）单击“查询并预订”选项。选择需要的航班，填写登机人信息和联系人信息，选择出票时间、行程单配送方式和支付方式（可以使用信用卡支付）。

3）支付机票款。订票完成后，网站会向旅客的手机发短信，通知订票情况。

4）旅客需要记住的是所订机票的航空公司和航班号，起飞前到机场出发厅，找到相应的航空公司办理登机牌即可（只需出示身份证）。

5）根据旅客的需要，由快递送电子客票行程单上门，或到公司的售票处领取电子客票行程单。

在机票预订网站（如携程旅行网、去哪儿网或某航空公司机票预订网站）预订机票，实际上和在 CRS 上预订机票一样：网站的航班信息是从 CRS/ICS 得来的。网站为旅客建立其旅客订座信息，并把旅客的订座信息传送到 ICS。如果 ICS 确认并返回订座正常信息，机票预订网站就可以收取机票款为旅客订票。

在机票预订网站预订机票和在 CRS 上预订机票的区别：在机票预订网站旅客可在网上输入旅客信息，查询并预订的等待时间较长，有时可能会预订失败；CRS 由代理人工作人员查询航班、舱位、输入旅客信息，等待时间较短，这是面对面的订座交易，预订成功率高。

目前，从中国 GDS（global distribution system，全球分销系统）的应用来看，覆盖中国大陆全境 5 000 多家代理人分销系统 CRS、ICS 和 DCS（departure control system，离港控制系统），以及中国民航丰富的 ICS、CRS 和 DCS 数据及国内航空运价管理系统 EasyFare，除春秋航空股份有限公司外，都处于一种被垄断的状态。

CRS 汇集了国际国内所有 ICS 的航班信息数据，它是第二数据源。ICS 是第一数据源。基于广域网的机票预订网站只能是第三数据源。

从安全的角度来看，ICS 的物理网和 CRS 或基于电子商务平台机票预订网站的广域网是不可能直接连接的。有人设想，基于广域网的机票预订网站将要取代 CRS 或 ICS，显然这是不可能的。

七、民航客票运价

客票运价是指旅客由出发地机场至目的地机场的航空运输价格，不包括在同一城市的机场与机场之间或机场与市区之间的地面运输费用。

1. 国内客票运价的种类

国内客票运价的种类如下。

1）普通舱（Y）票价。普通舱票价又称为经济舱票价，即公布的经济舱单程散客成人全票价。免费行李重 20 千克。

2）公务舱（C）票价。公务舱票价是在飞机客舱内高于经济舱服务标准，但低于头等舱服务标准的等级舱位，按普通舱票价的 130%计算。免费行李重 30 千克。

3）头等舱（F）票价。航空运输企业在有头等舱布局的飞机飞行的国内航线上向旅客提供头等舱座位，向旅客免费提供的餐食及地面膳宿标准高于公务舱。国内航线头等舱的票价是经济舱票价的 150%。免费行李重 40 千克。

4）儿童票价。年龄满 2 周岁、未满 12 周岁的儿童应按对应于 F、C、Y 舱全票价的 50%购买儿童票，单独占用一个座位。无民航发展基金，燃油附加费减半。

5）婴儿票价。未满 2 周岁的婴儿，按对应于 F、C、Y 舱全票价的 10%购买婴儿票，不单独占用一个座位；如需要单独占用座位时，应购买儿童票。每名成人旅客可带两名婴儿（其中一名可享受婴儿票价，另一名须购买儿童客票并单独占用座位）。无民航发展基金、燃油附加费。

6）特种票价。特种票价是航空公司对特殊运输对象给予一定折扣的票价，它以公布的成人全票价为计算基础，除另有规定外，一般不得重复享受其他优惠。

目前存在的特种票价主要是按旅客类型、航班时刻和购买方式来制定的，如老年人优惠、师生优惠、军人优惠、家庭优惠、员工优惠、代理人优惠、团体优惠、早班优惠、晚班优惠、首航优惠、来回程优惠、常旅客优惠等。

7）包舱票价。根据旅客乘坐飞机的特殊需要，购票单位向航空公司包购飞机客舱中某一舱位的全部座位，票价按包用舱位的座位总数乘以适用的票价计算。乘机旅客人数不得超过包舱的总座位数，其免费行李重量按包舱的总座位数计算。

8）舱位等级票价。舱位等级票价又称为舱位票价，按照我国的定价制度，国内运输价格收费标准由国家统一制定。航空公司除遵守国家规定的运输价格外，对自己的票价有一定的决策权。各个航空公司在同一航线上，在不同季节可根据公司的实力实行不同的票价，票价可以在规定票价标准上下浮动。各个航空公司在其航线上的运输价格，具有减、免运价的灵活性和批准权。

9）旅客票价款的支付。旅客应按国家批准的规定付款方式（现金、支票）进行支付，且票款一律现付。

2. 客票价格的计算

一般来讲，客票价格等级分为 F、C、Y 舱价格。F、C、Y 舱的价格比例关系为 1.5∶1.3∶1.0。F、C、Y 舱的免费运输行李重量分别为 40 千克、30 千克、20 千克。

Y（普通舱）标准理论价格的计算公式为

Y（普通舱）票价＝航线距离（千米）×平均每客千米价格（元/千米）

例如，CTUPEK（成都到北京）航线距离为 1608 千米，假定平均每客千米价格为 0.92 元，请计算 Y（普通舱）票价。

CTUPEK 的 Y（普通舱）票价＝1608×0.92＝1479.36（元）

随着航空市场的发展，各个航空公司在 F、C、Y 各类中又分出一些子舱位，如 F{F,A,P}、C{C,D,J}、Y{Y,B,E,G,K,H,M,L,Q,S,T,W}。

子舱位的客票价格是指在对应的 F、C、Y 舱位价格的基础上由各航空公司根据市场、日期和时间决定其价格。

混合等级客票价格是指旅客在旅程上乘坐了不同等级的舱位，按其乘坐分段旅程上的舱位等级价格累计，形成混合价格。

联程和分程客票价格是指一条航线上有几个经停站，旅客可能在经停站下站或停留，所以就有分段旅程的价格。各段的价格相加，称为这条航线上的分程客票价格。一般来讲，联程客票价格小于分程客票价格。同样，来回程的客票价格小于2倍单程价格。

一般来讲，优惠客票价格的适用范围为：伤残军人凭有效证件，可按标准舱位价格80%优惠；团体旅客，10人以上；大型团体旅客，经过专项批准的；教师、学生；运输季节优惠票；航空公司内部人员的优待机票。优惠客票价格的优惠额度，由各航空公司规定。

航空运输产品的价格种类包括客票价格、货运价格、邮件价格和包机价格。

各航空公司根据自己的运作能力、市场情况，制定出客人、行李、货物的每千克运价比例关系。因此，各航空公司、各种价格所反映的比例关系也大不相同。

八、机票相关规定

1. 一般规定

销售单位应严格遵守价格与舱位对应的原则，不得以低价格销售高舱位，如有违规，一经查出，销售单位除补齐舱位差额外，还必须赔偿双倍差额。

凡需收取改期费/变更费或票价差额的客票，一般由航空公司直属售票部门办理。销售单位必须使用《国内航线退票/误机/变更收费单》收取相关费用。来回程/联程航班子舱位可混合使用，使用条件按相应的舱位等级执行。

销售单位出售明折明扣票价客票时，必须事先向旅客说明相关使用条件，避免发生投诉。

2. 舱位票价

各舱位价格为明折明扣，一律填开实付票价，尾数四舍五入，金额以人民币10元为单位，具体价格以系统中公布的票价为准。

3. 客票有效期

除票价另有规定外，客票有效期自旅行开始之日起，一年内运输有效。如果客票全部未使用，则从填开客票之日起，一年内运输有效。

注：目前根据子舱位的票价折扣，可能出现客票有效期为3个月的情况。

4. 自愿变更

改期费、子舱位变更及升舱差额均按客票票面价格计算。

（1）变更承运人（签转）

使用正常票价及使用儿童、婴儿、革命伤残军人和因公致残人民警察票价的客票，允许自愿变更承运人。使用其他明折明扣票价的客票，不得自愿变更承运人。如旅客要求自愿变更承运人，须补齐明折明扣票价与正常票价的差价。

（2）变更航班、日期

若变更航班、日期的，航空公司应根据购买客票的折扣收取改期费用。各航空公司的收费标准有一定差异。

（3）变更子舱位（不改变舱位等级）

高舱位改低舱位，按自愿退票处理或不予处理。

低舱位改高舱位，补收实际舱位票价差额。

如果客票改期与低舱位改高舱位同时进行，则比较价格取其高者收取费用。子舱位变更后如需改期，应按子舱位变更后的舱位规定执行。

（4）变更舱位等级

若是提高舱位等级（升舱），则按照票面价格与变更后适用舱位票价的差价收取差额；若是降低舱位等级（降舱），则按照票面价格与变更后适用舱位票价的差价退还差额。

（5）变更航程

若是变更航程，则按照自愿退票处理。

（6）非自愿变更

非自愿变更非旅客的责任，按照《中国民用航空旅客、行李国内运输规则》中的相关规定执行。

（7）自愿退票

旅客自愿退票的，航空公司应根据购买客票的折扣，或起飞前不同时限收取退票费用。子舱位变更或升舱后如需退票，应按变更前的舱位规定执行，并全额退还补收的差额。

散客退票规定：使用头等舱、公务舱票价及使用儿童、婴儿、革命伤残军人和因公致残人民警察票价的客票，不收取退票费。

（8）团体旅客退票规定

1）团体旅客自愿退票。团体旅客自愿要求退票的，可按下列规定收取退票费。

① 在航班规定离站时间 72 小时（含）以前，收取客票价 10%的退票费。

② 在航班规定离站时间前 72 小时以内至航班规定离站时间前一日中午 12 时（含）以前，收取客票价 30%的退票费。

③ 在航班规定离站时间前一日中午 12 时以后至航班规定离站时间以前，收取客票价 50%的退票费。

④ 在航班规定离站时间以后，客票作废，票款不退。

⑤ 持联程/来回程客票的团体旅客要求退票，按照相关规定收取各航段的退票费。

2）部分团体旅客自愿退票。部分团体旅客自愿要求退票，除客票附有限制条件者外，按下列规定办理。

① 若乘机的旅客人数不少于该票价规定的最低团体人数，按“团体旅客自愿退票”规定办理。

② 若乘机的旅客人数少于该票价规定的最低团体人数，按下列规定办理：若客票全部未使用，应按团体旅客原折扣票价总金额扣除乘机旅客按正常票价计算的票款总金额后，再扣除“团体旅客自愿退票”规定的退票费，差额多退少不补；若客票部分未使用，应将团体旅客原付折扣票价总金额扣除该团体已使用航段的票款后，再扣除乘机旅客按正常票价计算的未使用航段票款总金额及“团体旅客自愿退票”规定的退票费，差额多退少不补。

5. 电子客票的变更方式

航程、日期、舱位的变更：以下操作均使用 ET 换 ET 方式，适用于国内、国际电子客票。电子客票的变更必须在出票后进行。

（1）航程变更

1）自愿变更航程。按照自愿退票的规定办理，退票后重新出票。

2）非自愿变更航程。按照非自愿退票的规定办理，退票后重新出票。

（2）日期变更

在进行操作之前，使用“DETR TN/票号”指令，提取票面信息，确认航段状态必须为“OPEN FOR USE”时，才可以进行后续操作。

（3）舱位变更

1）自愿变更舱位。

① 升舱或子舱位变更。升舱或子舱位变更需要收取变更费时，可采取 ET 换 ET 方式处理，不再填开《国内航线退票/误机/变更收费单》，收取的变更费将显示在当天销售报表中。换开后为旅客打印的新票《航空运输电子客票行程单》与旧票《航空运输电子客票行程单》一并交旅客作为报销之用。

② 降舱。为旅客填写《电子客票退票/降舱证明单》，办理退还差价手续，退票后重新出票。

2）非自愿变更舱位。

① 升舱。换开纸票，按照纸票流程操作；ET 换 ET，参照 ET 换 ET 流程。ACNY 项输入“0.00”，再使用 UET 指令在新票上设置“非自愿标识”。

② 降舱。为旅客填开《电子客票退票/降舱证明单》，在离港系统中按新舱位为旅客办理乘机登记手续。

任务实施

情景模拟：一般旅客购票业务。

暑假前夕，客票销售人员通常会接到许多咨询电话，多是询问票价优惠规定及其相应的行李限额。其中，有团队领队、军人、教师、学生、带儿童或婴儿出行等情况的旅客咨询票价优惠规定的，也有乘坐头等舱及公务舱的旅客咨询行李限额的。请学生依据所学知识写出客票销售人员与旅客对话的话术，并进行模拟演练。

实施步骤

1）教师将学生进行分组，每组 10 人。

2）学生分别扮演客票销售人员和团队领队、军人、教师、学生、带儿童及婴儿出行的旅客、乘坐头等舱及公务舱的旅客等，小组成员写出客票销售人员与旅客对话的话术，并根据情景进行模拟。

3）每个小组在模拟时，其他小组要认真观看，并做好记录。

4）模拟结束后，各小组进行讨论，分析每个小组中客票销售人员的回答是否符合票价及客票使用的一般规定。

任务检测

总结民航国内客票的票价及客票使用的一般规定。

任务二　民航运输业务基础知识

任务目标

1. 能够准确说出国内主要航空公司的二字代码。
2. 能够准确说出国内城市机场的三字代码。
3. 能够区分航段、航线、航班的概念及民航旅客的类别。

一、航空公司及航空组织

1. 航空公司的概念

航空公司是以各种航空飞行器作为运输工具，为乘客和货物提供民用航空服务的企业。

航空公司一般需要一个由国家行政管理部门（如中国民用航空局）认可的运行证书或批准文件。航空公司使用的飞机可以是自己的，也可以是租赁的，航空公司可以独立提供服务，或者与其他航空公司合伙或者组成联盟。

航空公司的规模可以从只有一架运输邮件或货物的飞机的小公司到拥有数百架飞机提供各类全球性服务的国际航空公司。

航空公司的服务范围可以分为洲际的、洲内的、国内的，也可以分为航班服务和包机服务。

国家航空公司是指由国家出资设立或经营的航空公司，如中国国际航空公司、新加坡航空公司、泰国国际航空公司。一般会在公司的机体明显处漆上代表该国的国旗。

航空公司是指具有民航运输能力且取得法人地位的运营实体。航空公司还应具有ICAO 指定代码、IATA 成员代码、IATA 结算代码等。

2. 航空组织

1）ICAO。ICAO（International Civil Aviation Organization，国际民用航空组织），是联合国专门负责管理和发展国际民航事务的机构，是联合国的技术性官方组织。它协调各国有关民航经济和法律业务，并制定各种航空技术标准和航行规则，以保证各地航空公司运作的一致性。它为全球各航空公司指定三个字母的 ICAO 航空公司代码。总部设在加拿大蒙特利尔。

2）IATA。IATA（International Air Transport Association，国际航空运输协会），是一个由世界各国航空公司所组成的大型国际组织。IATA 是商业性非官方协调性组织。全世界大部分国际航空公司是 IATA 的成员，以便和其他航空公司共享联程中转的票价、机票发行等标准。IATA 为全球各航空公司指定两个字母的 IATA 航空公司代码。总部设在加拿大蒙特利尔，执行机构设在日内瓦。

3）CAAC。CAAC（Civil Aviation Administration of China，中国民航局），是中华人民共和国国务院主管民用航空事业的官方组织，它管理中国国内的所有航空公司。

4）BSP。BSP 是为连接航空公司和其销售代理人而设立的一种标准化体系，为航空公司及其销售代理人提供航空运输的销售管理及结算的简捷途径，是通过 IATA BSP 进行结算的。

5）中国 BSP。中国 BSP 由在中国经营航空运输的 47 家国内和国外航空公司组成，它是实行 BSP 项目的一个航协组织。

6）CATA。CATA（China Air Transport Association，中国航空运输协会，简称“中国航协”），是民航协会体制改革后成立的第一个民间社会团体，于 2004 年 8 月 24 日开始筹备，由 8 家航空运输企业和一家民航院校（中国航空集团有限公司、中国东方航空集团有限公司、中国南方航空集团有限公司、海南航空控股股份有限公司、上海航空股份有限公司、厦门航空有限公司、深圳航空有限责任公司、四川航空股份有限公司、中国民航大学）发起设立。民政部于 2005 年 9 月正式批准设立申请。截至 2023 年 7 月，中国航协已有会员 975 家，本级会员 79 家。根据中国民航局的授权、政府部门的委托及会员单位的要求，中国航协组织对民航有关专业人员进行培训和资质、资格认证。

二、国内主要航空公司的二字代码和结算代码

国内主要航空公司二字代码和结算代码如表 1-1 所示。

表 1-1　国内主要航空公司二字代码和结算代码

二字代码	结算代码	公司中文名称	公司英文简称
3U	876	四川航空股份有限公司	Sichuan Airlines
8L	859	云南祥鹏航空有限责任公司	Lucky Air
9C	089	春秋航空股份有限公司	Spring Airlines
AE	803	华信航空股份有限公司	Mandarin Airlines
B7	525	立荣航空（台湾）	UNI Air
BK	866	奥凯航空有限公司	Okay Airways
BR	695	长荣航空股份有限公司（台湾）	EVA Airways
CA	999	中国国际航空股份有限公司	Air China
CI	297	中华航空股份有限公司（台湾）	China Airlines
CN	895	大新华航空有限公司	Grand China Air
CX	160	国泰航空有限公司	Cathay Pacific
CZ	784	中国南方航空股份有限公司	China Southern Airlines
EU	811	成都航空有限公司	Chengdu Airlines
FE	265	远东航空公司（台湾）	Far Eastern Air Transport
FM	774	上海航空股份有限公司	Shanghai Airlines
G5	987	华夏航空股份有限公司	China Express Airlines
GE	170	复兴航空运输股份有限公司（台湾）	TransAsia Airways
GS	826	天津航空有限责任公司	Tianjin Airlines
HO	018	上海吉祥航空股份有限公司	Juneyao Airlines
HU	880	海南航空控股股份有限公司	Hainan Airlines
HX	851	香港航空有限公司	Hong Kong Airlines
JD	898	北京首都航空有限公司	Capital Airlines
JR	929	幸福航空有限责任公司	Joyair
KA	043	国泰港龙航空有限公司	Cathay Dragon
KN	822	中国联合航空有限公司	China United
KY	833	昆明航空有限公司	Kunming Airlines
MF	731	厦门航空有限公司	Xiamen Air
MU	781	中国东方航空集团有限公司	China Eastern
NS	836	东北航空有限公司	Air Northeast
NX	675	澳门航空股份有限公司	Air Macau
OQ	878	重庆航空有限责任公司	Chongqing Airlines
PN	847	西部航空有限责任公司	West Air
QW	912	青岛航空股份有限公司	Qingdao Airlines

续表

二字代码	结算代码	公司中文名称	公司英文简称
SC	324	山东航空集团有限公司	Shandong Airlines
TV	088	西藏航空有限公司	Tibet Airlines
UO	128	香港快运航空公司	Hong Kong Express Airways
VD	981	河南航空有限公司	Henan Airlines
ZH	479	深圳航空有限责任公司	Shenzhen Airlines

三、航空城市和机场

航空城市是指已经通航（具有旅客航班航线连接的机场）的城市。一个航空城市可能有多个机场。机场又称为航站，航站是指飞机飞行的始发站、经停站和到达站。航站的名称由城市三字代码或机场三字代码表示。

航站的开辟和建立，根据某个城市及地区经济发展对航空运输的实际需要来决定，它涉及国民经济的大业、国内统一的运输网络、机场的合理布局、生产力的配置、城市的发展规划等诸多方面。

航空公司根据某个城市航空运输市场情况，分析社会效益和经济效益，根据自己的运输能力，确定是否加入此城市的运输市场。航站的开辟和建立是航班飞行的基础。

表 1-2 为我国直辖市、省会城市、特别行政区机场三字代码及名称（31 个城市）。

表 1-2　我国直辖市、省会城市、特别行政区机场三字代码及名称（31 个城市）

三字代码	城市中文名	城市英文名	机场名字
CAN	广州	Guangzhou	广州白云国际机场
CGO	郑州	Zhengzhou	郑州新郑国际机场
CGQ	长春	Changchun	长春龙嘉国际机场
CKG	重庆	Chongqing	重庆江北国际机场
CSX	长沙	Changsha	长沙黄花国际机场
CTU	成都	Chengdu	成都双流国际机场
FOC	福州	Fuzhou	福州长乐国际机场
HAK	海口	Haikou	海口美兰国际机场
HET	呼和浩特	Hohhot	呼和浩特白塔国际机场
HFE	合肥	Hefei	合肥骆岗国际机场
HGH	杭州	Hangzhou	杭州萧山国际机场
HKG	香港	Hong Kong	香港国际机场
HRB	哈尔滨	Harbin	哈尔滨太平国际机场
INC	银川	Yinchuan	银川河东国际机场
KHN	南昌	Nanchang	南昌昌北国际机场
KMG	昆明	Kunming	昆明长水国际机场

续表

三字代码	城市中文名	城市英文名	机场名字
KWE	贵阳	Guiyang	贵阳龙洞堡国际机场
LHW	兰州	Lanzhou	兰州中川国际机场
LXA	拉萨	Lhasa	拉萨贡嘎国际机场
MFM	澳门	Macao	澳门国际机场
NKG	南京	Nanjing	南京禄口国际机场
NNG	南宁	Nanning	南宁吴圩国际机场
PEK	北京	Beijing	北京首都国际机场
PKX	北京	Beijing	北京大兴国际机场
PVG	上海	Shanghai	上海浦东国际机场
SHA	上海	Shanghai	上海虹桥国际机场
SHE	沈阳	Shenyang	沈阳桃仙国际机场
SJW	石家庄	Shijiazhuang	石家庄正定国际机场
TNA	济南	Jinan	济南遥墙国际机场
TPE	台北	Taipei	台湾桃园国际机场
TSN	天津	Tianjin	天津滨海国际机场
TYN	太原	Taiyuan	太原武宿国际机场
XIY	西安	Xi'an	西安咸阳国际机场

四、航段和航线

航段是指飞机在两个航站点上直接飞行，没有经停站。航段的名称由这两个城市三字代码表示，如 CTUPEK。航段无方向性，CTUPEK 和 PEKCTU 是同一个航段。

航线是指飞机飞行的线路，由一个或多个航段组成。航线的名称由出发站和到达站这两个城市三字代码表示，如成都到沈阳（CTUSHE）。然而，同样是 CTUSHE，CTU-SHE 和 CTU-PEK-SHE 是不同的两条航线，后一条航线经停北京站。航线是有方向的，CTUSHE 和 SHECTU 是不同的两条航线。根据空中交通管制的要求，航线要规定航路的宽度及飞行的高度，维护空中交通管制，保证飞行安全。

航线的开辟涉及国民经济的发展、国内统一的运输网络、机场的合理布局、生产力的配置、城市的发展规划等诸多方面。

航线的开辟和运行是航班飞行的基础。

航空公司根据国内航线情况、某个城市及地区经济发展对航空运输的实际需要情况、某个城市航空运输市场情况，分析经济效益，根据自己的运输能力，确定是否加入此城市的运输市场，安排定期航班。

我国的航空运输航线分为国内航线、国际航线和地区航线。

航线的出发站、到达站、经停站均在国境内，此航线称为国内航线，如北京—成都、上海—北京。

航线的出发站、到达站、经停站不都在国境内，此航线称为国际航线，如北京—纽约、上海—东京。

地区航线是指国家特殊地区开设的航线，如北京—香港、成都—澳门、上海—台北。

航线经民航局批准，开辟连接两个或几个地点的航空交通线。航线确定了飞机飞行的具体方向、起讫与经停地点，并根据空中交通管制的需要，规定航线的宽度和飞行的高度。

五、航班

航班是指根据班期时刻表，飞机由始发站起飞，按照规定的航线，经过经停站至终点站进行运输生产飞行。

航班分为去程航班和回程航班。从基地出发的飞行为去程航班，返回基地的飞行为回程航班。

在国际航线上飞行的航班称为国际航班，在国内航线上飞行的航班称为国内航班。

1. 航班号

航班号是指飞机飞行航班的代码号。国内航班的航班号一般是 6 个字符的代码，国际航班的航班号一般是 5 个字符的代码。

按照国际航空运输协会的规定，航班号的前两个代码是英文字母，是此航班所属的航空公司的二字代码（IATA 代码）。航班号的最后两个代码是具体航班的序号。国内航班的航班号的第 3、4 个代码是航空公司基地位置、终点位置所在的地区行政区域代码。

中国民用航空局各个分局行政区域城市名称如下：

“1”代表中国民用航空华北地区管理局（北京）；

“2”代表中国民用航空西北地区管理局（西安）；

“3”代表中国民用航空中南地区管理局（广州）；

“4”代表中国民用航空西南地区管理局（成都）；

“5”代表中国民用航空华东地区管理局（上海）；

“6”代表中国民用航空东北地区管理局（沈阳）；

“9”代表中国民用航空新疆管理局（乌鲁木齐）。

以国内航班 CA4101/02 航班为例，其代码含义为：CA 是指国航的飞机，4 是指西南地区管理局所在的城市（成都），1 是指飞往华北地区管理所在的城市（北京），01 是指飞到目的地的航线序号，02 是指本次航班的返程航线序号。

2. 定期航班

定期航班是指飞机按规定的航线、日期、时刻飞行的航班。它有两大基本特征：

①开放性，即载运旅客、货物、邮件，目的是取得报酬，是对公众公开的；②定期性，即按航空公司公布的航班时刻表飞行于所在的航线上，对公众提供航班服务和承担法定义务。

航空公司安排的定期航班，必须上报中国民用航空局等有关单位，经过审查和批准。

3. 航班时刻表

航班时刻表是航空公司向社会公布的定期的航班飞行情况表。航班时刻表一般包括航线名称、航班号、航班类型、出发站、经停站、到达站、周期、起飞时间、到达时间、机型等项目。

航班时刻表一般分为冬春季航班时刻表和夏秋季航班时刻表。

4. 代码共享

代码共享是指两个或两个以上的航空公司，在某一特定航班上，可采用不同的航班号销售客票，但只用一个航班号的飞机（一架）来完成对旅客的运送服务。航空公司之间按照有关协议对执行运送的航班进行客票销售和结算。代码共享航班是指一家承运人在另一家承运人的航班上使用其航空公司代码的航班。或者说，A 承运人出售客票的旅客，凭机票可以在 B 承运人的飞行航班上乘坐，享受同等的服务。A 承运人和 B 承运人是有代码“共享协议”的。代码共享航班是航空公司之间合作的一种形式，如果该航线上的客源不足以用两个航班来承运，那么两个基地间的航空公司就会用代码共享来实现相互之间的合作。

代码共享分为完全代码共享和包座代码共享。

1）完全代码共享。完全代码共享是指共享航空公司和承运航空公司用各自的航班号共同销售同一航班，而不限制各自的座位数。

2）包座代码共享。包座代码共享是指共享航空公司和承运航空公司达成合作协议，购买承运航空公司某一航班的固定座位数，共享航空公司只能在此范围内用自己的航班号进行销售。包座代码共享又根据所包座位能否在一定期限之前归还承运航空公司，分为锁定包座代码共享和灵活包座代码共享。

承运方：用实体飞机执行航班的航空公司。

营销方：用自己的航班号销售航班客票，但不是自己执行实际航班。

优点：①基于联合的航线网络，可以飞往更多的地点；②协调有序的航班计划，可以使航班合理衔接；③通过常旅客管理制度，旅客能够在营销公司获取里程积分；④在衔接的机场减少中转时间；⑤代码共享双方的联合网络，可以有更大的费用选择；⑥无缝衔接的航班就像一个航空公司一样，可以方便旅客的出行管理；⑦在一些机场，可以共享双方运送旅客和行李的设备。

例如，以下是航班代码共享的航空公司。

营销方	承运方
FM（MU）上海航空股份有限公司	CZ 中国南方航空股份有限公司
FM（MU）上海航空股份有限公司	CA 中国国际航空股份有限公司
CZ 中国南方航空股份有限公司	SC 山东航空集团有限公司

六、民航旅客

旅客是指除机组成员以外，经航空公司同意乘坐或将要乘坐飞机的任何人。

VIP（very important person，贵宾）旅客可以优先订座，购票；享受优先服务；在订座记录的 OSI 项中应有详细记录；通知提供特殊服务。

儿童是指旅行开始之日年龄满 2 周岁但不满 12 周岁的人。

婴儿是指旅行开始之日年龄不满 2 周岁的人；出于医学原因的考虑，航空公司不接收出生未满 14 天的婴儿乘机。

团体旅客是指统一组织的人数在 9 人（含：两名儿童按一名成人计算）以上，航程、乘机日期、航班和舱位等级相同并支付团体票价的旅客。

特殊旅客是指需要给予特别礼遇和照顾服务的旅客；或由于身体和精神状况，需要给予特殊照料的旅客。这些旅客包括以下几种。

1）VIP 或非常尊贵的旅客，应给予特别礼遇、照顾和服务。

2）无成人陪伴儿童、病残旅客、孕妇、视觉障碍旅客、听觉障碍和语言障碍旅客、犯人等特殊旅客，只有在航空公司规定的运输条件下，经航空公司预先同意并做出安排后才能乘机。

3）患有传染病、精神病、艾滋病的旅客，经检查和检疫后，在不会危及自身和他人健康安全的条件下，经航空公司预先同意并做出安排后方可乘机。

有效身份证件是指旅客购票和乘机时必须出示的由政府主管部门规定的证明其身份的证件，如居民身份证，按规定可使用的有效护照、军官证、警官证、士兵证，16 周岁以下未成年人的学生证。

旅客自愿保险是指旅客在自愿投保的原则下向保险公司办理的保险业务。旅客自愿保险的保险范围、索赔期限、保险费率如下。

1）保险范围。航空旅客人身意外伤害保险的责任范围是从被保险人踏入保险单指定的航班班机的舱门开始到飞抵目的港走出舱门为止，被保险人因遭受意外伤害、自伤害发生之日起 180 日内身故或残疾，保险公司将按给付比例进行一次性给付。

2）索赔期限。有效索赔期限，自被保险人或受益人知道或应当知道保险事故发生之日起 2 年为限。

3）保险费率。现时国内各家寿险公司所执行的都是 1998 年 7 月由中国人民银行颁发的航空意外保险条款和费率。每份保单的保险费为人民币 20 元，保险金额为人民币 20 万元。国内和国际航班的乘客均可购买，赔付标准是一样的。同一名乘客最多可购买 10 份。

任务实施

抢答：国内主要航空公司二字代码、城市机场三字代码识记。

实施步骤

1）教师准备若干张国内主要航空公司和城市机场名称的卡片，教师组织班干部将全班学生分为三组。

2）教师出示国内主要航空公司和城市机场名称的卡片，学生对航空公司二字代码、城市机场三字代码进行抢答，每次最先答出正确答案的小组得 1 分，答错的小组扣 1 分，每个小组派出一名学生计分。

3）最后以小组为单位，按得分分出胜负。

任务检测

写出国内主要航空公司的二字代码、城市机场的三字代码。

模块二

技　能　篇

项目二 民航订座系统基本操作

项目导读

本项目介绍了民航订座系统的基本指令与操作方法，包括民航订座系统的进入与退出、临时退出与恢复临时退出，登录工作号及密码修改等。

知识目标

1. 了解民航订座系统。
2. 掌握民航订座系统的基本操作。

能力目标

能够正确操作进入、退出系统及查看终端使用状态。

素质目标

培养学生具备规范、严谨、安全操作的职业意识。

任务一 民航订座系统的进入与退出

任务目标

1. 能够熟练登录与退出民航订座系统。
2. 能够完成查看工作区信息及登录工作号的操作。

一、民航订座系统简介

民航订座系统是指航空公司处理航空旅客订座和相关业务的大型计算机网络系统。该系统具有显示、订座、航班控制、信息自动处理、管理报告、预付票款、自动出票和票价计算等功能。民航订座系统为航空公司和旅客之间建立了联系，国内订座系统 CRS 与航空公司的控制系统连接，而客票销售的代理人通过 CRS 分销国内外数百家航空公司的航班座位。

二、民航售票准备工作

民航售票员不仅需要具备民航运输业务的专业知识，还要掌握有助于服务工作开展的相关基础知识。具体地说，民航售票员需要了解或掌握以下知识：①航空运输常识；②民航客运销售基础知识；③民航旅客服务心理学知识；④民航旅客运输知识；⑤民航相关的法律、法规知识；⑥宗教知识；⑦礼仪知识。

在正式开始售票工作前，需要准备好计算机、打票机、POS 机等设备，订座单、行程单、退票单等票据应与工作交接记录单上的信息进行核对，最后打开 eTerm 程序，登录系统，连接打印机等设备。

三、民航订座培训系统

用一个局部微机网络来仿真民航 CRS/ICS 销售的电子客票订座系统网络；用一个服务器来仿真 CRS/ICS 销售的电子客票订座系统的中央处理机；用一个集中式的数据库来模拟 CRS/ICS 销售的电子客票订座系统的中央数据库；用众多的 PC 工作站来模拟 CRS/ICS 销售的电子客票订座终端；用自行开发的功能软件来模拟 CRS/ICS 销售的电子客票订座系统的功能。电子客票订座培训系统终端的键盘操作、屏幕信息显示和 CRS/ICS 订座终端高度仿真，可供 100 多个终端同时使用。

图 2-1 为电子客票订座培训系统界面，其外观形式、指令系统、指令的输入格式、指令功能、输出显示的内容和格式等都高度仿真 CRS/ICS。基本操作指令有 80 多条，也是 CRS/ICS 的基本指令。熟练掌握基本指令的功能和操作，就掌握了电子客票订座系统的操作。

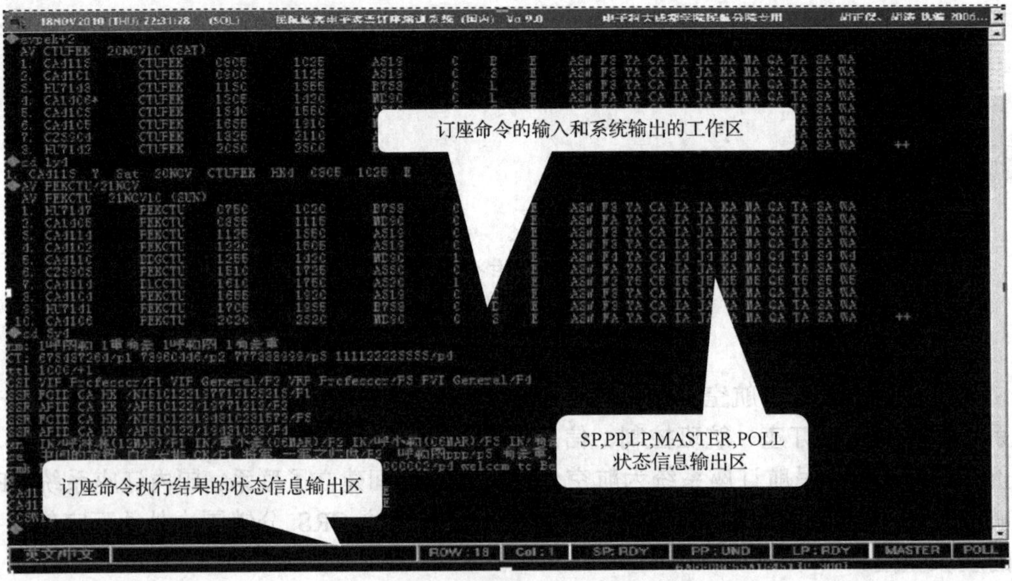

图 2-1　电子客票订座培训系统界面

四、系统操作约定

1）日期的约定。“-”“.”“+”分别代表昨天、今天和明天。其他日期采用格式为日/月（DDMMM），如20MAR；或日/月/年（DDMMMYY），如20MAR23。其中，DD是日期数字；MMM是月份的三个英文字符，按照国际惯例对照如下：一月JAN、二月FEB、三月MAR、四月APR、五月MAY、六月JUN、七月JUL、八月AUG、九月SEP、十月OCT、十一月NOV、十二月DEC。例如，20MAR23表示2023年3月20日。

2）“◆”是系统订座指令的起始字符。“F12”键是执行操作指令的传送键。

3）航班号的长度。国内航班号有六位的，也有五位的。其中，前两位是航空公司代码，后四（三）位是数字。国际航班号有五位的，也有四位、六位的。其中，前两位是航空公司代码，后面是数字。

4）在屏幕输出的列表信息中，右上角出现“--”，表示可以向前翻页；右下角出现“++”，表示可以向后翻页。

5）指令分类如下。

① 以DA、SI、AN、SO为主的基本注册指令。

② 以SK、AV、RO为主的航班查询指令。

③ 以SD、SS/SN为主的旅客PNR订座指令。

④ 以PND、NI、PSS、MER为主的常旅客订座指令。

⑤ 以XE、SP、NAME为主的旅客PNR修改指令。

⑥ 以ML、RT、RTN、RTC为主的旅客PNR查询指令。

⑦ 以FD、FQF、FRP、FTR、FXE为主的票价查询和里程交易指令。

⑧ 以PAT、FN、FP、FC为主的票价计算指令。

⑨ 以ETDZ为主的旅客PNR打票指令。

⑩ 以DETR、TRFD、TSU、VT为主的电子客票指令。

⑪ 以TSL、TPR为主的销售统计指令。

6）系统屏幕的输出信息，背景色以灰色表示，如下所示：

```
◆$$OPEN TIPC3
SESSION PATH OPEN TO:TIPC3
```

开机后，在订座系统终端出现上述信息，说明系统正常。

五、系统注册

在代理人系统中，代理人的信息都建立在CRS中，如部门代号（OFFICE），包括这个部门中的终端PID、打票机、工作人员号及该代理人得到授权的航空公司等信息；一个代理人通常有一个部门代号，如BJS191、DLC160等；一个部门可以有多台终端，而每一台终端只能属于一个部门；同一个部门中的终端可以共享打票机；每台终端或打票机都有唯一的PID；每个工作号包括密码、级别等内容，在CRS中，所有售票员工作号的

级别都是 41，而 81 是主任控制级别；每个工作号只能在自己部门中使用。

1. 进入系统

系统开始运行，后台进行运行条件的检测，系统正常后，终端屏幕出现：

```
◆$$OPEN TIPC3
 SESSION PATH OPEN TO:TIPC3
◆
```

这就表示等待用户登录注册。

2. 查看终端使用情况

DA 指令用于查询用户终端的 PID 号及终端使用情况。
DA 指令格式：
◆DA
输入 DA 指令，系统显示：

```
◆$$OPEN TIPC3
 SESSION PATH OPEN TO:TIPC3
◆DA   <F12>
 A              AVAIL
 B              AVAIL
 C              AVAIL
 D              AVAIL
 E              AVAIL

 PID=6AFED8C55A1F451     HARDCOPY=P_299
 TIME=1639               DATE=24MAY          HOST=RES_SYS
 AIRLINE=CA              SYSTEM=LinDuo For CRS Training System I
◆
```

【显示说明】
PID，是本系统约定本计算机终端的 ID 号。
TIME 和 DATE，是上次使用终端时退出的时间、日期。
HARDCOPY，是出票打印机的 ID 号。
SYSTEM，是订座培训系统。
AIRLINE=CA，表示授权的航空公司代码是 CA（CA 是中国国际航空股份有限公司的二字代码）。
屏幕输出显示：本终端有 A、B、C、D、E 五个工作区。AVAIL 表示没有激活，处于未工作状态。

3. 注册，进入 CRS

每个培训学员都应有自己的工作号、密码、优先级和所属部门。

CRS 给予每个培训学员的优先级都是 81（主任控制级别）。

注册：将自己的工作号、密码、优先级登录到系统，让系统给予检测校验。只有将工作号、密码、优先级输入正确，校验成功，才能进入 CRS。

注册的指令格式：

◆SI 工作号/密码/优先级

例如：

```
◆SI 5050A/5050A
◆$$OPEN TIPC3
 SESSION PATH OPEN TO:TIPC3
◆SI 5050A/5050A   <F12>
◆SI (5050A) CTU001 SIGNED IN A
◆DA  <F12>
 A*            5050A   10JUN   1043   81     CTU001
 B             AVAIL
 C             AVAIL
 D             AVAIL
 E             AVAIL

 PID=6AFED8C55A1F451 HARDCOPY=P_101
 TIME=1639            DATE=24MAY       HOST=RES_SYS
 AIRLINE=CA           SYSTEM=LinDuo For CRS Training System I
◆
```

屏幕显示，工作号 5050A 已经在 6 月 10 日 10:43 进入系统。“A*”表示 A 工作区被激活、被使用。其中，“*”是激活标志。

另外，系统提供暗行输入。暗行是指输入的字符显示用“&”字符替代显示。

```
◆$$OPEN TIPC3
 SESSION PATH OPEN TO:TIPC3
◆SI   <F12>
```

光标立即转入右下角倒数第二行再输入“工作号/密码/优先级 SI”。

```
                    工作号/密码/优先级  SI  &&&&&&&&&&&&& <F12>
```

只要输入正确，也能进入系统。

任务实施

上机操作：请登录、退出订座系统，账户名为 5050A、密码为 5050A。

任务准备

1）安装民航订座培训系统的计算机。

2）教师提供工作号和密码。

实施步骤

1）学生按实训室管理规定进入实训机房。

2）利用$$OPEN TIPC3 指令登录系统。

3）利用 DA 指令查看工作区信息。

4）利用 SI 指令，根据教师提供的工作号和密码登录工作号，教师随机挑选几名学生针对显示的信息进行说明，指出终端号、所使用的工作号、登录的日期和时间等。

5）利用 SO 指令退出系统。

任务检测

1）进入民航订座培训系统，使用教师提供的工作号和密码登录系统。

2）查看工作区信息，指出登录工作号的日期和时间、当前工作号的级别、工作号所在的工作区等。

3）将工作号退出系统。

任务二　民航订座系统的临时退出及密码修改

任务目标

1. 能够在民航订座系统中熟练地进行临时退出、恢复临时退出及修改密码的操作。
2. 掌握临时退出与退出工作号的区别，查看工作区信息，能够分辨两种状态。

1. 临时退出值机系统/恢复临时退出

```
◆SI 5050A/5050A/81   <F12>
◆SI (5050A) CTU001 SIGNED IN A
◆DA    <F12>
  A*      5050A    10JUN   1043   81      CTU001
```

```
  B      AVAIL
  C      AVAIL
  D      AVAIL
  E      AVAIL
  PID=6AFED8C55A1F451     HARDCOPY=P_101
  TIME=1639              DATE=24MAY      HOST=RES_SYS
  AIRLINE=CA            SYSTEM=WorkShop  For CRS System
◆AO  <F12>
```

在某些情况下，需要临时退出民航订座系统，中断旅客订座工作，但并不完全退出系统。在以后进入系统时，并不需要重新登录、注册，可以用AO指令来实现，我们只需看工作区的状态即可。在需要恢复时用AI指令，有时称AI指令为切换工作区指令。

AO 指令格式：

◆AO

AI 指令格式：

◆AI 工作区代码/工作号/密码

```
◆DA  <F12>
  A      5050A    10JUN   1043   81      CTU001
  B      AVAIL
  C      AVAIL
  D      AVAIL
  E      AVAIL
  PID=6AFED8C55A1F451    HARDCOPY =P_101
  TIME=1639              DATE=24MAY      HOST=RES_SYS
  AIRLINE=CA             SYSTEM=WorkShop  For CRS System
◆AI  B/5050A/08765S  <F12>
  >>AI: AGENT B --OUT/A--IN
◆DA  <F12>
  A*     5050A    10JUN   1141   81      CTU001
  B      5050A    10JUN   1140   81      CTU001
  C      AVAIL
  D      AVAIL
  E      AVAIL

 PID=6AFED8C55A1F451     HARDCOPY=P_101
 TIME = 1140            DATE =10JUN       HOST = RES_SYS
 AIRLINE = CA           SYSTEM = WorkShop   For CRS System
```

从上述 SI、DA、AO、DA、AI、DA 的操作，以及系统对存在的响应和屏幕显示，表明 AI 指令确实具有切换工作区的功能。

通过 AI 指令切换工作区，可以方便地完成不同航班的旅客订座操作。

订座系统的用户工作号、终端号、部门代号介绍如下。

1）订座系统的一个控制室通常有一个相应的部门（OFFICE）代号，如 CTU001。

2）订座系统有 XXX001～XXX099 个部门代号，共 99 个。

XXX 是系统需要修改的，或被替代的。

XXX={PEK,CTU,SHA,CAN,…}，是中国主要城市的三字代码。

XXX 在对系统的静态数据进行修改时设置，系统默认为 CTU。

订座系统设定：一个部门可以有 5 台终端、5 台电子客票行程单的出票机。每台终端可以连接 5 台登机牌出票机工作。

每台终端和出票机都有唯一的 PID 号。用户登录成功后，在屏幕的右下角一行显示终端 PID 号和 5 个出票机的 PID 号。

用户工作号是系统分配给用户的，不能更改，并赋予优先级别。一个用户工作号只属于一个部门。每个工作号只能在自己的部门使用，并授予密码。

订座系统设定一个部门有 5 个工作号，用户工作号都有自己的密码。系统初始化时，密码和工作号相同，用户可以修改自己的密码。

2. 密码的修改

学员刚上机练习时，系统管理员给的工作号和密码是相同的，优先级为 81。

密码长度大于 2、小于 7，进入的密码号只能有一个字母，且要区分大小写。密码由最多 5 个数字及 1 个字母组成，如 12345A、123B 等均是有效密码，而 123、ABC、12BB、1W2E 等均不是有效密码。

在 CRS 中，每一个工作号都有密码。一般来讲，订座系统记录了每名工作人员输入的内容，并且是通过其工作号记录的。也就是说，一旦操作出现问题，将追究该工作号对应的工作人员的责任。因此，每名工作人员都应注意初次使用时修改密码并保护好自己的密码，避免工作号被他人盗用。

密码修改的方法如下。

AN 指令格式：

◆AN 旧密码/新密码

例如，使用 AN 指令将旧密码 5050A 修改为新密码 08765S。

1）进入系统，输入工作号（SI，使用旧密码，假设为 5050A）。

2）用 AN 指令进行修改。

3）退出系统（用 SO 指令）。

4）重新进入系统（SI，使用新密码）。

```
◆$$OPEN TIPC3
    SESSION PATH OPEN TO:TIPC3
◆SI 5050A/5050A   <F12>
◆SI (5050A) CTU001 SIGNED IN A
◆AN    <F12>
```

光标立即转入右下角倒数第二行，再输入 5050A/08765S。

```
            旧密码/新密码  AN: &&&&&&&&&&&&& <F12>
```

然后执行 SO 指令退出注册。

再用新密码，重新进入系统：

```
◆SO <F12>
◆SI 5050A/08765S   <F12>
◆SI (5050A) CTU001 SIGNED IN A
◆
```

SO 指令是完全退出注册的指令。

执行 SO 指令，等于关闭了订座终端，中断了旅客订座的工作。

任务实施

上机操作：临时退出订座系统、恢复临时退出订座系统、修改密码。

任务准备

1）安装民航订座培训系统的计算机。

2）教师提供工作号和密码。

实施步骤

1）学生按实训室管理规定进入实训机房。

2）利用$$OPEN TIPC3 指令登录系统。

3）根据教师提供的工作号和密码登录工作号。

4）利用 AO 指令执行临时退出订座系统的操作，指出执行操作后工作区的哪些信息发生了变化。

5）利用 AI 指令再次进入原工作区，指出执行操作后工作区的哪些信息发生了变化。

6）利用 AN 指令修改密码。

任务检测

1）使用 SI 指令输入工作号后，使用 AO 指令及 AI 指令进行临时退出订座系统和恢复临时退出订座系统的操作，最后退出工作号。

2）比较临时退出订座系统前后工作区信息发生的变化。

3）比较恢复登录订座系统前后工作区信息发生的变化。

4）比较临时退出工作号与退出工作号的区别。

5）根据密码修改步骤修改密码。

项目三 民航信息查询

项目导读

本项目重点介绍了民航订座系统公用信息查询、国家/城市/机场/航空公司信息查询、航班信息查询、运价查询等操作。

知识目标

1. 掌握民航订座系统公用信息查询指令的功能、格式。
2. 掌握航空公司信息查询指令的功能、格式。
3. 掌握航班信息查询和城市机场信息查询指令的功能、格式。
4. 掌握运价查询指令的功能、格式。

能力目标

1. 能够正确查询民航订座系统公用信息。
2. 能够正确查询航空公司信息。
3. 能够正确查询航班信息、城市机场信息。
4. 能够正确查询运价信息。

素质目标

培养学生规范、严谨、安全操作的职业意识。

任务一 民航订座系统公用信息查询

任务目标

1. 能够准确查询当前时间及指定城市的时间。
2. 能够利用计算功能计算票价、进行四则运算及单位换算。

一、系统公用信息查询指令（YI）

1）查询主标题、副标题、目录表：

```
◆YI  <F12>
  1 MHOTEL                        2 MCITY
  3 MCAAC                         4 SHOTEL/CITY
  5 CA/INFO                       6 NOTES
  7 TRAIN
◆YI MHOTEL  <F12>
  1 MHOTEL/SHOTEL
◆YI MHOTEL/SHOTEL  <F12>
 1 广州     MHOTEL/SHOTEL/CAN  2 郑州     MHOTEL/SHOTEL/CGO
 3 长春     MHOTEL/SHOTEL/CGQ  4 重庆     MHOTEL/SHOTEL/CKG
 5 长沙     MHOTEL/SHOTEL/CSX  6 成都     MHOTEL/SHOTEL/CTU
 7 福州     MHOTEL/SHOTEL/FOC  8 海口     MHOTEL/SHOTEL/HAK
 9 呼和浩特 MHOTEL/SHOTEL/HET 10 合肥     MHOTEL/SHOTEL/HFE
11 杭州     MHOTEL/SHOTEL/HGH 12 香港     MHOTEL/SHOTEL/HKG
13 哈尔滨   MHOTEL/SHOTEL/HRB 14 银川     MHOTEL/SHOTEL/INC
15 南昌     MHOTEL/SHOTEL/KHN 16 昆明     MHOTEL/SHOTEL/KMG
17 贵阳     MHOTEL/SHOTEL/KWE 18 兰州     MHOTEL/SHOTEL/LHW
19 拉萨     MHOTEL/SHOTEL/LXA 20 澳门     MHOTEL/SHOTEL/MFM
21 南京     MHOTEL/SHOTEL/NKG 22 南宁     MHOTEL/SHOTEL/NNG
23 北京     MHOTEL/SHOTEL/PEK 24 上海     MHOTEL/SHOTEL/SHA
25 沈阳     MHOTEL/SHOTEL/SHE 26 西安     MHOTEL/SHOTEL/SIA
27 石家庄   MHOTEL/SHOTEL/SJW 28 济南     MHOTEL/SHOTEL/TNA
29 台北     MHOTEL/SHOTEL/TPE 30 天津     MHOTEL/SHOTEL/TSN
31 太原     MHOTEL/SHOTEL/TYN 32 乌鲁木齐 MHOTEL/SHOTEL/URC
33 武汉     MHOTEL/SHOTEL/WUH 34 西宁     MHOTEL/SHOTEL/XNN
◆
```

2）查询目录的文档信息：

◆YI MHOTEL/SHOTEL/SIA <F12>

西安，省会城市。

西安西夏宾馆是一家具有全新理念的经济型连锁宾馆。

它借鉴欧美发达国家大众旅馆的特点：简洁、时尚、安全、便宜、舒适。宾馆位于古城西安南郊旅游文化区友谊路以南，测绘西路 49 号。

距西安咸阳国际机场 50 分钟车程；距西安火车站 15 分钟车程。

宾馆周围有著名旅游文化景点大雁塔、小雁塔、陕西历史博物馆、西安碑林博物馆等，环境幽雅，交通便利。

宾馆拥有客房 70 余间，内设标准间、棋牌套间、豪华套间，房间提供空调、24 小时热水、有线电视、电话、小卖部等配套设施。

店内附设餐厅、美容美发、商务中心、小卖部、旅游等服务，院内还设有专用的停车场，是商务、旅游、会议的理想场所。

本宾馆由香港美宝酒店管理有限公司提供专业管理，全体员工秉承“服务至上，宾至如归”的宗旨，倡导人性化服务理念；全体员工将以热情、周到、满意的服务欢迎您的光临！
◆

二、日期（DATE）和时间（TIME）城市时差查询显示指令

指令名称：日期（DATE）和时间（TIME）城市时差查询显示指令。

指令功能：日期显示和时间查询与对比。

输入格式：◆DATE 日期/天数 1/天数 2/…/天数 n

显示：与当前日期相差的天数（DATE DIFF），日期（DYMONYEAR），星期（DAYOFWEEK），日期（MONDAYYEAR）。

输入格式：◆TIME 基准城市代码/日期/时间/城市代码 1[/城市代码 2/…]

显示：城市名称 CITY（中文名），与基准城市的时差 TIME DIFF，城市的本地时间 12HR 24HR（Local），DATE 日期，格林尼治时间 UTC（GMT），城市的格林尼治时差 UTC（+/–）。

例如：

DATE 2/15

TIME NYC/./0800/pek/lon/syd

指定 NYC 为基准城市，PEK、LON、SYD 与之对比：

```
◆DATE 2/15 <F12>
   DATE DIFF  DYMONYEAR  DAYOFWEEK   MONDAYYEAR
   ______________________________________________
   +0         15JUN23    WED  3     06-15-2023
   +2         17JUN23    FRI  5     06-17-2023
   +15        30JUN23    THU  4     06-30-2023
◆TIME NYC/./0800/pek/lon/syd
 CITY(中文名)TIME DIFF 12HR  24HR(Local)  DATE     UTC(GMT)  UTC(+/-)
 NYC 纽约    0.0    08:00A  08:00        15JUN23  13:00     -5.0
 PEK 北京    13.0   09:00P  21:00        15JUN23  13:00     8.0
 LON 伦敦    5.0    01:00P  13:00        15JUN23  13:00     0.0
 SYD 悉尼    15.0   11:00P  23:00        15JUN23  13:00     10.0
◆
```

系统默认 PEK 为基准城市，其余 16 大城市与之对比：

```
◆TIME <F12>
CITY(中文名)  TIME DIFF 12HR    24HR(Local)   DATE     UTC(GMT)  UTC(+/-)
0 PEK 北京     0.0      09:45P    21:45        15JUN23  13:45      8.0
1 TYO 东京羽田 1.0      10:45P    22:45        15JUN23  13:45      9.0
2 MMB 孟买     -2.5     07:15P    19:15        15JUN23  13:45      5.5
```

```
3 RGN 仰光      -1.5    08:15P  20:15   15JUN23 13:45    6.5
4 DXB 迪拜      -4.0    05:45P  17:45   15JUN23 13:45    4.0
5 SYD 悉尼      2.0     11:45P  23:45   15JUN23 13:45    10.0
6 MOW 莫斯科    -5.0    04:45P  16:45   15JUN23 13:45    3
7 LON 伦敦      -8.0    01:45P  13:45   15JUN23 13:45    0
8 PAR 巴黎戴高乐 -7.0    02:45P  14:45   15JUN23 13:45    1
9 ATH 雅典      -6.0    03:45P  15:45   15JUN23 13:45    2.0
10 NYC 纽约     -13.0   08:45A  08:45   15JUN23 13:45    -5
11 YVR 温哥华   -16.0   05:45A  05:45   15JUN23 13:45    -8
12 GRU 圣保罗   -11.0   10:45A  10:45   15JUN23 13:45    -3
13 CPT 开普敦   -6.0    03:45P  15:45   15JUN23 13:45    2
14 HNL 檀香山   -18.0   03:45A  03:45   15JUN23 13:45    -10
15 THR 德黑兰   -4.5    05:15P  17:15   15JUN23 13:45    3.5
16 IST 伊斯坦布尔 -5.5   04:15P  16:15   15JUN23 13:45    2.5
◆
```

三、计算和时差查询指令（CO）

指令名称：计算功能指令。

指令功能：在键盘、屏幕上完成加（+）、减（-）、乘（×）、除（/）的运算。

如 CO 376+498　<F12>=874。

操作过程：

1）查询一个城市与格林尼治的时差：

CO:T/城市名，如 CO:T/LAX　<F12>。

2）查询两个城市间的时差：

CO:T/城市对，如 CO:T/CTULAX　<F12>。

```
◆CO 376+498   <F12>
   =874
◆CO:T/LAX   <F12>
LAX(US) LOSANGELES 洛杉矶 (西经 118.41 北纬 33.94) UTC-8
   LAX: 28JUL23 (Fri) 15:28  GMT: 28JUL23 (Fri) 23:28
◆CO:T/CTULAX   <F12>
 CN:中华人民共和国  成都  CHENGDU  (东经 104.07 北纬 30.67)
 UTC+8  2023 10Jun (Sat) 15:07
 US:美利坚合众国  洛杉矶 LOSANGELES (西经 118.23 北纬 34.05)
 UTC-8  2023 09Jun (Fri) 23:07
 CTU → LAX     成都 → 洛杉矶  11,561.930 km
 空中直飞时间: 11 小时 48 分  ( B747 980 km/h )
◆CD NYC   <F12>
```

```
NYC  NEW YORK  纽约  US  10
◆
```

四、长度、重量、温度各进制转换指令（CV）

指令名称：长度、重量、温度各进制转换指令。

指令功能：长度、重量、温度各进制转换。

输入格式：◆CV 数字 单位

例如：

CV 100KM　千米转换成英里

CV 100MI　英里转换成千米

CV 100KG　千克转换成磅

CV 100LB　磅转换成千克

CV 36C　摄氏温度转换成华氏温度

CV 95F　华氏温度转换成摄氏温度

```
◆CV 100KM <F12>
 KILOMETER   MILES
 100         62.14
◆CV 100MI <F12>
 MILES   KILOMETER
 100     160.93
◆CV 100KG <F12>
 KILOGRAM   POUND
 100        220.46
◆CV 100LB <F12>
 POUND   KILOGRAM
 100     45.36
◆CV 36C <F12>
 CELSIUS   FAHRENHEIT
 36        96.80
◆CV 95F <F12>
 FAHRENHEIT   CELSIUS
 95           35.00
◆
```

任务实施

上机操作：查询天津 1 月 5 日下午 5 时，伦敦、墨尔本和旧金山的时间。

任务准备

1）安装民航订座培训系统的计算机。

2）教师提供工作号和密码。

实施步骤

1）学生按实训室管理规定进入实训机房并登录系统。

2）利用 TIME 指令查询当地当前的时间。

3）查询天津 1 月 5 日下午 5 时，伦敦、墨尔本和旧金山的时间。

4）利用 CO 指令查询武汉和伦敦的时差。

5）计算成都到西安的票价（假设经济舱全票价是 740 元，可打 8 折，民航发展基金 50 元）。

6）武汉至北京的飞行距离约为 1 052.81 千米，现需换算成英里。

7）教师对学生的演示过程及操作结果进行点评。

任务检测

1）上机操作，查询成都 10 月 30 日晚 9 时，纽约、伦敦和墨尔本的时间。

2）上机操作，查询广州和伦敦的时差。

3）上机操作，计算北京到三亚的票价（假设经济舱全票价是 2 530 元，可打 9 折，民航发展基金 50 元）。

任务二　国家/城市/机场/航空公司信息查询

任务目标

1. 能够用所学指令查询国家代码，查询城市、机场及其三字代码。
2. 能够用所学指令查询航空公司及其二字代码。

一、查询国家名称指令（CNTD C）

指令名称：查询国家名称指令。

指令功能：根据国家代码查询国家名称。查询内容如下：国家代码、国家名称。

输入格式：◆CNTD C/国家代码

例如：◆CNTD C/US　<F12>

二、查询国家代码指令（CNTD N）

指令名称：查询国家代码指令。

指令功能：根据国家名称查询国家代码。查询内容如下：国家代码、国家名称。

输入格式：◆CNTD N/国家名称

例如：◆CNTD N/CHINA　<F12>

三、查询城市代码指令（CNTD T）

指令名称：查询城市代码指令。

指令功能：根据城市名称查询城市代码。查询内容如下：城市代码、城市名称、国家代码、格林尼治时间的时差。

输入格式：◆CNTD T/城市名称

例如：◆CNTD T/BEIJING　<F12>

四、查询城市名称指令（CD）

指令名称：查询城市名称指令。

指令功能：根据城市代码查询城市名称。查询内容如下：城市代码、城市名称、国家代码、格林尼治时间的时差。

输入格式：◆CD 城市代码

例如：◆CD NYC　<F12>

五、查询航空公司名称指令（CNTD D）

指令名称：查询航空公司名称指令。

指令功能：根据航空公司代码查询航空公司名称。查询内容如下：航空公司代码、航空公司名称。

输入格式：◆CNTD D/航空公司代码

例如：◆CNTD D/CA　<F12>

输入以上指令，显示如下：

```
◆CNTD C/US       <F12>
 US  United States of America  美利坚合众国
◆CNTD N/CHINA   <F12>
 CN  China  中华人民共和国
◆CNTD T/BEIJING  <F12>
 PEK  BEIJING  北京  CN  8
◆CNTD A/B
 BAL  BALI            巴厘岛            ID  8
 BCN  BARCELONA       巴塞罗那          ES  1
```

```
BER  BERLIN           柏林            DE  1
BEY  BEIRUT           贝鲁特          LB  2
BFS  BELFAST          贝尔法斯特      GB  0
BGD  Bogotá           波哥大          CO  -5
BGF  BANGUI           班吉            CF  1
BKK  BANGKOK          曼谷            TH  7
BNE  BRISBANE         布里斯班        AU  10
BOS  BOSTON           波士顿          US  0
BRU  BRUSSELS         布鲁塞尔        BE  1
BSB  BRASILIA         巴西利亚        BR  -3
BUD  BUDAPEST         布达佩斯        HU  1
BUE  BUENOS AIRES     布宜诺斯艾利斯  AR  -3
BUH  BUCHAREST        布加勒斯特      RO  2
BWI  BALTIMORE        巴尔的摩        US  -5
PEK  BEIJING          北京            CN  8
SXF  BERLIN           柏林            DE  1
◆CNTD D/CA  <F12>
CA  INTERNATIONAL AIRLINE  中国国际航空股份有限公司  CN
◆
```

任务实施

上机操作：国家/城市/机场/航空公司信息查询。

任务准备

1）安装民航订座培训系统的计算机。
2）教师提供工作号和密码。

实施步骤

1）学生按实训室管理规定进入实训机房并登录系统。
2）利用 CNTD 指令查询国家代码。
3）利用 CNTD 指令查询南京禄口国际机场的三字代码。
4）利用 CD 指令查询三字代码为 CAN 的城市名称。
5）利用 CNTD 指令查询厦门高崎国际机场的信息。
6）利用 CNTD 指令查询英文名称为 China Southern Airlines 的航空公司名称及其二字代码。
7）利用 CNTD 指令查询二字代码为 CA 的航空公司名称。
8）教师对学生的演示过程及操作结果进行点评。

任务检测

1）上机操作，查询土耳其国家代码。

2）上机操作，查询成都双流国际机场的三字代码。

3）上机操作，查询三字代码为 DLC 的机场名称。

4）上机操作，查询杭州萧山国际机场的三字代码。

5）上机操作，查询英文名称 KLM Royal Dutch Airlines 的航空公司名称及其二字代码。

6）上机操作，查询二字代码为 HU 的航空公司名称。

任务三　航班信息查询

任务目标

1. 能够运用所学知识查询航班班期。
2. 能够运用所学知识查询航班座位可利用情况。
3. 能够运用所学知识查询航班经停点及起降时间。

一、航班时刻表查询指令（SK）

指令名称：航班时刻表查询指令。

指令功能：查询航班时刻表中某一城市对的航班安排情况。查询内容如下：航班号、航段、起飞时间、到达时间、机型、航段数、星期、执行起止时间、舱位等级。

输入格式：◆SK A/城市对（航班号）/日期/航空公司代码/舱位

例如：◆SK CTUPEK

（查询成都到北京所有航空公司从当日的第 2 日起一周内的航班飞行情况。）

```
◆SK CTUPEK <F12>
 19SEP (Wed) CTUPEK
1 CA4113  CTUPEK 0805 1025 A319 0 S 1234567  31MAR24SEP  FYCKQ..
2 CA4101  CTUPEK 0900 1125 A319 0 S 1234567  31MAR24SEP  FYCKQ..
3 HU7148  CTUPEK 1130 1355 B738 0 L 1234567  31MAR24SEP  FCY
4 CA1406* CTUPEK 1205 1420 MD90 0 L 1234567  31MAR24SEP  FYCKQ..
5 CA4103  CTUPEK 1340 1550 A319 0 S 1234567  31MAR24SEP  FYCKQ..
6 CA4105  CTUPEK 1635 1910 MD90 0 D 1234567  31MAR24SEP  FYCKQ..
7 HU7142  CTUPEK 2030 2300 B738 0 S 1234567  31MAR24SEP  FCY
◆
```

其中，“CA1406*”中的“*”表示CA1406是代码共享航班；起飞时间和到达时间是四位数字；“S”“L”“D”分别表示快餐、中餐、晚餐供应；“FYCKQ.. ={FYCKQHMDIJT}”表示有这些舱位等级；“1234567”表示周一至周日都有航班；“0”表示无经停站。

二、航班座位可利用情况查询指令（AV）

指令名称：航班座位可利用情况查询指令。

指令功能：查询航班座位可利用情况。查询内容如下：航班号、舱位等级、日期、航段、起飞时间、到达时间、机型、航段数、是否电子客票航班、座位情况。

AV 显示的座位代号说明：

1～9——座位数不多	A——航班有 9 个以上座位
L——只允许候补座位	C——航班完全关闭
Q——锁定座位	X——航班已取消
S——限制销售航班	Z——情况不明航班

输入格式：

◆AV [选择项/]城市对/日期[/时间/公司代码][/经停站]

◆AV 航班号/日期

选择项：

C/ 座位可利用情况较完整的显示。

H/ 显示所有的舱位等级座位可利用情况。

P/ 显示结果按照起飞时间先后顺序排列。

A/ 显示结果按照到达时间先后顺序排列。

E/ 显示结果按照飞行时间由短到长排列。

RA/ 显示回程航班的座位可利用情况。

无选择项的，按 P/处理。

经停站选择：

经停站=——不选，＝显示包括直达航班和具有经停站的航班。

经停站="N"——显示具有经停站的航班。

经停站="D"——显示直达的航班。

另外，输入 AV 航班号/日期，可以查询此航班的代码共享航班和回程航班。

```
◆AV CA3660/+4
 AV CTUHET 08OCT23 (SUN)  ===  *CA3660 OP_flight_no: ZH9410 ===
1.*CA3660  CTUHET  0655  0846  A320  1  ^ S  E  DS# F8 YA BA EA GA KA HA MA
LA QA SA TA WA   *T1 T2 T2*
2.*CA3660  HETSHE  0931  1053  A320  1  ^ S  E  DS# F8 YA BA EA GA KA HA MA
LA QA SA TA WA   *T1 T2 T2*
◆
```

其中，“*CA3660”是代码共享航班，承运航班(OP_flight_no)是ZH9410，同时CA3660是有经停站HET的联程航班。

例如：◆AV PEKCAN/20SEP <F12>

（查询9月20日，北京到广州的航班座位情况。）

```
◆AV PEKCAN/20SEP  <F12>
20SEP (Thu) PEKCAN
1 CZ3196 PEKCAN 0840 1145 B738  0  E  DS# F8 CA YA
2 HU7803 PEKCAN 0845 1145 B767  0  E  DS# FA CA YA
3 CA1321 PEKCAN 0845 1140 B757  0  E  DS# F8 YA CA KA QA HA MA
4 CZ3162 PEKCAN 1005 1310 A320  0  E  DS# F8 CA YA
5 CZ3152 PEKCAN 1030 1230 B757  0  E  DS# F8 YA CA KA QA HA MA
6 CA1315 PEKCAN 1155 1455 B757  0  E  DS# F8 YA CA KA QA HA MA
7 CZ3102 PEKCAN 1205 1505 A330  0  E  DS# FA CA YA
8 CZ3106 PEKCAN 1305 1605 B757  0  E  DS# F8 CA YA
9 HU7801 PEKCAN 1500 1745 B767  0  E  DS# FA CA YA
10 CZ3104 PEKCAN 1515 1800 B777  0  E  DS# FA CA YA
11 CA1301 PEKCAN 1535 1840 B757  0  E  DS# F8 YA CA KA QA HA
12 CA1309 PEKCAN 1750 2040 B757  0  E  DS# F8 YA CA KA QA HA
```

三、翻页查询指令（PN、PB、PF、PL、PG）

翻页查询指令与AV、SK指令查询情况有关，只有当查询记录项出现多页的情况下才能使用下面的指令。

1）PN指令表示查询下页，和AV、SK指令联用，当序号出现“++”时，用PN指令。

2）PB指令表示查询上页，和AV、SK指令联用，当序号出现“--”时，用PB指令。

3）PF指令表示查询第一页，和AV、SK指令联用，当序号出现“++、--”时，用PF指令。

4）PL指令表示查询最后一页，和AV、SK指令联用，当序号出现“++、--”时，用PL指令。

5）PG指令表示查询本页，和AV、SK指令联用。

四、航班经停点情况查询指令（FF）

指令名称：航班经停点情况查询指令。

指令功能：查询经停点、起降时间、机型的信息。查询内容如下：经停点、到达时间、起飞时间、机型。

输入格式：◆FF 航班号/日期

例如：◆FF CA1301/20SEP <F12>

```
◆FF CA1301/20SEP <F12>
PEK        1535      1840      B757
◆
```

五、最早航班座位查询指令（FV）

指令名称：最早航班座位查询指令。

指令功能：查询某日最早航班座位数情况。查询内容如下：航班号、舱位等级、日期、航段、起飞时间、到达时间、机型、航段数、座位情况。

输入格式：◆FV 城市对/日期

例如：◆FV PEKCAN/20SEP <F12>

（查询 9 月 20 日，北京到广州的最早航班座位情况。）

```
◆FV PEKCAN/20SEP <F12>
20SEP (Thu) PEKCAN
1    CZ3196    PEKCAN    0840    1145    B738  0  E  DS# F8 CA YA
◆
```

AV、FV 指令结果显示说明如下。

1）如果出现带“*”的航班，如“CA1406*”，则表示此航班是代码共享航班。

2）例如：0、M、E、AS#、F8、CA、YA。其中，0 表示无经停站；M 表示有餐食；E 表示此航班是电子客票航班；AS#表示经过修改过的航班；F8 表示 F 舱位尚有 8 个座位；CA 表示 C 舱位尚有多于 9 个座位；YA 表示 Y 舱位尚有多于 9 个座位。

3）B733 表示 B737-300 机型；B738 表示 B737-800 机型。

4）“13+”表示序号 13 项后面还有记录信息，可用 PN 指令查后续信息。

5）DS#表示航空公司和销售代理人之间的协议级别。

六、指定日期航班查询指令（DS）

指令名称：指定日期航班查询指令。

指令功能：查询航班时刻表中指定日期航班在某一城市对的航班安排情况。查询内容如下：航班号、舱位等级、星期、航段、起飞时间、到达时间、机型、航段数、执行起止时间。

输入格式：◆DS 城市对(航班号)/日期/城市对/时间/舱位(A)

例如：◆DS PEKCAN/20SEP <F12>

（查询 9 月 20 日北京到广州的航班飞行情况。）

```
◆DS PEKCAN/20SEP <F12>
 20SEP (Thu)  PEKCAN
1    CZ3196    PEKCAN    0840    1145    B738  0    DS#    FCY
```

```
2    HU7803   PEKCAN   0845   1145   B767  0   DS#  FCY
3    CA1321   PEKCAN   0845   1140   B757  0   DS#  FYCKQHM
4    CZ3162   PEKCAN   1005   1310   A320  0   DS#  FCY
5    CZ3152   PEKCAN   1030   1230   B757  0   DS#  FYCKQHM
6    CA1315   PEKCAN   1155   1455   B757  0   DS#  FYCKQHM
7    CZ3102   PEKCAN   1205   1505   A330  0   DS#  FCY
8+   CZ3106   PEKCAN   1305   1605   B757  0   DS#  FCY
◆
```

七、订座情况查询指令（FDL）

指令名称：订座情况查询指令。

指令功能：查询指定日期、指定时间段、指定城市航班最大开放布局数、各舱位数等。

输入格式：◆FDL 选择项/日期/城市名/起始时间/结束时间[/公司代码]

选择项的组合：P——到达城市，缺省是出发城市；

I——国际航班；

D——国内航班，缺省是国内航班；

O——显示子舱位开放座位数（OPEN）；

M——子舱位数订座统计（T_B+GRS）；

T——直接显示统计数据（OPN,T_B,GRS）。

其中，O、M、T 只能选择一个，缺省是 O，即显示子舱位现有开放座位数。例如：

1）FDL D/25JAN/PEK/0700/0800/CA

2）FDL DP/25JAN/PEK/1200/1300/CA

3）FDL DM/25JAN/PEK/0700/0800/CA

4）FDL DT/25JAN/PEK/0700/0800/CA

例如：查询 3 月 25 日，从成都出发，7:00 到 8:00 的国内航班订座情况，显示如下。

```
◆FDL D/25MAR/CTU/0700/0800/CA <F12>
              DEPARTURE LIST FROM CTU     ON 25MAR23
 1 CA4441  0710   CTULXA  A330   FAPYBEGKHMLQSTW
      12  12  12  21  15  15  15  15  15  15  15  15  15  15  15
 2 CA4409  0725   CTUBPX  A319   FYBEGKHMLQSTW
       8   10  10  10  10  10  10  10  10  10  10  10  10
 3 CA4179  0730   CTUCIH  A319   FYBEGKHMLQSTW
       8   10  10  10  10  10  10  10  10  10  10  10  10
 4 CA4293  0740   CTULZY  A319   FYBEGKHMLQSTW
       8   10  10  10  10  10  10  10  10  10  10  10  10
 5 CA4531  0740   CTUYNT  A319   FYBEGKHMLQSTW
       8   10  10  10  10  10  10  10  10  10  10  10  10
◆
```

上述显示列出 3 月 25 日从成都出发到达其他城市的飞行航班号、起飞时间、航段、机型、子舱位等级和子舱位开放座位数。

八、航班读出显示指令（RO）

指令名称：航班读出显示指令。

指令功能：查询某一航班某一日的航班座位等情况。查询内容如下：航班号、舱位等级、日期、航班类型、星期和机型。

1. 航节上的内容

航节上的内容包括舱位等级、AVS 航段状态、OPN 座位数、MAX 座位数、CAP 飞机座位数、T/B 订妥座位数、GT 团体限制表号、GRO 团体开放座位数、GRS 已出售的团体座位数、BLK 锁定座位数、LT 限制销售表号、LSS 限制销售可利用数、PT PCF 表号设置、AT AVS 表号设置、CT 布局表号设置、SMT 状态电报表号设置、IND 各种标识。

AVS 航段状态如下。

CR：航班关闭，只能申请。

CC：航班关闭，候补关闭。

CL：航班关闭，候补开放。

AS：航班开放，自由销售。

LR：限制销售，可申请。

LL：限制销售，可候补。

LC：限制销售，候补关闭。

LN：限制销售，降停取消。

LA：指定航段重新开放，自由销售。

2. 航段上的内容

航段上的内容包括 SEG 航段、BKD 订妥座位数、GRS 订妥的团体座位数、BLK 锁定座位数、WILST 候补座位数、LSS 限制销售可利用数、LT 限制销售表号、NOTE 注释号、IND 各种标识。

输入格式：

1）◆RO: 航班号

（查询当日某一航班的座位数等情况。）

2）◆RO: 航班号/日期

（查询某日某一航班的座位数等情况。）

例如：

1）◆RO CA1321　<F12>

2）◆RO CA1321/20SEP　<F12>

（查询 9 月 20 日，CA1321 航班的座位数等情况。）

```
◆RO CA1321/20SEP <F12>
CA1321  FYCKQHMDIJT  20SEP  D  PEKCAN  4  B757
C  LEG AV OPN MAX CAP T/B GT GRO GRS BLK LT LSS PT AT CT SMT IND
F  PEK AS  8   8   8  0   0  0   0   0   0   _   _  _  _  _   _
Y  PEK AS 123 192 192 5   0  58  16  0   0   _   _  _  _  _   _
SEG    BKD  GRS  BLK   WILST   LSS    LT    NOTE    IND
PEKCAN   5   16    0     0      _      0      _      _
◆
```

显示表明，查得 9 月 20 日，CA1321 航班的座位数如下：CA1321 是国内航班（D），机型 B757，9 月 20 日星期四飞行，舱位 FYCKQHMDIJT（LEG）航段从 PEK（北京）出发到 CAN（广州）。

民航订座培训系统约定：在 RO 指令中，有两种舱位等级，即 F 舱、Y 舱（含子舱位，包括 Y、C、K、Q、H、M、D、I、J、T 等舱位）。RO 座位数的统计按 F、C、Y 三种舱位进行。

9 月 20 日，CA1321 北京起点的座位数情况：F 舱飞机座位数为 8 个，最大 8 个，提供 8 个，无订妥，无销售座位数；Y 舱飞机座位数为 192 个，最大 192 个，非团体提供 123 个，订妥 5 个，团体提供 58 个，订妥 16 个；整个 PEKCAN 航线上，已经订妥（包括销售）非团体 5 个、团体 16 个；BLK 和 LT 非团体、团体都没有锁定或保留座位数。

具有经停站的 RO 查询如下。

例如：◆RO ZH9643/21SEP　<F12>

（查询 9 月 21 日，ZH9643 航班的座位数等情况。）

```
◆RO ZH9643/21SEP <F12>
ZH9643  FCY  21SEP  D  CANURC  5  B767
C  LEG AV OPN MAX CAP T/B GT GRO GRS BLK LT LSS PT AT CT SMT  IND
F  CAN AS 18   18  18   0   0   0   0   0   0   _  _  _  _  _
Y  CAN AS 138 207 207  0   0   69   0   0   0   _  _  _  _  _
SEG     BKD GRS  BLK WILST LSS LT NOTE IND
CANXIY  0   0    0    0      _    _   _    _
C  LEG AV OPN MAX CAP T/B GT GRO GRS BLK LT LSS PT AT CT SMT  IND
F  XIY AS 18   18  18   0   0   0    0   0   0   _  _  _  _  _
Y  XIY AS 138 207 207  0   0   69   0   0   0   _  _  _  _  _
SEG     BKD GRS  BLK WILST LSS LT NOTE IND
```

```
XIYURC  0   0    0    0          _  _  _   _
◆
```

显示表明，查得9月21日，ZH9643航班的座位数情况如下：ZH9643是国内航班（D），机型为B767，9月21日星期五飞行，舱位等级F、C、Y；航段从CAN（广州）出发经停XIY（西安咸阳）后，起飞到URC（乌鲁木齐）。

与上例不同的是，这是一个有经停站的航班。起飞的航站有两个：CAN（广州）和XIY（西安咸阳）。

航段上的显示统计是两个航段：CANXIY（广州到西安咸阳）和XIYURC（西安咸阳到乌鲁木齐）。

查询结果：此航线上两个航段都无订座。销售情况为0，BLK和LT非团体、团体都没有锁定或保留座位数。

RO L/航班号/日期——仅读出航节上的控制和计数信息。

RO S /航班号/日期——仅读出航段上的控制和计数信息。

RO C/航班号/日期——读出航节和航段上的计数信息。

RO Z/航班号/日期——完整读出，包含显示POS表。

RO序号——在AV显示基础上，如RO 2、RO L/2。

RO Q/序号——在提取PNR的基础上，如RO Q/2。

例如：下面显示航班指定日期各种舱位的销售和锁定情况。

```
  ◆RO Z/CA1321/20SEP <F12>
   CA1321  FYCKQHMDIJT  20SEP  D  PEKCAN  4  B757
  LEG  C  AV   OPN  MAX  CAP  T/B  GT  GRO  GRS  BLK  LT  LSS  PT  AT  CT
SMT  IND
  PEK  F  AS#   16   24    24   0    0    8    0    0    0    0
  PEK  Y  AS#   176  264   264  0    0    88   0    0    0    0
  SEG      BKD  GRS  BLK  WILST  LSS  LT  NOTE  IND
  PEKCAN  0    0    0    0       0    0
  SEG      CLS     OPN    BKD    GRS    BLK    WL     LSV    LSS    LT
  PEKCAN  F       8      0      0      0      0      0      0      -
          A       8      0      0      0      0      0      0      -
          P       8      0      0      0      0      0      0      -
          Y       22     0      0      0      0      0      0      -
          B       22     0      0      0      0      0      0      -
          E       22     0      0      0      0      0      0      -
          G       22     0      0      0      0      0      0      -
          K       22     0      0      0      0      0      0      -
          H       22     0      0      0      0      0      0      -
          M       22     0      0      0      0      0      0      -
          L       22     0      0      0      0      0      0      -
```

```
        Q     22    0     0     0     0     0     0     -
        S     22    0     0     0     0     0     0     -
        T     22    0     0     0     0     0     0     -
        W     22    0     0     0     0     0     0     -
◆
```

九、航班订座检查指令（FNL）

指令名称：航班订座检查指令。

指令功能：提供从某城市出发，或到达另一城市某日、某时刻的全部航班和各个航段上的订座和座位可利用情况。查询内容如下：起飞时间、航班号、舱位等级、可售票数、已订妥座位数等。

输入格式：◆FNL 航班类别/日期/城市名/时间

其中，航班类别主要有以下几种。

航班类别=DO（国内航班，城市名是始发站）

航班类别=DA（国内航班，城市名是到达站）

航班类别=IO（国际航班，城市名是始发站）

航班类别=IA（国际航班，城市名是到达站）

例如：检查统计国内航班 9 月 20 日从 CTU（成都）起飞，时间从 8:30 到 9:00 全部航班的订座和座位可利用情况。

```
◆FNL DO/20SEP/CTU/0830/0900 <F12>
DEPARTURE LIST  FROM CTU ON 20SEP23
CTUHFE   F/Y   8/0    150/0     CA4521    0835      1035
CTUHHA   F/Y   8/0    140/0     HU7356    0840      1050
CTUSZX   F/Y   18/0   196/0     ZH9974    0850      1110
FLIGHT TOTAL=3   SEATS DEPARTURE CTU=520   (F34 X486)
                 SEATS NOY DEPARTURE CTU=520  (F34 X486)
◆
```

此查询统计显示：9 月 20 日，从成都出发，8:30 到 9:00 的国内航班中离站座位总数 520 个（F 舱位 34 个，Y 混合舱位 486 个）；可售票数 520 个（F 舱位 34 个，Y 混合舱位 486 个）。

注：FNL 和 FDL 的区别是 FNL 可以查询到达站。

十、座位证实检查指令（FLR）

指令名称：座位证实检查指令。

指令功能：提供某一航班，从某城市出发，或某航线（所有）航班座位的出票与证实情况。

查询内容：航段、航班号、再证实数、未再证实数、已出票数和未出票数。

RCNFRM=再证实数　NRCFRM=未再证实数

TICKET=已出票数　NTICKET=未出票数

TOTAL=总数

输入格式：1）◆FLR 航班号/日期，如 FLR CA1321/20SEP。

2）◆FLR 城市名/日期，如 FLR PEK/20SEP。

3）◆FLR 城市对/日期，如 FLR PEKCAN/20SEP。

```
◆FLR PEKCAN/20SEP    <F12>
                      RCNFRM   NRCFRM     TICKET      NTICKET
PEKCAN    CA1321        0        0          10          1
PEKCAN    CZ3101        0        0          29          33
PEKCAN    CZ3196        0        0          2           0
TOTAL                   0        0          41          34
◆FLR CA1321/20SEP    <F12>
                      RCNFRM     NRCFRM     TICKET      NTICKET
PEKCAN    CA1321        0          0          10          1
◆FLR PEK/20SEP       <F12>
                      RCNFRM      NRCFRM       TICKET      NTICKET
PEKCAN    CA1321        0           0            10          20
PEKCTU    CA1405        0           0            3           20
PEKSHA    CA1501        0           0            1           33
PEKCGQ    CA1609        0           0            1           0
PEKCSX    CA1805        0           0            1           0
PEKCAN    CZ3101        0           0            29          0
PEKCAN    CZ3196        0           0            2           0
PEKSHA    FM9110        0           0            1           0
PEKCTU    HU7147        0           0            2           0
TOTAL                   0           0            50          73
◆
```

十一、指定日期航班查询飞行信息指令（DSG）

指令名称：指定日期航班查询飞行信息指令。

指令功能：查询航班时刻表中指定日期时刻航班在某一航段的航班飞行情况。查询内容如下：航班号、舱位等级、星期、起落城市、起飞时间、到达时间、机型、航段数、餐食、飞行时间、飞行距离等。

输入格式：◆DSG C/航班号/舱位等级/日期/城市对。

例如：◆DSG C/CA4101/Y/02DEC/CTUPEK　<F12>

（查询航班CA4101，12月2日，广州到北京的航班飞行情况。）

```
◆DSG C/CA4101/Y/02DEC/CTUPEK <F12>
 CA4101  Y  (Thu) 02DEC  PEK   0845   B757  0    0
                   1140   CAN
                  ELAPSED TIME 2:25  DIST 1894 KM
◆
```

任务实施

上机操作：登录与退出订座系统。

任务准备

1）安装民航订座培训系统的计算机。
2）教师提供工作号和密码。

实施步骤

1）学生按实训室管理规定进入实训机房并登录系统。
2）利用SK指令查询1月15日前后各3天，北京到西安的航班班期情况。
3）利用AV指令查询2月20日广州至昆明的航班座位可利用情况。
4）利用FF指令查询航班MU5292（9月9日）的经停情况。
5）教师对学生的演示过程及操作结果进行点评。

任务检测

1）利用SK指令查询9月30日前后各3天，郑州到青岛的航班班期情况。
2）利用AV指令查询10月22日海口至太原的航班座位可利用情况。
3）利用FF指令查询航班CZ3423（11月9日）的经停情况。

任务四 运 价 查 询

任务目标

1. 能够运用所学知识查询国内公布运价。
2. 能够运用所学知识查询净价、净价规则及净价路线限制。

一、票价查询指令（FD）

指令名称：票价查询指令。

指令功能：查询某一航段的价格。查询内容如下：公司代码、城市对、舱位等级、单程价格、往返程价格、票价有效期等。

输入格式：◆FD 城市对（/公司代码）

例如：

```
◆FD CTUPEK/CA  <F12>
 FD CTUPEK/CA             CNY          TPM  1522     FLY_TIME 1:47
公司代码    单程价格  往返程价格    舱位  等级系数          票价有效日期
01 CA/F    /2,280 == 4,560    /F/F / 1.50  /27Apr23 -- 27Oct23
02 CA/Y    /1,520 == 3,040    /Y/Y / 1.00  /27Apr23 -- 27Oct23
03 CA/E    /1,490 == 2,980    /E/Y / 0.98  /27Apr23 -- 27Oct23
04 CA/I    /1,440 == 2,880    /I/Y / 0.95  /27Apr23 -- 27Oct23
05 CA/J    /1,370 == 2,740    /J/Y / 0.90  /27Apr23 -- 27Oct23
06 CA/K    /1,290 == 2,580    /K/Y / 0.85  /27Apr23 -- 27Oct23
07 CA/M    /1,220 == 2,440    /M/Y / 0.80  /27Apr23 -- 27Oct23
08 CA/Q    /  990 == 1,980   /Q/Y / 0.65  /27Apr23 -- 27Oct23
09 CA/S    /  910 == 1,820   /S/Y / 0.60  /27Apr23 -- 27Oct23
10 CA/T    /  760 == 1,520   /T/Y / 0.50  /27Apr23 -- 27Oct23
11 CA/W    /  610 == 1,220   /W/Y / 0.40  /27Apr23 -- 27Oct23
◆
```

二、国内航空公司净价查询指令（NFD）

（1）查看机票净价

与公布价格不同，航空公司在某些特定航线或舱位，在某时段会有促销价格，这种价格一般都有较严格的限制条件，如有效期、舱位、停留要求，甚至对行程、航班号都有明确要求，这类票价对于是否能够退票、改期也有特殊要求，我们称这种票价为净价。

输入格式：◆NFD:起止城市/日期/承运人类型参数

【说明】

日期：默认为当天，可以指定日期。

承运人类型参数：

#：指定舱位。

*：指定行程性质，其中，OW 为单程，RT 为往返程。

服务等级：Y 为经济舱，C/J 为商务舱，F/P 为头等舱，0 为其他服务等级。

折扣代码：GC/GV 为团队，SD 为学生，EM 为新移民，CH 为儿童，IN 为婴儿。

显示顺序：默认 L 为由低到高显示，H 为由高到低显示。

@：运价基础代码。

例如：输入 NFD: PEKCAN/CZ#R * CH。

【说明】

#R：指定舱位为 R。

*CH：指定折扣为儿童。

输出：

```
1.NETT FARE - PEKCAN                                TAX(ES) NOT INCLUDED
2. 05SEP23 CNY/CHILD/EH
3. LN  CXR  OW    RT    FBC/TC  RBD MIN/MAX  TRVDATE  R
4. 01  CZ   610.00     YABO05    R  00D/00D  24AUG23-24SEP23   >NFN: 01
5. AP30                B2BSAD   PEK- CAN                      >NFR: 01
6. 02   CZ  720.00     YABO03L2  R  00D/00D 13AUG23-31OCT23   >NFN, 02
7. AP15                B2BSAD   PEK- CAN                      >NFR: 02
8. 03   CZ  740.00     YABO03L1  R  00D/00D 13AUG23-31OCT23   >NFN 03
9. AP15                B2BSAD   PEK-CAN                       >NFR: 03
10.PAGE1/1
```

【说明】

第 1 行：

PEKCAN 为行程；TAX (ES) NOT INCLUDED 为不含税。

第 2 行：

05SEP23 为旅行日期；CNY/CHILD/EH 为币种为人民币，折扣为儿童。

第 3 行：

LN 为序号；CXR 为承运人；OW 为单程；RT 为往返；FBC/TC 为运价基础/旅游代码；RBD 为实际舱位；MIN/MAX 为最短/最长停留期；TRVDATE 为有效期；R 为使用条件。

第 4 行：

01 为序号；CZ 为承运人；610.00 为单程价；YABO05 为运价基础；R 为承运舱位；00D/00D 为无停留要求；24AUG23-24SEP23 为票价有效期；NFN: 01 为使用条件显示。

第 5 行：

AP30 为提前 30 天预订；B2BSAD 为备注“B2B 网上销售”；PEK-CAN 为第一个航路要求；NFR: 01 为航路要求显示。

第 10 行：

PAGE1/1：第一页，共一页。

例如：输入 NFD: PEKCAN/CZ@ YABO05。

输出：

```
NETT FARE - PEKCAN                                   TAX(ES)  NOT INCUDED
05SEP23   CIY/ADULT/EH
LN CXR  OW    RT  FBC/TC      RBD MIN/MAX  TRVDATE    R
01   CZ   610.00  YABO05    R    00D/00D  24AUG23-24SEP23  >NFN 01
```

```
AP30                B28SAD    PEK-CAN                        >NFR: 01
PAGE 1/1
```

（2）查看使用条件

输入：NFN 01

【说明】

01：前次 NFD 显示中运价的序号。

输出：

```
◆NFN 01
去程/回程>NFN:  01//01 适用规定        乘机者
预订规定        运价组合>NFN:  01//05  团队规定
支付/出票       退票规定>NFN:  01//08  变更规定
扩充规定        其他规定>NFN:  01//11  全部规则>NFN: 01

***运价组合方式***
允许单独销售
允许与所有运价组合销售

***退票规定***
不得退票

***其他规定***
其他规定按 2008 年《南航国内运输散客公布票价使用条件(新版)》执行。

***去程回程***
提前预订:          30 天

儿童运价:          610.00

PAGE   1/2
>NFD . >PN
```

【显示说明】

PAGE 1/2：有两页，当前为第一页。

NFD：重新显示 NFD 内容。

PN：查看下一页内容，也可以通过输入“NFN: 01//”直接查看指定内容。

（3）查看航路条件

输入：NFR 01

【说明】

01：前次 NFD 显示中运价的序号。

输出：

```
1. ◆NFR 01
2. PEKCAN/CZ          05SEP23          BBO5NLD
3. CNY610.00          YABO05       VALUE CODE:   NA
4. ROUTING
5. CXR    RBD    FBC        APPL FLT     FLT EXCP   BAG (AD/CH/IN)
6. 01 PEKCAN       Q: -2.00
7.     CZ    R    YABO05    0-0     0-0     0/0/0
8. STOP OVER
9.没有适用的经停信息
10.PAGE 1/1
11 ◆NFD *
```

【显示说明】

第 2～3 行：所查询运价说明。

第 4～9 行：航路要求。

第 5 行：

CXR：承运人；RBD：承运舱位；FBC：运价基础；APPL FLT：航班号；FLT EXCP：例外航班；BAG (AD/CH/IN)：行李限制。

第 6 行：

01：行程序号；PEKCAN：行程；Q：附加费。

第 7 行：

CZ：承运人；R：舱位；YABO05：运价基础；0-0：无航班限制；0/0/0：无行李限制。

第 8～9 行：无经停。

第 10 行：共一页。

第 11 行：重新显示 NFD 内容。

任务实施

上机操作：运价查询。

任务准备

1）安装民航订座培训系统的计算机。

2）教师提供工作号和密码。

实施步骤

1）学生按实训室管理规定进入实训机房并登录系统。

2）利用 FD 指令查询 12 月 27 日青岛到长沙的票价。

3）利用 NFD 指令查询 10 月 6 日杭州至厦门、南航的净价价格。

4）利用 NFN 指令查询上例中对应的第 3 个运价的运价规则。

5）利用 NFR 指令查询上例中对应的第 3 个运价的路线限制条件。

6）教师对学生的演示过程及操作结果进行点评。

任务检测

1）利用 FD 指令查询 1 月 17 日天津到福州的票价。

2）利用 NFD 指令查询 12 月 1 日北京至重庆东航的净价价格。

3）利用 NFN 指令查询上例中对应的第 5 个运价的运价规则。

4）利用 NFR 指令查询上例中对应的第 5 个运价的路线限制条件。

项目四 旅客订座记录的处理

项目导读

为旅客预订机票时，需要在订座系统中建立旅客姓名、身份证号码、联系方式及相关要求等信息。本项目主要介绍旅客订座记录的建立、旅客订座记录的提取等操作指令和操作流程。

知识目标

1. 掌握旅客订座记录的建立的操作指令与方法。
2. 掌握旅客订座记录的提取的操作指令与方法。

能力目标

1. 能够为旅客建立订座记录。
2. 能够根据业务工作需要，提取旅客订座记录。

素质目标

培养学生运用指令处理电子客票的一般操作能力及为旅客提供民航旅客订座的基本服务能力。

任务一 旅客订座记录的建立

任务目标

1. 掌握旅客订座记录基本项建立的操作指令。
2. 掌握旅客订座记录的生效操作指令。
3. 掌握旅客订座记录其他组项建立的操作指令。
4. 掌握旅客订座记录打印项的操作指令。
5. 掌握团体旅客订座记录建立的操作指令。
6. 能够用所学知识为旅客建立订座记录。

一、旅客订座记录基本项的建立

旅客订座记录的英文全称是“passenger name record”，英文缩写是 PNR，其主要作用是订座和打票，还可以建立常旅客信息、申请特殊服务、订旅馆及其他相关信息。

PNR 建立一般带有下列项目（其中 1～4、9 项是必有项目）。

1）航段组：航班号、舱位等级、（RR）人数 ［若是团体则为（NN）或（KK）］。

2）姓名组：旅客姓名（N）或团体姓名（GN）。

3）联系组：联系地址/电话（C）。

4）出票组：用于订票时的出票时间、出票日期、用户编组。

5）特殊服务组：电子客票要求的身份有效证件输入。

6）责任组：由系统自动建立。

7）其他服务情况组 OSI（other service information）：提供的服务情况不需答复。

8）备注组（RMK）：用于记录某些可能有助于了解旅客的情况。

9）责任组：当前所操作的终端所属区域，由订座系统自动建立。

当建立一条 PNR 记录成功后，屏幕上将显示一条 PNR 记录号。PNR 记录号是由英文字母和数字共 6 个字符组成。PNR 记录号没有英文字母 O，由系统自动产生。PNR 记录号在当前 PNR 表中不会重复。当前 PNR 表中存放的 PNR 记录的航班是没有起飞的。起飞的 PNR 记录存放在历史 PNR 表中。PNR 记录号用作提取、查询和出票。

（一）航段组

1. 建立 PNR 记录指令（SD）

指令名称：建立 PNR 记录指令。

指令功能：建立一条 PNR 记录。

输入格式：◆SD 航班号 舱位等级/(RR)人数
GN: 人数 团体姓名
(G)N: 旅客姓名 1 旅客姓名 2 … 旅客姓名 n
C: 联系地址/电话
T TL：出票时间/出票日期/用户编组（用于订票时）
@ （封口标记） <F12>

对于团体旅客，先输入团体名，名字前的数字和订票数字相同；旅客的名字可用中英文输入，分隔符是空格。

非团体旅客的名字也可用中英文输入，分隔符是空格，在名字前面不一定加上数字 1。

在订票之前应先进行一次 AV 指令，查询要预订的航班情况，在屏幕上找到航班在屏幕上显示的序号（所要选择航班的序号），再进行 SD 操作。例如，非团体旅客（散客）

订座的步骤如下：

1）查询 9 月 20 日北京到广州的航班情况：

```
◆AV PEKCAN/20SEP <F12>
20SEP (Thu) PEKCAN
1 CZ3196  PEKCAN  0840  1145 B738  0 ^E  DS# F8 CA YA ...
2 HU7803  PEKCAN  0845  1145 B767  0 ^E  DS# FA CA YA ...
3 CA1321  PEKCAN  0845  1140 B757  0 ^E  DS# F8 YA CA ...
◆
```

2）订 CA1321 航班，Y 舱位，3 个座位：

```
◆SD 3Y/3  <F12>
N 张三 李四 王五
C TEL:23432412 62413424 35426140
T TL/1600/19SEP/CTU999
@ <F12>
CA1321  Y  Thu  20SEP  PEKCAN  HK3  0845  1140  E
NF89LI
◆
```

过程解释：

1）SD 3Y/3：订 CA1321 航班，Y 舱位，3 个座位。

2）N 张三 李四 王五：输入 3 个旅客的名字，分隔符是空格。

3）C TEL:23432412 62413424 35426140：旅客的联系电话。

4）T TL/1600/19SEP/CTU999：出票时间限制在 9 月 19 日 16:00，责任部门 CTU999。

5）@　<F12>：封口，提交给订座系统进行订座。

屏幕上出现：

```
CA1321  Y  Thu  20SEP  PEKCAN  HK3  0845  1140  E
NF89LI
```

显示说明：（张三、李四、王五）3 张客票座位（CA1321 航班，Y 舱位，星期四，9 月 20 日，北京到广州，预订 3 个座位，起飞时间 8:45，到达时间 11:40，电子客票航班）已经订座成功。NF89LI 为这条订座记录的 PNR 号。

团体旅客订座（先用 AV 指令查询航班座位情况，这里省略）：

```
◆SD 3Y/NN16
GN 16 棠湖旅行社
C TEL:12345678
T TL/1600/19SEP/CTU999
@  <F12>
```

```
CA1321  Y  Thu  20SEP  PEKCAN  KK16  0845  1140  E
PI08RH
◆
```

上述过程，除了团体旅客的姓名段和非团体旅客输入不同之外，其他过程和非团体旅客类同。

屏幕上出现：

```
CA1321  Y  Thu  20SEP  PEKCAN  KK16  0845  1140  E
PI08RH
```

显示说明：团体旅客 16 张客票座位已经订座成功，PI08RH 为订座记录的 PNR 号。

在 SD 的订座输入中，如果指令输入错误，将导致订座过程失败。

出错信息包括：SD 指令输入错误或航班号选择错误；舱位等级错误，行动代码错误；订座数字错误，或航班座位不够；旅客名字个数与订座个数不相等；出票时限输入错误。

2. 建立 PNR 记录指令（SS）

指令名称：建立 PNR 记录指令。

指令功能：建立一条 PNR 记录。与 SD 指令建立 PNR 记录的差别仅是航段组：SS 指令用于了解航班号、日期和座位销售情况。过站航段 PNR 记录的建立也用 SS 指令。

输入格式：◆SS 航班号/舱位等级/日期/城市对/(RR)人数
GN:人数 团体姓名
N：旅客姓名 1 旅客姓名 2 … 旅客姓名 *n*
C：联系地址/电话
T TL：出票时间/出票日期/用户编组（用于订票时）
@ （封口标记） <F12>

例如：张三、李四订 CA1301 航班，9 月 22 日北京到广州，Y 舱位，2 个座位。

```
◆SS CA1301/Y/22SEP/PEKCAN/2
N 张三 李四
C TEL:23432412 62413424
T TL/1600/20SEP/CTU999
@ <F12>
CA1301  Y  Sat  22SEP  PEKCAN  HK2  1535  1840  E
U94T5Y
◆
```

显示说明：张三、李四 2 张客票座位：CA1301 航班，Y 舱位，星期六，9 月 22 日北京到广州，预订 2 个座位，起飞时间 15:35，到达时间 18:40，电子客票航班，已经订座成功。U94T5Y 为这条订座记录的 PNR 号。

“@”符号为封口指令标记，表示一条 PNR 记录或修改 PNR 记录数据信息已经输入完毕。系统在检测到“@”符号后，才最终完成 PNR 记录的记录和修改工作。

@指令包括@I 和@K 的功能。SD、SS、SN、XE n、XEP、SP、SPG 指令都以@结尾。

在 SS 的订座输入中，如果指令输入错误，将导致订座过程失败。

出错信息包括：SS 指令输入错误或航班号选择错误；舱位等级错误，日期错误，城市对错误，行动代码错误；订座数字错误，或航班座位不够；旅客名字个数和订座个数不相等；出票时限输入错误。

在订座或修改 PNR 记录过程中，可能发生错误（如输入错误、系统错误）。要清除或作废已经做过的操作，可使用 IG 指令还原成未修改时的样子。例如：

```
◆IG <F12>
```

3. 不定期航段的建立（OPEN 票）指令（SN）

OPEN 票就是航班号和日期都是不定期的待证实的机票。

航空公司提供不定期的 OPEN 电子客票出票，其目的是方便旅客根据自己的旅程灵活安排航班号和乘机日期，到承运航空公司的办事处查询则可证实具体航班号、日期。

在带有 OPEN 票的多段航班中，起始航段不能是 OPEN 的。

指令名称：OPEN 票指令。

指令功能：建立 OPEN 票的 PNR 记录，与 SS 指令的差别仅是航段和日期。

输入格式：◆SN 公司代码/舱位等级/城市对/人数

操作过程：1）◆AV…<F12>　　查询航班

2）◆SD…<F12>　　订座起始航段

3）◆SN　CA/F/城市对/人数

GN：人数 团体姓名

N：旅客姓名 1 旅客姓名 2 … 旅客姓名 n

C：联系地址/电话

TTL：出票时间/出票日期/用户编组（用于订票时）

4）@（封口标记）　<F12>

例如，查看北京到广州的航班座位：

```
◆AV PEKCAN 01OCT <F12>
01Oct (Mon) PEKCAN
1 CZ3196 PEKCAN 0840 1145 B738  0 ^E  DS# F8 CA YA
2 HU7803 PEKCAN 0845 1145 B767  0 ^E  DS# FA CA YA
3 CA1321 PEKCAN 0845 1140 B757  0 ^E  DS# F8 YA CA
```

```
4 CZ3162 PEKCAN 1005 1310 A320  0 ^E  DS# F8 CA YA
5 CZ3152 PEKCAN 1030 1230 B757  0 ^E  DS# F8 YA CA KA QA
6 CA1315 PEKCAN 1155 1455 B757  0 ^E  DS# F8 YA CA KA QA
7 CZ3102 PEKCAN 1205 1505 A330  0 ^E  DS# FA CA YA
8 CZ3106 PEKCAN 1305 1605 B757  0 ^E  DS# F8 CA YA
◆
```

预订北京到广州和广州到北京航班的座位，广州到北京的航班是 OPEN 票：

```
◆SD 4F2  <F12>
CZ3162  F  Mon  01OCT  PEKCAN  HK2  1005  1310  E
◆SN CZ/Y/CANPEK/2
N 高强 王双
C TEL:33240862
T TL 1000/+
@ <F12>
CZ3162  F  Mon  01OCT  PEKCAN  HK2  1005  1310  E
CZOPEN  Y  xxx  ddmmm  CANPEK  HK2  0000  0000  E
KN24C
◆
```

4. 联程、回程订座指令

指令功能：在一个 PNR 记录中建立旅客多个航段的订座记录。

操作过程：1）◆AV 城市对/日期/座位数　<F12>

2）◆SD 航班序号 舱位等级/(RR)人数

…

…（至少做一次传输操作<F12>）

3）◆AV 城市对/日期/座位数

4）◆SD 航班序号 舱位等级/(RR)人数

5）@　（封口标记）　<F12>

注：在 2）结束、3）开始之前，不能输入“@”（封口标记），而应做传输操作<F12>。

例如：王平要订 1 张 12 月 29 日成都到北京的联程机票，操作过程如下。

1）◆AV CTUPEK/29DEC　<F12>（查询航班、日期、座位和航班号）

2）◆SD 4Y/1　（订座位）

N WANGPING

C TEL 5704023

T 1600/28DEC/CTU001　<F12>

3）◆AV PEKCTU/29DEC　<F12>　（查询航班、日期、座位和航班号）

4）◆SD 2Y/1　<F12>　（订座位）

5）@　（封口标记）　<F12>

例如：为张三、李四、王五订从北京到广州12月25日出发，12月28日的回程机票。

1）查询出发航班、日期、座位和航班号：

```
◆AV PEKCAN 25SEP <F12>
25SEP (Tue) PEKCAN
1  CZ3196  PEKCAN  0840  1145  B738  0  ^E      DS# F8 CA YA
2  HU7803  PEKCAN  0845  1145  B767  0  ^E      DS# FA CA YA
3  CA1321  PEKCAN  0845  1140  B757  0  ^E      DS# F6 YA CA
◆
```

2）订出发航班、日期、座位和航班号：

```
◆SD 3Y/3  <F12>
CA1321  Y  Tue  25SEP  PEKCAN  HK3  0845  1140  E
◆
```

3）查询回程航班、日期、座位和航班号：

```
◆AV CANPEK/28SEP<F12>
28SEP (Fri) CANPEK
1  CZ3151  CANPEK  0720  0930  B757   0   E DS#  F8  YA  CA ...
2  CZ3102  CANPEK  1000  1210  A319   0   E DS#  F8  YA  CA ...
3  CA1322  CANPEK  1255  1610  B757   0   E DS#  F8  YA  CA ...
4  HU7804  CANPEK  1255  1600  B767   0   E DS#  FA  CA  YA ...
5  CA1310  CANPEK  1405  1720  B757   0   E DS#  F8  YA  CA ...
6  CA1316  CANPEK  1610  1915  B757   0   E DS#  F8  YA  CA ...
7  HU7802  CANPEK  1845  2145  B738   0   E DS#  F8  CA  YA ...
8  HU7802  CANPEK  1845  2145  B767   0   E DS#  FA  CA  YA ...
9+ CA1302  CANPEK  1955  2255  B757   0   E DS#  F8  YA  CA ...
◆
```

4）订回程航班、日期、座位和航班号：

```
◆SD 3Y/3
N 张三 李四 王五
C TEL:23432412 62413424 35426140
T TL/1600/23SEP/CTU999
@<F12>
CA1321  Y  Tue  25SEP  PEKCAN  RR3  0845  1140  E
CA1322  Y  Fri  28SEP  CANPEK  HK3  1255  1610  E
```

```
AH52DZ
◆
```

屏幕上出现所订的两个航班的舱位情况，PNR 记录号为 AH52DZ，说明订座成功。

（二）姓名组

姓名组是组成旅客订座记录必不可少的组项，它包括旅客姓名、所订座位数、称谓、特殊旅客代码等内容。

指令格式：◆NM:该姓名的订座总数 旅客姓名 (特殊旅客代码)

【说明】

1）姓名组由英文字母或汉字组成。

2）若输入英文字母的姓名，则姓与名之间需用斜线（/）分开，中文姓名无此限制。

3）旅客姓名均应由英文 26 个字母组成，每个旅客的姓名最多只能使用 1 个斜线（/）。

4）对于输入英文字母的姓名，姓不得少于两个字母。

5）旅客名单按照姓氏的字母顺序排列。

6）旅客姓名长度最大为 55 个字符。

7）散客记录最大旅客数为 9 人，旅客数大于 9 人的记录为团体旅客记录。

1. 英文（拼音）姓名的输入

例如：输入旅客 REINHARD/HAETTI、STEFAN/PLETZER、ZHU/QI 的姓名。

```
◆NM:1 ZHU/QI 1 REINHARD/HAETTI 1 STEFAN/PLETZER
◆RT:
 1.REINHARD/HAETTI 2.STEFAN/PLETZER 3.ZHU/QI
 4.BJS/T PEK/T 010-63**6973/SHIPU TRAVE AGENCY/LIU DE PU ABCDEFG
 5.BJS123
```

【说明】输出的顺序是按照姓氏的字母顺序排列的。

2. 相同姓氏旅客姓名的输入

例如：为旅客 ZHANG JIAN、ZHANG QIANG、LIU QUN、LIU WEI、LIU HANG 建立姓名组。

```
◆NM:1 ZHANG/JIAN  1 ZHANG/QIANG  1 LIU/QUN  1 LIU/WEI  1 LIU/HANG
```

也可以这样输入：

```
◆NM:2 ZHANG/JIAN/QIANG 3 LIU/QUN/WEI/HANG
```

两种输入的结果是相同的：

```
◆RT:
3.LIU/QUN 4.LIU/WEI 5.LIU/HANG 1.ZHANG/JIAN 2.ZHANG/QIANG
```

```
4.BJS/T PEK/T 010-63**6973/SHIPU TRAVE AGENCY/LIU DE PU ABCDEFG
5.BJS123
```

【说明】

1）RT 后的顺序是按照姓氏字母顺序排列的，若姓氏相同时，先输入的姓名排列在前。

2）第二种输入方式中的“2”和“3”是指相同姓氏的旅客数。

3）第二种输入方式只适用于英文姓名，不适用于中文姓名。

4）封口以后的姓名顺序会按照屏幕上显示的列出，即 LIU/QUN 是 1 号，LIU/WEI 是 2 号。

3. 中文姓名的输入

例如：输入旅客赵宜明、钱海良、孙家浩的姓名。

```
◆NM:1 赵宜明 1 钱海良 1 孙家浩
◆RT:
1. 钱海良  2. 孙家浩   3. 赵宜明
4.BJS/T PEK/T 010-63**6973/SHIPU TRAVE AGENCY/LIU DE PU ABCDEFG
5.BJS123
```

【说明】

1）在出国内票时，若自动打票，则国内旅客要输入其中文姓名；若手工出票，则既可输入英文姓名，也可输入中文姓名。

2）在出国际票时，必须输入英文姓名。

3）在输入旅客姓名时，要保证姓名的准确，有些航空公司禁止修改旅客姓名。

4）在提取中文姓名旅客使用 RT 指令或 ML 指令时，要输入汉语拼音。

4. 无成人陪伴儿童姓名的输入

例如：为一个 4 岁的无成人陪伴儿童建立姓名组。

```
◆NM:1 WANG/GANG(UM4)
◆RT:
 1.WANG/GANG(UM4)
 2.BJS/T PEK/T 010-63**6973/SHIPU TRAVE AGENCY/LIU DE PU ABCDEFG
 3.SSR UMNR YY NN1 UM4/P1
 4.PEK099
```

【说明】

1）UM 是无成人陪伴儿童的英文缩写，“4”是儿童年龄。

2）SSR 项（特殊服务组）由系统自动产生，用来通知航空公司无成人陪伴儿童情况。

3）PNR 建立以后，SSR 项将自动加入售票员所建立的航班信息，如继续上述操作，代理人须完成 PNR，PNR 显示如下：

```
1.WANG/GANG(UM4) M4MDK
2.WH2137 Y  SA10OCT  PEKCAN RR1   1030 1310
3.BJS/T PEK/T 010-63**6973/SHIPU TRAVE AGENCY/LIU DE PU ABCDEFG
4.C
5.T/783-2200499152
6.SSR UMNR WH HN1 PEKCAN 2137 Y10OCT UM4/P1
7.RMK CA/JV3C3
8.BJS123
```

5. 婴儿姓名的输入

例如：为一个成人带一个婴儿（不占座）旅客建立姓名组。

```
◆NM：1赵宜明
XN:IN/ 刘晓(MAR99)/P1
◆RT:
  1.赵宜明
  2.XN/IN/刘晓 INF(MAR98)/P1
  3.BJS/T PEK/T 010-63**6973/SHIPU TRAVE AGENCY/LIU DE PU ABCDEFG
  4.BJS123
```

【说明】

1）婴儿（0~2岁）旅行也要持有机票。

2）婴儿（0~2岁）不占座位，手工出票或订座位时，PNR中可以不输入婴儿项。

3）手工出票时，婴儿客票应按照成人旅客行程填写，注意使用婴儿票价。

4）自动出票时，按照这种方式输入婴儿姓名，输入婴儿姓名项应使用XN指令。

5）IN是婴儿标识，括号中的内容是出生年月，P1是婴儿跟随旅客的序号，即P1旅客客票打印完后，会打印婴儿客票。

6）若婴儿占座位，应将婴儿按照儿童处理，可以参见成人携带儿童实例。

6. 重要旅客姓名的输入

例如：输入重要旅客张三和同行人员李四的姓名。

```
◆ NM:1张三 VIP1 李四
◆RT:
2.李四 1.张三 VIP
3. SIAT SIATEST ABCDEFG
4. SIA999
```

（三）联系组

联系组的功能是记录各种联系信息，方便查询代理人及旅客信息。PNR 中的联系组分为两部分：代理人联系信息和旅客联系信息。

1. 代理人联系信息

代理人联系信息是售票员在订座时由订座系统自动生成的。代理人联系信息包括代理人所在城市、名称、电话及负责人。该信息便于航空公司与代理人之间进行联系。因此，若代理人联系信息有改变，应及时与相应部门联系，并及时更改，以保证系统信息的准确性。

2. 旅客联系信息

旅客联系信息由售票员手工输入，记录旅客的联系电话，便于代理人与旅客联系。

指令格式：◆CT:城市代码/自由格式文本 旅客标识

例如：旅客联系电话为 66**7755-2509。

```
◆CT: PEK/66**7755-2509
◆RT:
PEK/66**7755-2509
BJS/T PEK/T 010-63**6973/SHIPU TRAVE AGENCY/LIU DE PU ABCDEFG
BJS123
```

建立好的订座记录显示如下：

```
◆RT:
1.WANG/JUN  P53WS
2.CA1501 Y FR10DEC PEKSHA HK1  0840  1035  777 S 0
3.BJS/T PEK/T 010-63**6973/SHIPU TRAVE AGENCY/LIU DE PU ABCDEFG
4.PEK/66**7755-2509
5.TL/1200/07DEC/BJS123
6.BJS123
```

（四）出票组

出票组注明旅客的出票情况，已出票的将给出票号，未出票的则写明具体出票时限，到达出票时限，订座系统会向相应部门派发电报，提示售票员出票，否则机票会被航空公司取消。

1. 出票时间限定

指令格式：◆TK:TL/时间/日期/出票部门/旅客标识序号

例如：为 PNR 中的旅客设置出票时限。

```
◆TK: TL/1200/08DEC/BJS123
```

输出为：

```
◆RT:
1.LI/SAN 2.ZHANG/WAN 3.ZHAO/YI M4MDS
4.WH2137 Y  SA10OCT  PEKCAN HK3  1030 1310
5.BJS/T PEK/T 010-63**6973/SHIPU TRAVE AGENCY/LIU DE PU ABCDEFG
6.66**7755
7.TL/1200/06OCT/BJS123
8.RMK CA/JV3C6
9.BJS123
```

【说明】

出票时限可以根据旅客情况而定，但通常要求旅客在航班起飞 3 天前出票。

2. 已出票

指令格式：◆TK: 出票类型/完整票号/自由格式文本/旅客标识序号

例如：输入票号 783-2203752149。

```
◆TK:T/783-2203752149
```

【说明】

1）当采用手工出票方式时，必须输入完整的 13 位票号，即 3 位航空公司代码和 10 位票号，否则系统将提示错误信息。

2）若代理人采用手工出票方式输入票号，票号会以 OSI 方式传输到航空公司系统；若代理人输入出票时限，出票时限会以 SSR 方式传输到航空公司系统（仅针对国内的航空公司）。

二、旅客订座记录（PNR）的生效

在修改或建立新的 PNR 时，用封口指令“@”或“\”，使修改或建立的 PNR 生效。在封口之前，PNR 虽然显示在屏幕上，但并未正式生效，只有封口后，才可以继续建立其他记录。它是生效 PNR 必不可少的一步。

指令格式：@　选择代码

【说明】

1）封口指令既可以单独输入，也可以在一组指令的最后输入。

2）封口时，会自动检查所输入的内容是否完整。

3）封口后，旅客的订座记录号及航段信息将显示在屏幕上。

例如：最常见的封口就是对 PNR 的确认并生效。

```
◆SD:1Y/1
NM:1WANG/JUN
CT:66**7755
TK:TL/1200/07DEC/BJS123
```

输入：

```
◆@
CA1501 Y FR10DEC PEKSHA HK1  0840   1035
N6B4M
```

```
◆RT:
1.WANG/JUN  N6B4M
2.CA1501 Y FR10DEC PEKSHA HK1  0840   1035
3.BJS/T PEK/T 010-63**6973/SHIPU TRAVE AGENCY/LIU DE PU ABCDEFG
4.66**7755
5.TL/1200/07DEC/BJS123
6.RMK CA/K9M4R
7.BJS123
```

售票员在封口时，有时会遇到输不进去的情况。封口指令还有其他选项，选择代码及描述如表 4-1 所示。当遇到特殊情况时，可以选择这些代码。

表 4-1　选择代码及描述

选择代码	描述
K	① 将 KK、KL 或 TK 变为 HK； ② 将 UU、US 或 TL 变为 HL； ③ 将 TN 变为 HN； ④ 将带有 NI、UC、UN 的项移到 PNR 的历史部分； ⑤ PNR 中的任何航班更改标识（闪动的 S、P、C）或航班信息； ⑥ 标识（闪动的 I）将被抹去
I	① 航段不连续； ② 邮寄时间不够； ③ 有航班变更标识； ④ 两个连接航段的停留时间小于最小连接时间

三、旅客订座记录其他组项的建立

1. 特殊服务组输入指令（SSR）

对于一些与客人相关的特殊服务申请，是通过 SSR 指令备注来实现的，如旅客身份证信息输入、国际航段护照信息输入、常旅客信息输入及特殊服务申请。

特殊服务组可分为两类：一类是系统自动生成的，是航空公司通知代理人的一些信息，如航空公司给出的出票时限、代码共享航班信息、旅客未乘机信息等；一类是售票员手工输入的，用于记录旅客在旅行中需要的特殊服务，并依此与航空公司进行信息交换。

指令格式：◆SSR: 服务类型代码 航空公司代码 行动代号 需要该项服务的人数 自由格式文本/旅客标识/需要该项服务的航段序号

使用 SSR 指令建立旅客身份证记录。旅客有效身份证件包括居民身份证、护照等。电子客票订座、安检、离港都必须使用有效身份证件。在电子客票订座的 PNR 记录中必须录入有效身份证件号码。

操作过程如下。

1）用 RT 指令提取 PNR 记录。

2）用 SSR 指令录入有效身份证件号码。

例如：提取 PNR 记录号 NIY0S5。

```
◆RT NIY0S5 <F12>
 **** ELECTRONIC TICKET PNR FOR CRS SYSTEM ****
1.张波      NIY0S5
2.CA1321 Y Tue 25SEP PEKCAN HK1 0845 1140   E
3.C/TEL:32213456
4.TL/1000/23SEP/CTU999
5.FC: PEK CA CAN 1890.00 YB100 1890.00 CNY 1890.00 END
6.FN: FCNY1890.00/SCNY1890.00/C3.5/TCNY25.00UT/TCNY25.00BT/ACNY1940.00
7.FP:  CASH，CNY
8.RMK: CA/RT67YT
9.CTU999
◆
```

可用 SSR 指令录入居民身份证号码。

```
◆SSR FOID CA HK/ NI512315****08281254/P1
 SSR ....  OK!
◆
```

也可用 SSR 指令录入护照证件号码。

```
◆SSR PPST CA HK/ PP508281254/P1
 SSR .... OK!
◆
```

重新提取PNR记录号，查看身份证记录信息。

```
◆RT NIY0S5 <F12>
 **** ELECTRONIC TICKET PNR FOR CRS SYSTEM ****
1.张波      NIY0S5
2.CA1321 Y Tue 25SEP PEKCAN HK1 0845 1140   E
3.C/TEL:32213456
4.TL/1000/23SEP/CTU999
5.SSR : FOID CA HK NI512315****08281254/P1
6.FC: PEK CA CAN 1890.00 YB100 1890.00 CNY 1890.00 END
7.FN: FCNY1890.00/SCNY1890.00/C3.5/TCNY25.00UT/TCNY25.00BT/ACNY1940.00
8.FP: CASH, CNY
9.RMK: CA/RT67YT
10.CTU999
◆
```

2. 特殊餐食、特殊服务的申请

指令名称：特殊服务组输入指令。
指令功能：完成特殊服务组的记录输入。
操作过程：
1）◆RT PNR 记录号 <F12>
2）◆SSR 服务类型 航空公司代码 NNx 自由格式/P1/…/Px/n <F12>

- 服务类型：AVML（亚洲素食）；BBML（婴儿餐食）；BLND（盲人旅客）；BSCT（婴儿摇篮占位）；BULK（庞大行李）；CBBG（客舱占位行李）；CHML（儿童餐食）；DBML（糖尿病患者素食）；FQTV（常旅客）；FQAG（易碎行李）；LANG（会话语种）；MEDA（健康情况）；STCR（担架旅客）；RQST（座位申请）；TWOV（无签证过境）；VGML（素食）；UMNR（无人陪伴）；WCHC（固定轮椅）；WCHR（用客机梯轮椅）；EXST（额外座位）；MAAS（满足与帮助）；NSSA（靠走廊的无烟座位）；NSSW（靠窗的无烟座位）；OTHS（其他服务）；SMSA（靠走廊的吸烟座位）；SMSW（靠窗的无烟座位）；SEAT（申请指定座位）；WCHS（登机轮椅）；DEPA（被驱逐出境，有人陪伴）；DEPU（被驱逐出境，无人陪伴）。
- NNx：NN 是行动代码，x 是需要服务的人数。
- P1…Px 是旅客标识。
- n 是航段序号。

例如：输入婴儿添加餐食的电子客票订座记录。

1）提取 PNR 记录号：

```
◆RT JIKK5R<F12>
 **** ELECTRONIC TICKET PNR ****
1.张三   2.XN  IN/张小明 INF(03MTHS)/P1      JIKK5R
3.CA1321 Y Tue 25SEP PEKCAN HK1 0845 1140   E
4.C/TEL:12345678
5.TL/1000/23SEP/CTU999
6.FC: PEK CA CAN 1890.00 YB100 1890.00 CNY 1890.00 END
7.FN:FCNY1890.00/SCNY1890.00/C3.5/TCNY25.00UT/TCNY25.00BT/ACNY1940.00
8.FP:  CASH，CNY
9.RMK: CA/WP45D6
10.CTU999
◆
```

2）输入添加婴儿餐食记录：

```
◆SSR BBML CA NN1 婴儿餐食/3/P1 <F12>
SSR ....  OK!
◆
```

3）重新提取 PNR 记录号：

```
◆RT JIKK5R <F12>
 **** ELECTRONIC TICKET PNR ****
1.张三   2.XN  IN/张小明 INF(03MTHS)/P1      JIKK5R
3.CA1321 Y Tue 25SEP PEKCAN HK1 0845 1140   E
4.C/TEL:12345678
5.TL/1000/23SEP/CTU999
6. SSR: BBML CA NN1 婴儿餐食/3/P1
7.FC: PEK CA CAN 1890.00 YB100 1890.00 CNY 1890.00 END
8.FN:FCNY1890.00/SCNY1890.00/C3.5/TCNY25.00UT/TCNY25.00BT/ACNY1940.00
9.FP:  CASH，CNY
10.RMK: CA/WP45D6
11.CTU999
◆
```

张三所带的婴儿餐食特殊服务已经记录，待有关部门查询。

3. 座位预留

飞机航班座位图和旅客机上座位预订系统满足了航空公司售票人员在完成旅客订

票需求的同时，为旅客提前选定机上座位提供了更好的服务。

培训系统配载了国内航班绝大部分机型的座位图，供培训使用。

图 4-1 为一个 A330 机型、CA4109 航班、6 月 20 日的座位占用情况。

```
   CA4109   /F.Y/20JUN/CTUPEK/A330/F12Y272
   F 0 Y   [[[1[[[        2            3
      123456789012345678901234567890123456
RK    **!*********************************   KR
RH    ************************************   HR
R ==========================================R
R ==========================================R
RG    ************************************   GR
RF    XX**********************************   FR
LE    XX**********************************   EL
LD    ************************************   DL
L ==========================================L
L ==========================================L
LC    ************************************   CL
LA    ************************************   AL
      123456789012345678901234567890123456
   F 0 Y   [[[1[[[    2            3
```

图 4-1　A330 机型座位图

在图 4-1 中，“*”表示可以被预留；“!”表示已经被预留；“[[[”表示飞机翅膀位置；X 表示不是座位；“====”为通道标识；R 表示右；L 表示左，飞机机头向左。

图 4-1 中的座位号范围：横向是 01A…10A…36A，纵向是 A、C、D、E、F、G、H、K。

显示航班座位图指令（ADM）和旅客机上座位预订功能指令（ASR）。

指令格式：ADM n

其中，n 表示 AV 指令或 RT 指令后，屏幕航班序号。

例如：为旅客的电子客票订座记录指定一个座位的输入。

1）提取旅客的 PNR 记录号，为该旅客指定一个座位：

```
◆RT CT43JF <F12>
     **** ELECTRONIC TICKET PNR FOR CRS SYSTEM ****
1.LIU/BO     CT43JF
2.CZ3196 Y Thu 28SEP PEKCAN HK1 0840 1145   E
```

```
3.C TEL:139********
4.TL 1600/25SEP/CTU999
5.FC:  PEK CZ CAN 1890.00 YB100 1890.00 CNY 1890.00 END
6.FN:FCNY1890.00/SCNY1890.00/C3.5/TCNY25.00UT/TCNY25.00BT/ACNY1940.00
7.FP:  CASH, CNY
8.RMK: CZ/MSPI30
9.CTU999
◆ ADM 2
  CZ3196  /F.Y/28SEP/PEKCAN/B737/F8Y120
   F 0 Y  [[[[1[[      2
     12345678901234567890123
 RF  ***********************  FR
 RE  XX*********************  ER
 RD  ***********************  DR
 R ========================== R
 L ========================== L
 LC  ***********************  CL
 LB  XX*********************  BL
 LA  ***********************  AL
     12345678901234567890123
   F 0 Y  [[[[1[[      2
◆ASR 2 5A/P1
  SSR ...SEAT SEAT CZ HK1 PEKCAN Y 28SEP 5A/P1.  OK
◆
```

指令“ASR 2 5A/P1”和“SSR…SEAT SEAT CZ HK1 PEKCAN Y 28SEP 5A/P1”的功能相同。图 4-2 为调出的座位图。

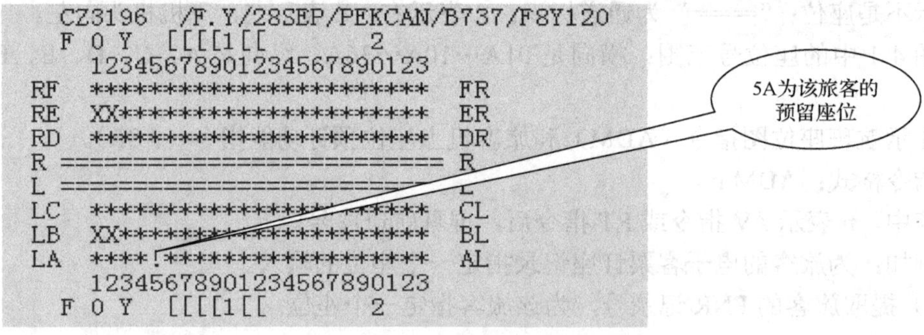

图 4-2　CZ3196 航班座位图

2）重新提取 PNR 记录号，查看该旅客指定的座位情况：

```
◆RT CT43JF <F12>
```

```
        **** ELECTRONIC TICKET PNR FOR CRS SYSTEM ****
    1.LIU/BO     CT43JF
    2.CZ3196 Y Thu 28SEP PEKCAN HK1 0840 1145   E
    3.C TEL:139********
    4.TL 1600/25SEP/CTU999
    5.SSR : SEAT CZ HK1 PEKCAN Y 28SEP 5A/P1
    6.FC:  PEK CZ CAN 1890.00 YB100 1890.00 CNY 1890.00 END
    7.FN:
FCNY1890.00/SCNY1890.00/C3.5/TCNY25.00UT/TCNY25.00BT/ACNY1940.00
    8.FP:  CASH，CNY
    9.RMK: CZ/MSPI30
    10.CTU999
    ◆
```

例如：为旅客的订座记录预留一个座位 3A，指定一个额外座位 3B。

1）提取旅客 1 的 PNR 记录号，为该旅客指定一个额外座位：

```
    ◆RT G1404Z <F12>
        **** ELECTRONIC TICKET PNR FOR CRS SYSTEM ****
    1.HU     BPF1U4
    2.HU7147 Y Mon 23APR PEKCTU HK1 0750 1020    B737 B 0     R E T1 T2
    3.CT   159****2138
    4.TL   1000/22APR/CTU001
    5.SSR: SEAT HU HK1 PEKCTU Y 23APR 3A/P1
    6.FC:  PEK HU CTU 1520.00 YB100 CNY 1520.00 END
    7.FN:
FCNY1520.00/SCNY1520.00/C0/XCNY120.00/TCNY50.00CN/TCNY70.00YQ
                                   /ACNY1640.00
    8.FP:  CASH，CNY
    9.RMK: HU/PPIF0B
    10.CTU001
    ◆SSR: SEAT HU HK1 PEKCTU Y 23APR 3A/P1 <F12>
     SSR....  OK!
    ◆SSR: EXST HU HK1 PEKCTU Y 23APR 3B/P1 <F12>
     SSR....  OK!
    ◆
```

2）重新提取 PNR 记录号，查看座位情况：

```
    ◆RT G1404Z <F12>
    **** ELECTRONIC TICKET PNR FOR CRS SYSTEM ****
    1.HU     BPF1U4
```

```
    2.HU7147 Y Mon 23APR PEKCTU HK1 0750 1020    B737 B 0    R E T1 T2
    3.CT    159****2138
    4.TL    1000/22APR/CTU001
    5.SSR: SEAT HU HK1 PEKCTU Y 23APR 3A/P1
    6.SSR: EXST HU HK1 PEKCTU Y 23APR 3B/P1
    7.FC:  PEK HU CTU 1520.00 YB100 CNY 1520.00 END
    8.FN:
FCNY1520.00/SCNY1520.00/C0/XCNY120.00/TCNY50.00CN/TCNY70.00YQ
                    /ACNY1640.00
    9.FP:  CASH, CNY
    10.RMK: HU/PPIF0B
    11.CTU001
    ◆ ADM 2 <F12>
    ◆
```

图 4-3 为调出的座位图。

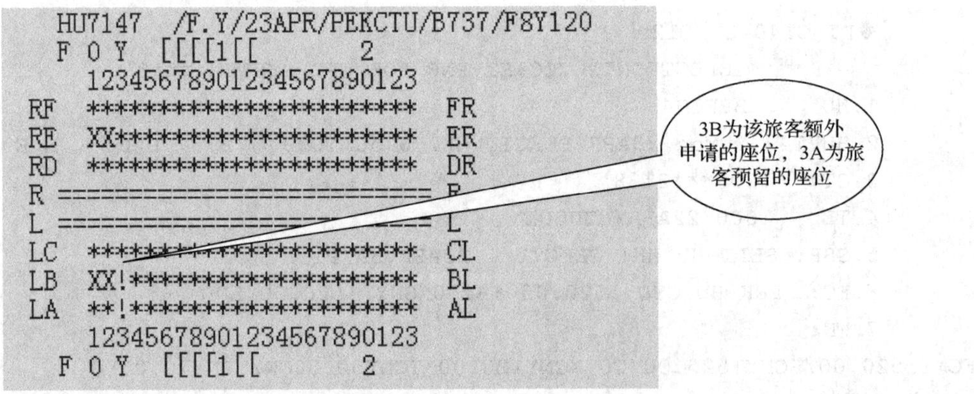

图 4-3　HU7147 航班座位图

4. 建立常旅客记录及服务类型代码指令（SSR）

指令名称：建立常旅客记录指令。

指令功能：为旅客建立常旅客记录，与 RT 指令连用。

输入格式：◆SSR FQTV 航空公司代码卡号/Px　<F12>

操作过程：

1）◆RT PNR 记录号

2）◆SSR FQTV CZ　HK1 798884236/P1

建立常旅客记录：如果常旅客记录表中没有记录，则系统自动产生一个卡号，并记录初始记录。

如果输入的卡号已经存在，则修改其信息内容。

常旅客记录包括卡号、旅客姓名、身份证号、服务项目、里程总数等乘机记录。

例如：为旅客张波建立常旅客档案。

1）提取 PNR 记录号：

```
◆RT NIY0S5 <F12>
 **** ELECTRONIC TICKET PNR FOR CRS SYSTEM ****
1.张波      NIY0S5
2.CA1321 Y Tue 25SEP PEKCAN HK1 0845 1140   E
3.C/TEL:32213456
4.TL/1000/23SEP/CTU999
5.SSR: FOID CA HK NI512315****08281254/P1
6.FC: PEK CA CAN 1890.00 YB100 1890.00 CNY 1890.00 END
7.FN: FCNY1890.00/SCNY1890.00/C3.5/TCNY25.00UT/TCNY25.00BT/ACNY1940.00
8.FP:  CASH, CNY
9.RMK: CA/UT25DS
10.CTU999
◆
```

2）用 SSR 指令建立常旅客记录：

```
◆SSR FQTV CA HK 4698/P1
 SSR .... OK!
◆
```

3）重新提取 PNR 记录号，查询常旅客情况信息：

```
◆RT NIY0S5 <F12>
 **** ELECTRONIC TICKET PNR FOR CRS SYSTEM ****
1.张波      NIY0S5
2.CA1321 Y Tue 25SEP PEKCAN HK1 0845 1140   E
3.C/TEL:32213456
4.TL/1000/23SEP/CTU999
5.SSR: FOID CA HK NI512315****08281254/P1
6.SSR : FQTV CA HK 4698/P1
7.FC: PEK CA CAN 1890.00 YB100 1890.00 CNY 1890.00 END
8.FN: FCNY1890.00/SCNY1890.00/C3.5/TCNY25.00UT/TCNY25.00BT/ACNY1940.00
9.FP:  CASH, CNY
10.RMK: CA/UT25DS
11.CTU999
◆
```

服务类型代码介绍如下。

1）ADTK 含义：出票通知。目前在民航订座系统中应用于自动清票功能之中，系统自动给出，不需手工输入。

2）AVIH 含义：旅客携动物随行。

3）AVML 含义：亚洲素食。

4）BBML 含义：婴儿餐食。

5）BIKE 含义：携带自行车（须说明数量）。

输入格式：◆SSR 服务代码 航空公司代码 行动代码及数量/旅客标识/航段序号

6）BIRS 含义：旅客生日。

输入格式：◆SSR 服务代码 航空公司代码 HK/生日日期 自由文本/旅客标识/航段序号

其中，生日日期格式为 DDMMM，且应与航班起飞日期一致。

7）BLML 含义：流质餐食。

8）BLND 含义：视觉障碍旅客（如果有导盲犬或其他动物陪伴，须详细说明）。

9）BSCT 含义：摇篮车/吊床/婴儿摇篮（须说明数量、重量、尺寸）。

输入格式：◆SSR 服务代码 航空公司代码 行动代码及数量/旅客标识/航段序号

10）BULK 含义：超大件行李（须说明数量、重量、尺寸）。

11）CBBG 含义：占座行李（行李随同旅客占一个座位，须说明数量、重量、尺寸）。PNR 中的姓名项应输入 NM 2LI/YAN/CBBG，否则输入 SSR CBBG 时会提示错误信息。

12）CHML 含义：儿童餐食。

13）CKIN 含义：机场人员信息。

14）COUR 含义：急件。

15）DBML 含义：糖尿病患者专用餐食。

16）DEAF 含义：听觉障碍旅客。

17）DEPA 含义：被驱逐出境者（有人陪伴）。

18）DEPU 含义：被驱逐出境者（无人陪伴）。

19）DOCA 含义：输入旅客的居住地及目的地地址信息。

输入格式：◆SSR DOCA 航空公司代码 HK1 地址类型/国家/详细地址/城市/所在省市（州）信息/邮编/婴儿标识 I/P1

说明：可以用 DAPI 指令输入。

20）DOCO 含义：输入旅客的其他相关信息，如 VISA 卡信息等。

输入格式：◆SSR DOCO 航空公司代码 HK1 出生地/类型 V/VISA 卡号码/发卡地区/发卡日期/卡有效国家或州/婴儿标识 I/P1

说明：可以用 DAPI 指令输入。

例如：SSR DOCO CA HK1 BIRTH PLACE/V/VISA NUMBER/ISSUE PLACE/10MAY04/USA/I/P1

21）DOCS 含义：输入旅客的护照等证件信息。

输入格式：◆SSR DOCS 航空公司代码 Action-Code 1 证件类型/发证国家/证件号码/国籍/出生日期/性别/证件有效期限/SURNAME/FIRST-NAME/MID-NAME/持有人标识 H/P1

说明：可以使用 DAPI 指令输入“SSR DOCS”项。方法是：在提取 PNR 记录号之后，输入“DAPI: 旅客序号/航段序号”，如“DAPI:P1/S2”，然后在显示的表格中填写旅客信息。

例如：SSR DOCS CA HK1 P/USA/PASS PORT NUMBER/USA/10MAY79/M/10MAY10/SURNAME/FIRST-NAME/MID-NAME/H/P1

22）EXST 含义：额外座位，即同一旅客占用两个座位，姓名项输入为 NM:2LI/YAN/EXST，否则输入 SSR EXST 时会提示错误信息。

23）FOID 含义：旅客身份识别。

输入格式：◆SSR FOID 航空公司代码 HK/NI 身份证号/旅客编号

24）FPML 含义：鲜水果餐食。

25）FQTR 含义：常旅客兑换。

输入格式：◆SSR FQTR 航空公司代码 HK/常旅客卡号/旅客标识/航段序号

26）FQTS 含义：常旅客服务。

输入格式：◆SSR FQTS 航空公司代码 HK/常旅客卡号/旅客标识/航段序号

27）FQTU 含义：常旅客升舱。

输入格式：◆SSR FQTU 航空公司代码 HK/常旅客卡号/旅客标识/航段序号/升舱前的原始舱位

28）FQTV 含义：常旅客计划。

输入格式：◆SSR FQTV 航空公司代码 HK/常旅客卡号/旅客标识/航段序号

29）FRAG 含义：易碎行李（须说明数量、重量、尺寸）。

30）FRAV 含义：首个可连接航班。

31）GFML 含义：无麸质餐。

32）GMJC 含义：革命伤残军人。

33）GPST 含义：团体订位及选座。

34）GRPF 含义：团体伙食数据。

输入格式：◆SSR GRPF 航空公司代码 自由文本

35）GRPS 含义：旅客一起旅行，在一个或多个部分利用一个共同身份指派的预订员。

36）HNML 含义：印度教餐食。

37）INFT 含义：携带婴儿。

输入格式：◆SSR INFT 航空公司代码 NN1/婴儿姓名/BABY 出生日期（DDMMMYY）/旅客序号/航段序号

38）KSML 含义：犹太教餐食。

39）LANG 含义：指定通话语种。

40）LCML 含义：低热量餐食。

41）LFML 含义：低胆固醇、低脂肪餐食。

42）LSML 含义：低盐餐食。

43）MAAS 含义：满足与帮助（用于特殊细节）。

44）MEDA 含义：健康状况（需要旅客医疗状况证明）。

45）MOML 含义：穆斯林餐食。

46）NLML 含义：低乳糖餐食。

47）NSSA 含义：靠走廊的无烟座位。

输入格式：◆SSR 服务代码 航空公司代码 行动代码及数量/旅客标识/航段序号

48）NSSB 含义：靠舱壁的座位不准吸烟。

输入格式：◆SSR 服务代码 航空公司代码 行动代码及数量/旅客标识/航段序号

49）NSST 含义：无烟座位。

50）NSSW 含义：靠窗的无烟座位。

输入格式：◆SSR 服务代码 航空公司代码 行动代码及数量/旅客标识/航段序号

51）OTHS 含义：其他服务类型。内容项为自由文本格式输入。

输入格式：◆SSR OTHS 航空公司代码 自由文本信息

52）PCTC 含义：紧急与旅客联系，且必须包括姓名和完整的联系电话（只在美国运输中被要求）。

53）PETC 含义：宠物（须说明细节）。

54）PSPT 含义：护照信息。

输入格式：◆SSR PSPT AIRLINE-CODE HK1/护照号码/国籍/旅客生日/旅客姓/旅客名/性别及婴儿标识/持有人标识/P#

其中，国籍——中国 CN，美国 US；旅客生日——DDMMMYY；性别及婴儿标识：M——MALE，F——FEMALE，MI——男孩，FI——女孩，这些信息可以选择输入，若不输入则必须以“/”隔开；持有人标识——H。

55）RLOC 含义：记录编号。

56）RQST 含义：座位申请。

57）RVML 含义：果蔬餐食。

58）SEAT 含义：机上座位预订申请（通常应用于提供 ASR 功能的航班）。

输入格式：◆SSR 服务代码 航空公司代码 行动代码及数量 航段信息 座位特征标识/旅客标识

59）SEMN 含义：船员（水手）。

60）SFML 含义：海鲜餐食。

61）SLPR 含义：机舱内床铺（不包括担架）。

输入格式：◆SSR 服务代码 航空公司代码 行动代码及数量/旅客标识/航段序号

62）SMSA 含义：靠走廊的吸烟座位。

63）SMST 含义：吸烟座位。

64）SMSW 含义：靠窗的吸烟座位。

65）SPEQ 含义：体育设备（须说明设备类型、数量、重量、尺寸）。

66）SPML 含义：特殊餐食。

67）STCR 含义：担架旅客。

68）TKNA 含义：客票号码自动（系统）产生的纸质机票。此代码只由系统产生。

69）TKNE 含义：电子客票票号。ETDZ 打票之后，会自动生成，也可手动输入。

70）TKNM 含义：手动输入票号。

71）TKNR 含义：电子客票预订通知已改变。

72）TKTL 含义：出票时限标注。

73）TWOV 含义：无签证过境。

74）UMNR 含义：无成人陪伴儿童。输入无成人陪伴儿童姓名项。

75）VGML 含义：纯素餐食。

76）VJML 含义：印度素食。

77）VLML 含义：西式蛋奶素食。

78）VOML 含义：东方素食。

79）WCBD 含义：轮椅（干电池）。

80）WCBW 含义：轮椅（湿电池）。

81）WCHC 含义：机上轮椅。旅客若不能行动，需要用轮椅上下飞机、进出休息室和舱位。

82）WCHR 含义：轮椅（R 为坡道，旅客可以从坡道上升/下降，到达/离开机舱座椅）。

83）WCHS 含义：轮椅（S 代替步行，旅客用自己的方式上/下，到达/离开客舱座位）。

84）WCMP 含义：轮椅（人力运送乘客）。可以指定轮椅的重量和尺寸。

85）XBAG 含义：额外行李（须说明数量、重量、尺寸）。

5. 服务组输入指令（OSI）

指令名称：服务组输入指令。

指令功能：在一个 PNR 记录中完成服务组的输入。需要用 RT 指令提取 PNR 记录。

操作过程：

1）◆RT PNR 记录号 <F12>

2）◆OSI 航空公司代码 自由格式/Px <F12>

【说明】

1）Px：成人旅客序号。

2）OSI 输入的内容是说明性的，不需要航空公司确认；SSR 输入的内容多为服务申请，需要航空公司响应。

1）提取 PNR 记录号：

```
◆RT JIERH7  <F12>
 **** ELECTRONIC TICKET PNR ****
1.张三   2.李四   3.王五      JIERH7
4.CA1321 Y Tue 25SEP PEKCAN RR3 0845 1140   E
5.CA1322 Y Fri 28SEP CANPEK HK3 1255 1610   E
6.C/TEL:23432412 62413424 35426140
7.TL/1600/23SEP/CTU999
8.FC: PEK CA CAN 1890.00 YB100 1890.00 CA PEK 1890.00 YB100
          1890.00 CNY 3780.00 END
9.FN:FCNY3780.00/SCNY3780.00/C3.5/TCNY50.00UT/TCNY50.00BT
                                                   /ACNY3880.00
10.FP:  CASH，CNY
11.RMK  此人是一个武术大家，对人和蔼可亲。/P1
12.RMK: CA/T2Y5TY
13.CTU999
◆
```

2）给旅客李四作一个特别备注，显示如下：

```
◆OSI CA VIP 重要旅客/P2 <F12>
 OSI ....  OK!
◆
```

3）重新提取 PNR 记录号查看：

```
◆RT JIERH7 <F12>
 **** ELECTRONIC TICKET PNR FOR CRS SYSTEM ****
1.张三   2.李四   3.王五     JIERH7
4.CA1321 Y Tue 25SEP PEKCAN RR3 0845 1140   E
5.CA1322 Y Fri 28SEP CANPEK HK3 1255 1610   E
6.C/TEL:23432412 62413424 35426140
7.TL/1600/23SEP/CTU999
8.OSI: CA VIP 重要旅客/P2
9. FC: PEK CA CAN 1890.00 YB100 1890.00 CA PEK 1890.00 YB100
         1890.00  CNY 3780.00 END
10.FN:FCNY3780.00/SCNY3780.00/C3.5/TCNY50.00UT/TCNY50.00BT/ACNY3880.00
11.FP:  CASH，CNY
12.RMK  此人是一个武术大家，对人和蔼可亲。/P1
```

```
13.RMK: CA/T2Y5TY
14.CTU999
◆
```

屏幕信息显示：特别备注已经录入。

表 4-2 为 OSI 项常见服务类型。

表 4-2 OSI 项常见服务类型

服务类型代码	释义
CHD	儿童
CIP	商务重要旅客
COUR	信使
CTC	联系方式
CTCA	联系地址
CTCP	联系电话
INF	婴儿
SEMN	船员（水手）
SPON	特殊旅客
TCP	完整团体人数
VIP	重要旅客
TKNO	票号

四、旅客订座记录的打印项

1. 票价组输入指令（FC、FN、FP）

指令名称：票价组输入指令。

指令功能：用于建立 PNR 票价组的记录输入。

操作过程：

1）◆FC:航程起始的城市代码 航空公司代码 航程到达的城市代码 航段票价[航空公司代码 航程到达的城市代码 航段票价…]航程总价

2）◆FN:F 货币类型数额/S 货币类型数额/C 手续费/A 货币类型数额

注：数额是 8 位数字，包括 2 位小数；手续费是 5 位数字，包括 2 位小数。

3）◆FP:付款方式，货币类型

其中，付款方式有 CHECK（支票）方式和 CASH（现金）方式；货币类型有 CNY（人民币）、US（美元）等外币类型。

注：FC、FN 和 FP 可分别操作，也可一次完成。

操作过程系统显示：

```
◆RT PRN01    <F12>
             ...
             ...
◆ FC: CTU CA PEK 1180.00 YB100 1180.00 CNY 1180.00 END
FN: FCNY1180.00/SCNY1180.00/C3.00/TCNY25.00UT/TCNY25.00BT/ACNY1230.00
FP: CASH, CNY  <F12>; 现金方式
```

2. 自动票价计算组指令（PAT）

指令名称：自动票价计算组指令。

指令功能：完成 PNR 的票价计算组的自动计算。根据 PNR 中已有的航段组信息和数据库中该公司的航段、舱位所对应的 FD 价格，完成 PNR 的票价组 FN、票价计算组 FC 和付款方式组 FP 的建立。

操作过程：

1）◆RT PNR NO

2）◆PAT

其中，PAT 指令对提取 PNR 记录中的所有航段、舱位自动计算 FC、FN、FP。

注：民航订座培训系统可以设置 PAT 自动票价计算功能。也就是说，在建立 PNR 的姓名组、联系组、航段组的同时，也可以自动计算 FC、FN、FP，完成票价组、票价计算组和付款方式组的建立。

3. 折扣机票输入指令（FP）

指令名称：折扣机票输入指令。

指令功能：用于建立 PNR 票价组的记录输入。

操作过程：◆FC:航程起始的城市代码 航空公司代码 航程到达的城市代码 舱位折扣[航空公司代码 航程到达的城市代码 舱位折扣…] CNY 0.00 END

其中，FC 由系统、查表计算生成，FN 也由系统自动生成。

例如：计算 CA 公司从成都到北京，Y 舱位 8 折的机票价格；CA 公司从北京到上海，F 舱位 7 折的机票价格。

操作过程：

1）◆FC: CTU CA PEK YB80 CA SHA FB70 CNY 0.00 END

2）◆FP: CASH, CNY <F12>；现金方式

3）@ <F12>；现金方式

4. 签注信息组指令（EI）

每张机票都有签注栏，可将机票的签注信息输入旅客订座记录中，其内容格式较为自由，可输入中文、英文等。

指令格式：◆EI: 自由格式内容

例如：

◆EI: 不得签转

◆EI: 不得退票

【说明】

输入的内容不应超过 58 个字符。

五、团体旅客订座记录的建立

散客是指 9 人及以下的旅客订座。团体是指 10 人及以上的旅客订座。团体旅客订座记录的构成与散客旅客订座记录基本一致，所不同的是团体旅客订座记录在输入姓名前，须给出团体名称。

指令格式：◆GN: 团体订座人数/团名

例如：

◆GN: 25/HAIHANG

系统显示：

```
0.25HAIHANG NM0
1. SIA/T SIA TEST ABCDEFG
2. SIA999
```

【显示说明】

第 0 行显示人数与团名；NM0 表示目前还没有输入具体的旅客名单，每输入一名旅客，数字会加 1。

输入：◆NM: 1 张敏 1 陈凯

【说明】

团体旅客姓名输入的指令与散客旅客相同，可以多行输入，生成旅客订座记录时，可以不输入具体旅客姓名或只输入一部分旅客姓名。每次输入时，姓名都会按字母顺序重新排列。

系统显示：

```
0.25HAIHANG NM2
1. SIAT SIA TEST ABCDEFG
2. SIA999
```

【说明】

NM2：表示输入了两名团体旅客姓名。

另外，在建立团体旅客订座记录时，还应注意以下几点。

1）代理人应按需要为团体命名，团名建立后不可更改。

2）团名只可由英文字母和斜线（/）组成，不可用中文做团名。

3）团名最长为 50 个字符，最短为 2 个字符。

4）一个团体最多可有 511 名旅客。

5）代理人可按团名或团体中的任一旅客姓名提取该旅客的订座记录。

6）在建立团体旅客订座记录后，代理人可根据实际需要取消或分离部分旅客，分离出的新的 PNR 仍为团体 PNR，且团名为原团名。

任务实施

上机操作：建立旅客订座记录。

旅客张明预订 1 月 28 日北京到昆明的机票，她携带一名需要占座的婴儿，要求配备婴儿餐食，请为其建立旅客订座记录。

任务准备

1）安装民航订座培训系统的计算机。

2）教师提供工作号和密码。

实施步骤

1）学生按实训室管理规定进入实训机房并登录系统。

2）利用 NM 指令为旅客建立姓名组信息。

3）根据旅客相关要求建立航段组信息。

4）利用 CT 指令为旅客建立联系组信息。

5）利用 SSR 指令输入旅客身份证信息 420106****11234038。

6）为旅客办理特殊餐食申请。

7）为旅客办理座位预留。

8）录入票价信息及付款方式。

9）封口旅客订座记录，使其生效。

10）教师对学生的演示过程及操作结果进行点评。

任务检测

旅客李双双预订 12 月 9 日长沙到三亚的机票，其携带一名儿童，要求配备儿童餐食，请为其建立旅客订座记录。

任务二　旅客订座记录的提取

任务目标

1. 能够利用所学知识根据要求提取旅客订座记录。
2. 能够利用所学知识根据要求提取团体旅客订座记录。

在日常工作中经常要提取旅客订座记录，我们可以通过以下几种方法提取旅客订座记录。

根据记录号提取：RT:xxxxx

根据旅客姓名提取：RT:ZHANG/CA1301/10DEC

根据旅客名单提取：ML:C/CA1301/10DEC

RT:序号

根据航空公司记录号提取：RRT:V/xxxxx/CA1301/10DEC

查看 PNR 完整的内容：RT:C/xxxxx

查看 PNR 的历史部分：RT:U/1

返回到 PNR 的现行部分：RT:A

以上几种方法都可以提取旅客订座记录，下面进行具体介绍。

一、根据记录号提取 PNR

每个订座记录在封口后都有一个记录号，它由 5 位数字或字母组成，由计算机系统随机给出。

指令格式：

◆RT:记录号

例如：提取记录号为 N1PSZ 的 PNR。

```
◆RT:N1PSZ
 1.SHEN/JIE N1PSZ
 2.CA1501 Y   Tue 29SEP  PEKSHA RR1   0840 1035
 3.SHA/T SHA/T 021-62**9770/SF XIAN XIA ROAD BOOKING OFFICE/WENG
 4.62**9987
 5.T/999124455682-83
 6.RMK CA/KWSEN
 7.SHA391
```

二、根据旅客姓名提取 PNR

我们也可以根据旅客姓名、航班、日期、航段提取订座记录。

指令格式：

◆RT:姓名/航班/日期/航段

例如：提取 8 月 24 日 CA1501 航班上姓名为“陈鹏”的旅客。

```
◆RT:CHEN/CA1501/24AUG
NAME LIST
CA1501/24AUG
001   1CHEN/WILLIAM     P9NM0  C  RR1  BJS160  20AUG99
002   1CHENPENG         NENC2  C  RR1  BJS160  23AUG
003   1CHENDERONG       MH4E5  Y  HX2  BJS160  09AUG99
004   1CHENXINGYU       MMYZ8  Y  RR2  BJS160  16AUG99
END
```

系统将该代理人所订的 8 月 24 日 CA1501 航班上的所有以字母 C 开头的旅客记录全部显示出来。

【说明】

1）根据旅客姓名提取 PNR 时，既可以输入旅客的全名，也可以只输入姓氏。

2）若只输入姓氏，航班上以该姓氏字母开头的旅客记录将全部显示出来。

3）有些 PNR 中的姓名是英文字母，有些是中文，无论输入哪种，提取时都应输入字母。

三、根据旅客名单提取 PNR

我们可以先提取航班上由本部门建立的全部旅客记录（使用 ML 指令），然后根据序号提取。

指令格式：

◆ML:C/CA1501/06OCT

◆RT:序号

例如，已有旅客名单显示如下：

```
◆ML:B/CA1501/06OCT
MULTI
CA1501 /06OCT           B
PEKSHA
001   1LIANGYU          PBJS3  Y  RR1  BJS191  29SEP23    K    T
002   1LINTONG          NGC35  Y  RR1  BJS191  30SEP23    K    T
TOTAL NUMBER    2
```

如果要提取其中的第一个记录，则输入：

```
◆RT:1
1.梁育 PBJS3
2.CA1501 Y  TU06OCT  PEKSHA RR1  0840 1035
3.BJS/T PEK/T 010-65**8922/CHINA AIR SERVICE COMPANY/DONG SHU HUA ABCDEFG
4.T
5.RMK CA/JCD4V
6.FN/FCNY900.00/SCNY900.00/C4.00/ACNY900.00
7.TN/999-6091714065/P1
8.FP/CASH，CNY
9.BJS191
```

如果想继续提取第二个记录，可以输入：

```
◆RT:2
1.林彤 NGC35
2.CA1501 Y  TU06OCT  PEKSHA RR1  0840 1035
3.BJS/T PEK/T 010-65**8922/CHINA AIR SERVICE COMPANY/DONG SHU HUA ABCDEFG
4.T
5.RMK CA/HY3MB
6.FN/FCNY900.00/SCNY900.00/C4.00/ACNY900.00
7.TN/999-6091714248/P1
8.FP/CASH，CNY
9.BJS191
```

四、根据航空公司记录号提取 PNR

中国民航订座系统包括 ICS 和 CRS 两部分。如果旅客在 ICS 直接订座生成 PNR，则在 CRS 中没有相应记录。这种情况下代理人如果想提取该记录，需要使用 RRT 指令。

RRT 指令分为以下两步。

1）◆RRT:V：将所要提取的 PNR 显示在屏幕上。

2）◆RRT:OK：使 PNR 在 CRS 生成，并生效。

指令格式：

◆RRT: V/记录号/航班/日期

◆RRT: OK

例如：现有一航空公司系统记录号 JZS19，无 CRS 记录号。现根据航空公司记录编号 JZS19 提取 PNR。

输入◆RRT:V/JZS19/MU5110/10OCT，系统显示如下：

```
1.GAO/FENG
2.MU5110 Y   SA10OCT  PEKNKG HK1   1205 1335
3.NC
4.TL/1200/07OCT/SHA001
5.SHA001
```

输入◆RRT:OK，系统显示如下：

```
1.GAOFENG NDTRR
2.MU5110 Y   SA10OCT  PEKNKG HK1   1205 1335
3.NC
4.TL/1200/07OCT/BJS191
5.RMK CA/JZS19
6.RMK CLAIM PNR ACK RECEIVED
7.BJS191
@
  MU5110 Y   SA10OCT  PEKNKG HK1   1205 1335
NDTRR
```

可以看到，系统给出了CRS的记录号NDTRR，并将ICS的记录号JZS19记入了RMK项，说明该PNR在CRS已经生成，对应ICS的记录号JZS19，然后可进行其他处理。

五、提取完整的PNR

在建立PNR的过程中，有时会经过多次修改，售票员对订座记录的任何修改都会记录在PNR中。使用RT指令看到的PNR内容是PNR的现行部分，我们先来看一下PNR的结构。

PNR的现行部分：使用RT指令看到的PNR内容。

PNR的历史部分：被修改过的PNR内容。

若要查看完整的PNR内容，可以使用RT:C指令。

指令格式1：

◆RT:C/记录号

指令格式2：

◆RT:记录号

◆RT:C

例如：提取记录号为MZ1YG的PNR完整内容。

◆RT:C/MZ1YG

输入后，完整的PNR显示如下：

```
004     HDQCA 9983 0137 31JUL23 /RLC3
     1.CHEN/XUFAN(001) MZ1YG
001  2.CA1321 K   MO10AUG23  PEKCAN RR1   0900 1200
         DR(001)  RR(001)
001  3.BJS/T BJS233/T 010-65**8344/XH AIR THROUGH TRANSPORT
       SERVICE CO./YANG HONG PEI ABCDEFG
001  4.PEK/TAS01
003  5.T/9991124995051LGR
002  6.RMK CA/H45VF
001  7.BJS233
```

【说明】

PNR 中每一项前面的序号（001、002、003、004），表示这一项是在第几次封口中加入的。从上面的 PNR 中可以看出：

1）第一步操作，所有序号为 001 的项均是第一次封口时完成的，PNR 中加入了姓名组、航段组、代理人联系组和责任组。

2）第二步加入了 RMK 项。

3）第三步加入了票号项。

序号为 004 的项，表示这个 PNR 的最后一次修改是第 4 步，并且标出了修改时间和工作号。

例如：下面是一个经过多次改动的记录号全部内容。

输入◆RT: M99JJ，系统显示：

```
1.黄飞虎 M99JJ
2.CA1301 C   FR14JAN  PEKCAN RR1   1450 1745
3.BJS/T BJS/T-010-65**2266-8360/BJS HUI DA TICKET CHENCY/DU GANG
4.9069
5.T
6.RMK CA/KWTXV
7.FN/FCNY1760.00/SCNY1760.00/C3.00/ACNY1760.00
8.TN/999-6053660090/P1
9.FP/CASH，CNY
10.BJS324
```

输入◆RT:C，系统显示：

```
010     PEK1E 9986 0317 14JAN
     1.黄飞虎(006) M99JJ
006  2. CA1301 C   FR14JAN  PEKCAN RR1   1450 1745
        NN(006)  DK(006)  HK(006)  RR(008)
```

```
001  3.BJS/T BJS/T-010-65**2266-8360/BJS HUI DA TICKET CHENCY/DU GANG
001  4.9069
008  5.T
005  6.RMK CA/KWTXV
006  7.FN/FCNY1760.00/SCNY1760.00/C3.00/ACNY1760.00
010  8.TN/999-6053660090/P1
006  9.FP/CASH，CNY
001  10.BJS324
```

输入◆PN:，系统显示：

```
001     BJS324 9644 1215 13JAN23
002     HDQCA 9983 1215 13JAN23 /RLC1
002/003 RMK CA/HZPM1
003     HDQCA 9983 0050 14JAN /2/SNC
001/004   CA1301 Y   FR14JAN  PEKCAN DL1   1450
       NN(001)  DK(001)  HK(001)  NO(003)  DL(004)
004     BJS324 9644 0231 14JAN
005     HDQCA 9983 0231 14JAN /RLC4
001/006 C 1HUANG/FEIHU
004/006   CA1301 Y   FR14JAN  PEKCAN XX1   1450
       NN(004)  DK(004)  HK(004)  XX(006)
006     BJS324 9644 0237 14JAN
007     HDQCA 9983 0237 14JAN /RLC6
```

输入◆PN:，系统显示：

```
001/008 TL/1200/14JAN/BJS324
008     BJS324 9644 0317 14JAN I
009     HDQCA 9983 0317 14JAN /RLC8
006/010 FC/PEK CA CAN 1760.00 YB 100 CNY 1760.00 END
010     PEK1E 9986 0317 14JAN
```

我们再来看一下 PNR 中航段的情况。

输入◆RT:C，系统显示：

```
010     PEK1E 9986 0317 14JAN
      1.黄飞虎(006) M99JJ
006   2.CA1301 C   FR14JAN  PEKCAN RR1   1450 1745
       NN(006)  DK(006)  HK(006)  RR(008)
001   3.BJS/T BJS/T-010-65**2266-8360/BJS HUI DA TICKET CHENCY/DU GANG
001   4.9069
008   5.T
```

```
005  6.RMK CA/KWTXV
006  7.FN/FCNY1760.00/SCNY1760.00/C3.00/ACNY1760.00
010  8.TN/999-6053660090/P1
006  9.FP/CASH, CNY
001  10.BJS324
```

【说明】

售票员在第 6 步以申请状态 NN 建立了该航段组，由于航班有座位，其状态由 NN 改为 DK，封口后变为 HK 状态；售票员在第 8 步将 HK 转为 RR 状态。

六、提取 PNR 的历史部分指令（RT:Ux）

RT:Ux 指令中的“x”为数字，表示第几次封口，该指令可以直接将第几次修改后的内容显示出来。如售票员要查看航空公司系统是否有反馈信息时，就可使用该指令。

指令格式：

◆RT:Ux

例如：接上一个例子。

输入◆RT: M99JJ，系统显示：

```
1.黄飞虎 M99JJ
2.CA1301 C   FR14JAN  PEKCAN RR1   1450 1745
3.BJS/T BJS/T-010-65**2266-8360/BJS HUI DA TICKET CHENCY/DU GANG
4.9069
5.T
6.RMK CA/KWTXV
7.FN/FCNY1760.00/SCNY1760.00/C3.00/ACNY1760.00
8.TN/999-6053660090/P1
9.FP/CASH, CNY
10.BJS324
```

现在要查看 PNR 的历史部分。

输入◆RT:U1，系统显示：

```
001     BJS324 9644 1215 13JAN23
002     HDQCA 9983 1215 13JAN23 /RLC1
002/003 RMK CA/HZPM1
003     HDQCA 9983 0050 14JAN /2/SNC
001/004   CA1301 Y   FR14JAN  PEKCAN DL1   1450
        NN(001)  DK(001)  HK(001)  NO(003)  DL(004)
004     BJS324 9644 0231 14JAN
005     HDQCA 9983 0231 14JAN /RLC4
001/006 C 1HUANG/FEIHU
004/006   CA1301 Y   FR14JAN  PEKCAN XX1   1450
        NN(004)  DK(004)  HK(004)  XX(006)
```

```
006     BJS324 9644 0237 14JAN
007     HDQCA 9983 0237 14JAN /RLC6                                  +
```

输入◆PN:，系统显示：

```
001/008 TL/1200/14JAN/BJS324                                         -
008     BJS324 9644 0317 14JAN I
009     HDQCA 9983 0317 14JAN /RLC8
006/010 FC/PEK CA CAN 1760.00 YB 100 CNY 1760.00 END
010     PEK1E 9986 0317 14JAN
```

若只想查看第 4 步之后的修改，可以输入◆RT:U4，显示如下：

```
001/004  CA1301 Y  FR14JAN  PEKCAN DL1   1450
       NN(001)  DK(001)  HK(001)  NO(003)  DL(004)
004     BJS324 9644 0231 14JAN
005     HDQCA 9983 0231 14JAN /RLC4
001/006 C 1HUANG/FEIHU
004/006  CA1301 Y  FR14JAN  PEKCAN XX1   1450
       NN(004)  DK(004)  HK(004)  XX(006)
006     BJS324 9644 0237 14JAN
007     HDQCA 9983 0237 14JAN /RLC6
001/008 TL/1200/14JAN/BJS324
008     BJS324 9644 0317 14JAN I
009     HDQCA 9983 0317 14JAN /RLC8
006/010 FC/PEK CA CAN 1760.00 YB 100 CNY1760.00 END
010     PEK1E 9986 0317 14JAN
```

七、返回到 PNR 的现行部分指令（RT:A）

售票员在执行 RT:Ux 指令时，有时需要返回 PNR 的现行部分，使用 RT:A 指令即可完成该工作。

接上例，若要返回 PNR 的现行部分，需要输入◆PF（首先返回 PNR 的开始位置），系统显示：

```
010     PEK1E 9986 0317 14JAN
     1.黄飞虎(006) M99JJ
006  2.CA1301 C   FR14JAN  PEKCAN RR1   1450 1745
      NN(006)  DK(006)  HK(006)  RR(008)
001  3.BJS/T BJS/T-010-65**2266-8360/BJS HUI DA TICKET CHENCY/DU GANG
001  4.9069
008  5.T
005  6.RMK CA/KWTXV
006  7.FN/FCNY1760.00/SCNY1760.00/C3.00/ACNY1760.00
010  8.TN/999-6053660090/P1
```

```
006  9.FP/CASH，CNY
001  10.BJS324
```

输入◆RT: A，系统显示：

```
1.黄飞虎 M99JJ
2.CA1301 C   FR14JAN  PEKCAN RR1   1450 1745
3.BJS/T BJS/T-010-65**2266-8360/BJS HUI DA TICKET CHENCY/DU GANG
4.9069
5.T
6.RMK CA/KWTXV
7.FN/FCNY1760.00/SCNY1760.00/C3.00/ACNY1760.00
8.TN/999-6053660090/P1
9.FP/CASH，CNY
10.BJS324
```

任务实施

上机操作：提取旅客订座记录。

请为旅客李明预订 11 月 10 日昆明到兰州的机票，分别依据记录号、旅客姓名、旅客名单提取该旅客的订座记录，并查看旅客订座记录完整的内容。

任务准备

1）安装民航订座培训系统的计算机。

2）教师提供工作号和密码。

实施步骤

1）学生按实训室管理规定进入实训机房并登录系统。

2）利用 RT 指令，根据记录号提取旅客订座记录。

3）根据旅客姓名提取旅客订座记录。

4）根据旅客名单提取旅客订座记录。

5）查看旅客订座记录完整的内容。

6）请教师对学生的演示过程及操作结果进行点评。

任务检测

旅客王芳预订了 1 月 9 日武汉到三亚的机票，订座记录号为 78M9LK，请分别用旅客姓名、订座记录号提取该旅客的订座记录。

任务三　旅客订座记录的修改

任务目标

1. 能够对旅客订座记录进行修改。
2. 能够完成旅客订座记录的分离与取消操作。
3. 能够完成旅客订座记录的还原与确认操作。
4. 能够完成旅客订座记录的删除操作。

一、修改 PNR 记录

修改 PNR 记录包括航班更改、航段取消、姓名组修改、联系组修改，修改前要求用 RT 指令提取 PNR 记录。

（1）航班更改（包括航班号、机型、日期、舱位等）

操作过程：

1）◆RT PNR 记录号 <F12>

2）◆XE n（n 为航段序号）

3）SS 航班号/舱位等级/日期/城市对/（RR）人数

4）@　（封口标记）　<F12>

（2）姓名组修改（对非团体 PNR 记录）

操作过程：

1）◆RT PNR 记录号 <F12>

2）原旅客标号/新旅客姓名

提取 PNR 记录：

```
◆RT K08YUH  <F12>
 **** ELECTRONIC TICKET PNR FOR CRS SYSTEM ****
1.张三   2.李四       K08YUH
3.CA1321 Y Tue 25SEP PEKCAN HK2 0845 1140  E
4.C TEL:23432412 62413424
5.TL 1000/23SEP/CTU999
6.FC: PEK CA CAN 1890.00 YB100 1890.00 CNY 1890.00 END
7.FN: FCNY1890.00/SCNY1890.00/C3.5/TCNY25.00UT/TCNY25.00BT
                                                 /ACNY1940.00
8.FP:  CASH, CNY
9.RMK: CA/HPY6TY
10.CTU999
◆
```

将张三、李四在CA1321航班上的Y舱换成F舱：

```
◆XE 3
SS CA1321/F/25SEP/PEKCAN/2
@ <F12>
CA1321  F Tue PEKCAN 25SEP
   (CHANGED)
◆
```

屏幕信息显示：舱位已经更改。

重新提取PNR记录：

```
◆RT K08YUH <F12>
 **** ELECTRONIC TICKET PNR FOR CRS SYSTEM ****
1.张三   2.李四     K08YUH
3.CA1321 F Tue 25SEP PEKCAN HK2 0845 1140   E
4.C TEL:23432412 62413424
5.TL 1000/23SEP/CTU999
6.FC: PEK CA CAN 2835.00 FB100 2835.00 CNY 2835.00 END
7.FN: FCNY2835.00/SCNY2835.00/C3.5/TCNY25.00UT/TCNY25.00BT
                                                /ACNY2885.00
8.FP:  CASH, CNY
9.RMK: CA/HPY6TY
10.CTU999
◆
```

屏幕信息显示：舱位更改已经成功。

因客观情况，李四另有安排，派王五前往广州。

下面的操作中，将李四换成王五：

```
◆2/王五
@<F12>
CA1321  F  Tue 25SEP  PEKCAN  HK2  0845  1140
K08YUH
◆
```

屏幕信息显示：旅客姓名已经更改成功。

重新提取PNR记录，查看更改后的PNR记录：

```
◆RT K08YUH
 **** ELECTRONIC TICKET PNR FOR CRS SYSTEM ****
1.张三   2.王五     K08YUH
3.CA1321 F Tue 25SEP PEKCAN HK2 0845 1140   E
```

```
4.C TEL:23432412 62413424
5.TL 1000/23SEP/CTU999
6.FC: PEK CA CAN 2835.00 FB100 2835.00 CNY 2835.00 END
7.FN: FCNY2835.00/SCNY2835.00/C3.5/TCNY25.00UT/TCNY25.00BT
                                                   /ACNY2885.00
8.FP:  CASH, CNY
9.RMK: CA/HPY6TY
10.CTU999
◆
```

二、取消航段指令（XE）

约定：一个航段不能取消，多个航段的出发航段不能取消。

例如：张三、李四原订好三段航班，后因接到通知，要在广州多待一天，要求取消广州到成都的航班座位。

操作指令：

1）◆RT PNR 记录号　　<F12>

2）◆XE n　　（n 为航段序号）

3）@　（封口标记）　　<F12>

操作过程如下。

1）提取 PNR 记录：

```
◆RT  HUT937  <F12>
 **** ELECTRONIC TICKET PNR FOR CRS SYSTEM ****
1.张三   2.李四     HUT937
3.CA1321 Y Tue 25SEP PEKCAN RR2 0845 1140   E
4.CA4306 Y Thu 27SEP CANCTU HK2 1015 1220   E
5.CA4113 Y Sun 30SEP CTUPEK HK2 0805 1025   E
6.C TEL:23432412 62413424
7.TL 1000/23SEP/CTU999
8.FC: PEK CA CAN 1890.00 YB100 1890.00 CA CTU 1230.00 YB100 1230.00
          CA PEK 1550.00 YB100 1550.00 CNY 4670.00 END
9.FN: FCNY4670.00/SCNY4670.00/C3.5/TCNY75.00UT/TCNY75.00BT
                                                   /ACNY4820.00
10.FP:  CASH, CNY
11.RMK: CA/JPERT5
12.CTU999
◆
```

2）取消广州到成都的航班座位操作：

```
◆XE 4
@   <F12>
CA4306  Y  Thu 27SEP  CANCTU  HK2
HUT937
(CANCELLED)
◆
```

屏幕信息显示：CA4306 航班已经取消成功。

3）重新提取 PNR 记录：

```
◆RT  HUT937   <F12>
  **** ELECTRONIC  TICKET  PNR  FOR  CRS  SYSTEM ****
1.张三   2.李四      HUT937
3.CA1321 Y Tue 25SEP PEKCAN RR2 0845 1140   E
4.CA4113 Y Sun 30SEP CTUPEK HK2 0805 1025   E
5.C TEL:23432412 62413424
6.TL 1000/23SEP/CTU999
7.RMK: CA/JPERT5
8.CTU999
◆
```

屏幕信息显示：广州到成都的航段已经不存在，只有两个航段。显然，此航程的票价应该重新计算。

三、联系组修改

操作过程：◆RT PNR 记录号 <F12>

联系地址序号/新联系地址(电话号码)

1）提取 PNR 记录：

```
◆RT HUT937 <F12>
  **** ELECTRONIC  TICKET  PNR  FOR  CRS  SYSTEM ****
1.张三   2.李四      HUT937
3.CA1321 Y Tue 25SEP PEKCAN RR2 0845 1140   E
4.CA4113 Y Sun 30SEP CTUPEK HK2 0805 1025   E
5.C TEL:23432412 62413424
6.TL 1000/23SEP/CTU999
7.RMK: CA/JPERT5
8.CTU999
◆
```

2）修改联系组：将 TEL:23432412 62413424 变更成 TEL:135****7135/86243424。

```
◆5/TEL:135****7135/86243424
 @   <F12>
 CA1321  Y  Tue 25SEP  PEKCAN  RR2  0845  1140
 HUT937
◆
```

屏幕信息显示：联系组信息已经更改成功。

3）重新提取 PNR 记录，查看联系组情况：

```
◆RT HUT937 <F12>
 **** ELECTRONIC TICKET PNR FOR CRS SYSTEM ****
1.张三   2.李四      HUT937
3.CA1321 Y Tue 25SEP PEKCAN RR2 0845 1140   E
4.CA4113 Y Sun 30SEP CTUPEK HK2 0805 1025   E
5.C 135****7135/86243424
6.TL 1000/23SEP/CTU999
7.RMK: CA/JPERT5
8.CTU999
◆
```

四、取消 PNR 记录指令（XEPNR）

指令名称：取消 PNR 记录指令。

指令功能：取消一条 PNR 记录。此 PNR 记录要用 RT 指令提取，执行此指令后，显示的 PNR 记录将不复存在。

输入格式：◆XEPNR@

操作过程：

1）◆RT PNR 记录号　<F12>　或◆RT PNR 列表序号　<F12>

2）◆XEPNR@　<F12>

例如：

1）提取张俊 PNR 记录号：

```
◆RT 张俊/CA1321/20SEP  <F12>
 **** ELECTRONIC TICKET PNR FOR CRS SYSTEM ****
1.张俊     GFSE20
2.CA1321 Y Thu 20SEP PEKCAN RR1 0845 1140   E
3.C/TEL:23131265
4.TN/999-1100000022
5.SSR: FQTV CA NN1  CA  00003/P1
6.SSR: FOID CA HK NI565321****05283612/P1
7.SSR: TKNE CA HK1 PEKCAN 1321 Y20SEP 999-1100000022/1/P1
```

```
8.FC: PEK CA CAN 1890.00 YB100 1890.00 CNY 1890.00 END
9.FN:
FCNY1890.00/SCNY1890.00/C3.5/TCNY25.00UT/TCNY25.00BT/ACNY1940.00
10.FP: CASH, CNY
11.RMK: CA/T4EPN5
12.CTU999
◆
```

2）删除 PNR 记录：

```
◆XEPNR@  <F12>
此 PNR 记录已经出票,不能删除
◆
```

屏幕信息显示：已经出票的 PNR 记录不能删除，只能修改、退票。

又如，提取记录号为 BYXIW5 的 PNR，再删除 PNR 记录，显示如下：

```
◆RT BYXIW5  <F12>
 **** ELECTRONIC TICKET PNR FOR CRS SYSTEM ****
1.张三     BYXIW5
2.CZ3101 Y Thu 20SEP PEKCAN HK1 0700 0910   E
3.C TEL:12345678
4.TL 1600/18SEP/CTU999
5.SSR: FOID CZ HK NI510122****12321233/P1
6.SSR: FQTV CZ HK 00014/P1
7.FC: PEK CZ CAN 1180.00 YB100 1180.00 CNY 1180.00 END
8.FN:
FCNY1180.00/SCNY1180.00/C3.5/TCNY25.00UT/TCNY25.00BT/ACNY1230.00
9.FP: CASH, CNY
10.RMK: CZ/P2EUNU
11.CTU999
◆XEPNR@  <F12>
BYXIW5   - ONE OR MORE ET RECORDS RELEASED.
◆
```

屏幕信息“BYXIW5　– ONE OR MORE ET RECORDS RELEASED.”提示 PNR 记录 BYXIW5 已经删除。

3）从系统中提取原 PNR 记录号：

```
◆RT BYXIW5  <F12>
NO-PNR ! PNR_NO 不存在!
◆
```

屏幕信息显示：PNR 记录 BYXIW5 已经不存在。

五、减少 PNR 人数指令（XEP）

1. 非团体 PNR

指令名称：减少非团体 PNR 人数。
指令功能：此非团体 PNR 中已输入旅客姓名，此非团体 PNR 要用 RT 指令提取。
输入格式：◆XEP/旅客标号 1/.../旅客标号 n
操作过程：
1）◆RT PNR 记录号
2）◆XEP/2/3
3）@　（封口标记）　<F12>
例如：在 PNR，将旅客陆波、夏峰、单丹、李封减少两人。
1）提取 PNR 记录号：

```
◆RT UYTJ56  <F12>
 **** ELECTRONIC TICKET PNR FOR CRS SYSTEM ****
1.陆波   2.夏峰   3.单丹   4.李封      UYTJ56
5.CA1321 Y Thu 20SEP PEKCAN HK4 0845 1140   E
6.C TEL:56613412
7.TL 1000/19SEP/CTU999
8.FC: PEK CA CAN 1890.00 YB100 1890.00 CNY 1890.00 END
9.FN: FCNY1890.00/SCNY1890.00/C3.5/TCNY25.00UT/TCNY25.00BT
                                    /ACNY1940.00
10.FP:  CASH，CNY
11.RMK: CA/P2EU34
12.CTU999
◆
```

2）减少单丹、李封两人，他们在姓名组中的排列序号为 3、4：

```
◆XEP /3/4
@  <F12>
CA1321 Y Thu 20SEP PEKCAN HK2 0845 1140  E
UYTJ56
◆
```

屏幕信息显示：PNR 记录号 UYTJ56 已经减少到两人（HK2）。
3）再提取原 PNR 记录号：

```
◆RT UYTJ56   <F12>
 **** ELECTRONIC TICKET PNR FOR CRS SYSTEM ****
1.陆波   2.夏峰      UYTJ56
```

```
3.CA1321 Y Thu 20SEP PEKCAN HK2 0845 1140   E
4.C TEL:56613412
5.TL 1000/19SEP/CTU999
6.FC: PEK CA CAN 1890.00 YB100 1890.00 CNY 1890.00 END
7.FN: FCNY1890.00/SCNY1890.00/C3.5/TCNY25.00UT/TCNY25.00BT
                                              /ACNY1940.00
8.FP:  CASH，CNY
9.RMK: CA/P2EU34
10.CTU999
◆
```

屏幕信息显示：原 PNR 记录号 UYTJ56 中只有两人。

2. 团体 PNR

指令名称：减少团体 PNR 人数指令。

指令功能：此团体 PNR 中已输入旅客的姓名，用 RT 指令提取 PNR 记录。

输入格式：◆XEP/旅客标号 1/.../旅客标号 n

操作过程：

1）◆RT PNR 记录号

2）◆RTN （具体列出团体 PNR 中的旅客姓名）

3）◆XEP/2/3

4）@ （封口标记） <F12>

例如：在团体 PNR 中，将旅客张飞、刘宇、王燕、罗灵、郑宇、罗长发、杨修、夏丹减少两人。

1）提取 PNR 记录号：

```
◆RT U06TF8  <F12>
    **** ELECTRONIC TICKET PNR FOR CRS SYSTEM ****
0.8裳湖旅行社  NM8   U06TF8
1.CA1321 Y Sun 16JUN PEKCAN KK8 0845 1140   E
2.C TEL:85026125
3.TL 1200/13JUN/CTU999
4.FC:PEK CA CAN 1890.00 YB100 1890.00 CNY 1890.00 END
5.FN:FCNY1890.00/SCNY1890.00/C3.5/TCNY25.00UT/TCNY25.00BT
                                              /ACNY1940.00
6.FP:CASH，CNY
7.RMK:CA/Q2RU34
8.CTU999
◆
```

2）提取团体 PNR 中旅客的姓名：

```
◆RTN  <F12>
0.8 棠湖旅行社    NM8   U06TF8
1.张飞 2.刘宇 3.王燕 4.罗灵 5.郑宇 6.罗长发 7.杨修
8.夏丹
9.CA1321 Y Sun 16JUN PEKCAN KK8 0845 1140   E
10.C TEL:85026125
11.TL 1200/13JUN/CTU999
12.FC:PEK CA CAN 1890.00 YB100 1890.00 CNY 1890.00 END
13.FN:FCNY1890.00/SCNY1890.00/C3.5/TCNY25.00UT/TCNY25.00BT
                                                   /ACNY1940.00
14.FP:CASH，CNY
15.RMK:CA/Q2RU34
16.CTU999
◆
```

3）减少罗灵、郑宇两人，他们在姓名组中的排列序号为 4、5：

```
◆XEP /4/5
@ <F12>
CA1321 Y Sun 16JUN PEKCAN KK6 0845 1140  E
U06TF8
◆
```

屏幕信息显示：PNR 记录 U06TF8 已经减少了两人（KK6）。

4）再提取原 PNR 记录号：

```
◆RT U06TF8  <F12>
    **** ELECTRONIC TICKET PNR FOR CRS SYSTEM ****
0.6 棠湖旅行社  NM6   U06TF8
1.CA1321 Y Sun 16JUN PEKCAN KK6 0845 1140   E
2.C TEL:85026125
3.TL 1200/13JUN/CTU999
4.FC:PEK CA CAN 1890.00 YB100 1890.00 CNY 1890.00 END
5.FN:FCNY1890.00/SCNY1890.00/C3.5/TCNY25.00UT/TCNY25.00BT
                                                   /ACNY1940.00
6.FP:CASH，CNY
7.RMK:CA/Q2RU34
8.CTU999
◆
```

5）提取团体 PNR 中旅客的姓名：

```
◆RTN  <F12>
0.6棠湖旅行社     NM6   U06TF8
1.张飞 2.刘宇 3.王燕 4.罗长发 5.杨修 6.夏丹
7.CA1321 Y Sun 16JUN PEKCAN KK6 0845 1140   E
8.C TEL:85026125
9.TL 1200/13JUN/CTU999
10.FC:PEK CA CAN 1890.00 YB100 1890.00 CNY 1890.00 END
11.FN:FCNY1890.00/SCNY1890.00/C3.5/TCNY25.00UT/TCNY25.00BT
                                              /ACNY1940.00
12.FP:CASH，CNY
13.RMK:CA/Q2RU34
14.CTU999
◆
```

PNR 记录信息显示：团体 PNR 记录 U06TF8 中只有 6 人。

六、减少团体 PNR 人数指令（XEG）

指令名称：减少团体 PNR 人数（团体部分退票）指令。

指令功能：减少团体 PNR 人数（团体部分退票），此团体 PNR 中没有旅客的姓名，此团体 PNR 记录要用 RT 指令提取。

输入格式：◆XEG/人数

操作过程：

1）◆RT PNR 记录号　<F12>

2）◆XEG/人数

3）@（封口标记）　<F12>

例如：使用 XEG 指令减少团体人数 4 人。

1）提取 PNR 记录号：

```
◆RT T076F5  <F12>
 **** ELECTRONIC TICKET PNR FOR CRS SYSTEM ****
0.18棠湖旅行社  NM0    T076F5
1.CA1321 Y Thu 20SEP PEKCAN KK18 0845 1140   E
2.C TEL:12345678
3.T 1000/19SEP/CTU999
4.FC: PEK CA CAN 1890.00 YB100 1890.00 CNY 1890.00 END
5.FN:FCNY1890.00/SCNY1890.00/C3.5/TCNY25.00UT/TCNY25.00BT/ACNY1940.00
6.FP:  CASH，CNY
7.RMK: CA/S2RU34
```

```
8.CTU999
◆
```

2）减少团体人数 4 人：

```
◆XEG/4
@<F12>
CA1321 Y Thu 20SEP PEKCAN KK14 0845 1140
TITG5
◆
```

3）提取 PNR 记录号，查看团体旅客人数：

```
◆RT T076F5 <F12>
 **** ELECTRONIC TICKET PNR FOR CRS SYSTEM ****
0. 14 棠湖旅行社  NM0    T076F5
1.CA1321 Y Thu 20SEP PEKCAN KK14 0845 1140   E
2.C TEL:12345678
3.TL 1000/19SEP/CTU999
4.FC: PEK CA CAN 1890.00 YB100 1890.00 CNY 1890.00 END
5.FN:FCNY1890.00/SCNY1890.00/C3.5/TCNY25.00UT/TCNY25.00BT/ACNY1940.00
6.FP: CASH，CNY
7.RMK: CA/S2RU34
8.CTU999
◆
```

屏幕信息显示：团体人数从 18 人减少到 14 人。

注：此团体旅客 PNR 记录没有输入旅客姓名，若要输入旅客姓名，可参考 XEP 指令。

需要注意的是：所有 PNR 记录的修改，如航班、舱位、日期、时间、人数减少等操作，都是在电子客票未出票的情况下进行的。如果已出票，则由另外的指令去操作。

七、分离团体旅客指令（SPG）

指令名称：将一个团体 PNR 记录分离成两个团体 PNR 记录指令。

指令功能：此团体 PNR 中应没有输入旅客的姓名，要分离团体 PNR 记录，需要用 RT 指令提取。

输入格式：◆SPG/人数。

操作过程：

1）◆RT PNR 记录号　<F12>

2）◆SPG/人数

3）@　（封口标记）　<F12>

例如：

1）提取 PNR 记录号：

```
◆RT HIUY05   <F12>
 **** ELECTRONIC TICKET PNR FOR CRS SYSTEM ****
0.14 棠湖旅行社  NM0    HIUY05
1.CA1321 Y Thu 20SEP PEKCAN KK14 0845 1140   E
2.C TEL:12345678
3.TL 1000/19SEP/CTU999
4.FC: PEK CA CAN 1890.00 YB100 1890.00 CNY 1890.00 END
5.FN: FCNY1890.00/SCNY1890.00/C3.5/TCNY25.00UT/TCNY25.00BT/ACNY1940.00
6.FP:  CASH, CNY
7.RMK: CA/US23T5
8.CTU999
◆
```

2）分离 PNR 记录号：

```
◆SPG /7
 @<F12>
 CA1321  Y  Thu 20SEP  PEKCAN  KK7  0845  1140
 W0ETZF
 SPLIT FROM HIUY05
◆
```

屏幕信息显示：9 月 20 日，北京到广州，CA1321 航班的团体旅客棠湖旅行社的 14 人已经分离 7 人，形成一个新的团体 PNR 记录号 W0ETZF。

3）提取新 PNR 记录号：

```
◆RT W0ETZF <F12>
 **** ELECTRONIC TICKET PNR FOR CRS SYSTEM ****
0.7 棠湖旅行社  NM0    W0ETZF
1.CA1321 Y Thu 20SEP PEKCAN KK7 0845 1140   E
2.C TEL:12345678
3.TL 1000/19SEP/CTU999
4.FC: PEK CA CAN 1890.00 YB100 1890.00 CNY 1890.00 END
5.FN: FCNY1890.00/SCNY1890.00/C3.5/TCNY25.00UT/TCNY25.00BT/ACNY1940.00
6.FP:  CASH, CNY
7.RMK: CA/US23T5
8.CTU999
◆
```

4）再提取原 PNR 记录号，查看分离后的情况：

```
◆RT HIUY05   <F12>
```

```
 **** ELECTRONIC TICKET PNR FOR CRS SYSTEM ****
0.7棠湖旅行社  NM0    HIUY05
1.CA1321 Y Thu 20SEP PEKCAN KK7 0845 1140   E
2.C TEL:12345678
3.TL 1000/19SEP/CTU999
4.FC: PEK CA CAN 1890.00 YB100 1890.00 CNY 1890.00 END
5.FN:FCNY1890.00/SCNY1890.00/C3.5/TCNY25.00UT/TCNY25.00BT/ACNY1940.00
6.FP: CASH，CNY
7.RMK: CA/US23T5
8.CTU999
◆
```

八、分离非团体 PNR 记录指令（SP）

指令名称：分离非团体 PNR 记录指令。

指令功能：将一个非团体 PNR 记录分离成两个非团体 PNR 记录。要分离的 PNR 记录先用 RT 指令提取。

输入格式：SP/旅客标号 1/.../旅客标号 n

操作过程：

1）◆RT: PNR 记录号　　<F12>

2）◆SP/旅客标号 1/.../旅客标号 n　<F12>

例如：

1）提取要分离的非团体 PNR 记录号：

```
◆RT B0EUH9 <F12>
 **** ELECTRONIC TICKET PNR FOR CRS SYSTEM ****
1.刘芳   2. 王正   3. 夏成   4. 周曼      B0EUH9
5.CA1301 Y Thu 20SEP PEKCAN HK4 1535 1840   E
6.C TEL:33253654
7.TL 1600/19SEP/CTU999
8.FC: PEK CA CAN 1890.00 YB100 1890.00 CNY 1890.00 END
9.FN: FCNY1890.00/SCNY1890.00/C3.5/TCNY25.00UT/TCNY25.00BT/ACNY1940.00
10.FP: CASH，CNY
11.RMK: CA/RS45TW
12.CTU999
◆
```

2）分离王正、周曼到一个新的 PNR 记录中：

```
◆SP /2/4
@ <F12>
CA1301  Y  Thu 20SEP  PEKCAN  KK2  1535  1840
```

```
RTRYJ6
SPLIT FROM B0EU
◆
```

屏幕信息显示：CA1301 航班的王正、周曼被分离到新的 PNR 记录中。

3）提取新 PNR 记录号：

```
◆RT RTRYJ6 <F12>
 **** ELECTRONIC TICKET PNR FOR CRS SYSTEM ****
1.王正   2.周曼      RTRYJ6
3.CA1301 Y Thu 20SEP PEKCAN KK2 1535 1840   E
4.C TEL:33253654
5.T
6.FC: PEK CA CAN 1890.00 YB100 1890.00 CNY 1890.00 END
7.FN:FCNY1890.00/SCNY1890.00/C3.5/TCNY25.00UT/TCNY25.00BT/ACNY1940.00
8.FP:  CASH, CNY
9.RMK: CA/RS45TW
10.CTU999
◆
```

4）再提取原 PNR 记录号：

```
◆RT B0EUH9
 **** ELECTRONIC TICKET PNR FOR CRS SYSTEM ****
1.刘芳   2.夏成      B0EUH9
3.CA1301 Y Thu 20SEP PEKCAN KK2 1535 1840   E
4.C TEL:33253654
5.T
6.FC: PEK CA CAN 1890.00 YB100 1890.00 CNY 1890.00 END
7.FN:FCNY1890.00/SCNY1890.00/C3.5/TCNY25.00UT/TCNY25.00BT/ACNY1940.00
8.FP:  CASH, CNY
9.RMK: CA/RS45TW
10.CTU999
◆
```

3）、4）的屏幕信息显示：非团体旅客分离成功。

九、合并 PNR 记录指令（ES）

指令名称：合并 PNR 记录指令。

指令功能：已经建立一条 PNR 记录，再预订一个航班，把此航班合并到已经存在的 PNR 记录中。

指令格式：◆ES <F12>

操作过程：

1）◆SD <F12>（建立一个航段信息）

2）◆RT <F12>（提取一个已经存在的 PNR 记录）

3）◆ES <F12>（将新建的航段信息合并到 PNR 中）

例如：

1）使用 SD 指令建立一个 PNR 的航段信息：

```
◆AV CANPEK+2 <F12>
 AV CANPEK  10MAR23 (FRI)
1.CZ3151 CANPEK 0720 0930 B757 0 B E AS# F8 YA CA IA JA KA...
2.CZ3101 CANPEK 1000 1210 A319 0 L E AS# F8 YA CA IA JA KA...
3.HU7804 CANPEK 1255 1600 B767 0 L E AS# FA YA CA IA JA KA...
4.CA1322 CANPEK 1255 1610 B757 0 L E AS# F8 YA CA IA JA KA...
◆SD 4Y1 <F12>
1.CA1322  Y  Fri  10MAR  CANPEK  HK1  1255  1610  E
◆
```

2）使用 RT 指令提取一个已经存在的 PNR 记录号：

```
◆RT GTT7CY <F12>
    **** ELECTRONIC TICKET PNR FOR CRS SYSTEM ****
1.王波      GTT7CY
2.CA4113 Y Thu 09MAR CTUPEK HK1 0805 1025   E
3.C TEL:12345678
4.TL 1200/08MAR/CTU999
5.FC:  CTU CA PEK 1550.00 YB100 1550.00 CNY 1550.00 END
6.FN:FCNY1550.00/SCNY1550.00/C3.5/TCNY25.00UT/TCNY25.00BT/ACNY1600.00
7.FP:  CASH, CNY
8.RMK:  CA/KS45DY
9.CTU999
◆
```

3）使用 ES 指令将新建立的航段信息合并到已经存在的 PNR 记录中：

```
◆ES <F12>
CA1322  Y  Fri  10MAR  CANPEK  HK1  1255  1610  E
J7CVPM
◆
```

此 PNR 记录号为合并时临时产生的记录号

4）再提取原 PNR 记录号：

```
◆RT GTT7CY <F12>
```

```
    **** ELECTRONIC TICKET PNR FOR CRS SYSTEM ****
  1.王波       GTT7CY
  2.CA4113 Y Thu 09MAR CTUPEK HK1 0805 1025   E
  3.CA1322 Y Fri 10MAR CANPEK HK1 1255 1610   E
  4.C TEL:12345678
  5.TL 1200/08MAR/CTU999
  6.RMK: CA/KW34RT CA/KS45DY
  7.CTU999
  ◆
```

屏幕信息显示：合并成功。

注：可以用 SS 指令预订航班。

任务实施

5 名旅客龙洪东、黄加华、谢忠荣、罗先琴、邹志华、订购 11 月 5 日三亚—哈尔滨的 3U8825 航班，舱位等级 W 的机票，请将此 PNR 中的旅客黄加华和罗先琴分离出来，成为 2 个 PNR 记录（要求 3 分钟完成）。

任务准备

1）安装民航订座培训系统的计算机。

2）教师提供工作号和密码。

实施步骤

1）学生按规定进入实习机房并登录系统。

2）提取 PNR 订座记录编码。

3）分离 PNR 记录号。

4）提取新 PNR 记录号。

5）重提原 PNR 记录号，查看分离后的情况。

6）教师对学生的演示过程及操作结果进行点评。

任务检测

5 名旅客张三、李四、王五、杨六、江七、订购 12 月 26 日武汉—北京的 CZ3137 航班，舱位等级 W 的机票，请将此 PNR 中的旅客李四和杨六分离出来，成为 2 个 PNR 记录。

任务四 旅客订座记录的出票操作

任务目标

1. 能够进行打票机的操作。
2. 能够完成出票操作。
3. 能够完成票面的提取操作。
4. 能够完成客票的挂起与解挂操作。

一、操作打票机

打票机是一种专用的航空客票打印设备，电子客票采用的是虚拟打票机，没有实体机。

打票机与一台终端连接，都有唯一的终端号（PID 号）。每台打票机还有一个本部门的序号，在使用打票机前，需要通过一台终端建立控制，并在同时间内一台打票机只能有一台控制终端。本部门中的任何一台终端都可以在该部门中定义的打票机上打票，售票员通过控制终端上的一系列指令对打票机进行控制。

（一）配置电子客票打票机

1. 显示打票机状态指令（DI）

指令格式：◆DI 打票机号

输入◆DI3，系统显示：

```
◆DI3  <F12>
 DEVICE INFORMATION DISPLAY  - DEVICE 3
 DEVICE STATUS    DEVICE DEFINITION
 --------------------------------------------------------
 CONTROL PID:  T401                  OFFICE:  CTU999
CONTROL AGENT:  CTU001                   PID:  P_299
      STATUS:  DOWN              ATTRIBUTE:  ATB/ET
       INPUT:  INACTIVE                MODE:  DEMAND
      OUTPUT:  INACTIVE               TYPE:  3
        NACK:                    CURRENCY:  CNY2
     TICKETS: 0
 ARDING PASS: 2
       S PID:
◆
```

屏幕显示“STATUS:DOWN”，表明 3 号打票机未建立控制。

2. 建立控制指令（EC）

指令格式：◆EC 打票机号

输入◆EC3，系统显示：

```
◆EC3  <F12>
 ACCEPTED
DI3  <F12>
DI3  <F12>
 DEVICE INFORMATION DISPLAY  - DEVICE 3
 DEVICE STATUS       DEVICE DEFINITION
----------------------------------------------------------------
 CONTROL PID:  T401                      OFFICE:  CTU999
CONTROL AGENT:  CTU001                      PID:  P_299
       STATUS:  UP                    ATTRIBUTE:  ATB/ET
        INPUT:  INACTIVE                   MODE:  DEMAND
       OUTPUT:  INACTIVE                   TYPE:  3
         NACK:                         CURRENCY:  CNY2
      TICKETS: 0
 OARDING PASS: 2
        S PID:
◆
```

屏幕显示“STATUS: UP”，但“INPUT:INACTIVE”“OUTPUT:INACTIVE”表示输入和输出状态均无效。

3. 打开打票机的输入状态指令（TI）

指令格式：◆TI 打票机号

输入◆TI3，系统显示：

```
◆TI3  <F12>
 ACCEPTED
◆DI3  <F12>
DI3  <F12>
 DEVICE INFORMATION DISPLAY  - DEVICE 3
 DEVICE STATUS       DEVICE DEFINITION
----------------------------------------------------------------
 CONTROL PID:  T401                      OFFICE:  CTU999
CONTROL AGENT:  CTU001                      PID:  P_299
       STATUS:  UP                  ATTRIBUTE:  ATB/ET
        INPUT:  ACTIVE                   MODE:  DEMAND
       OUTPUT:  ACTIVE                   TYPE:  3
```

```
        NACK:                        CURRENCY:  CNY2
     TICKETS: 0
OARDING PASS: 2
       S PID:
◆
```

屏幕显示：S3 号打票机“STATUS:UP”“INPUT: ACTIVE”“OUTPUT: ACTIVE”，表明可以出票打印。

4. 关闭打票机的输入状态指令（XI）

XI 指令是将 INPUT 项由 ACTIVE 状态变为 INACTIVE 状态，终止由终端向打票机发送打印客票的指令。

指令格式：

◆XI:打票机序号 1

输入◆XI:1 1，系统显示：

```
ACCEPTED
```

【说明】

1）该功能必须在控制终端上进行。

2）当 INPUT 项处于 ACTIVE 状态时，才可接收该指令，否则将被拒绝。

5. 退出打票机的控制指令（XC）

与 EC 指令相对应，XC 指令用于退出打票机控制。退出控制后，CONTROL PID 和 CONTROL AGENT 变为空项。

指令格式：

◆XC:打票机序号 1

输入◆XC:1 1，系统显示：

```
ACCEPTED
```

【说明】

在没有退出打票机控制之前，不能执行 SO 指令，否则终端上会显示“TICKET PRINTER IN USE”，即打票机正在使用未退出控制，此时应先执行 XC 指令退出控制后，再执行 SO 指令退出工作号。

6. 配置打票机票号指令（TN）

代理人申请电子客票票号后，必须将起始票号和结束票号输入打票机的票号档案记录中，并设置好当前能够使用的电子客票票号，以供出票使用。

指令格式：

◆TN: 打票机序号 X/票号范围；输入电子客票票号

◆TN: 打票机序号 D　对 X 号打票机卸票

例如：◆TN:2X/7417341600-41699

其中，2 为打票机号；7417341600 是起始票号，41699 是结束票号（票号后 5 位）。

用打票机输入票号以后，可以用 DI 指令查看打票机的状态。

注意：

1）所输入的票号必须在可利用的票号段范围之内（用 TOL 指令查询），上票的票号范围最多不得超过 500 张。

2）先分配的票号范围优先使用，在上一原则基础上序列号小的票号范围优先使用。

3）打票机上的客票用完后，控制终端会收到“票证用完”的消息，即在票证用完之后会提示需要再次输入票号。

4）如果分配的某票号段全部用完，用户再使用 TOL 指令时将不会看见该票号段。系统会定期将用完的票号段放入历史记录中。

打票机卸票功能可以让用户卸下未使用的票号。

二、出票

1. 电子客票出票指令（ETDZ）

指令名称：电子客票出票指令。

指令功能：电子客票出票（须缴款，表示已经销售）。

输入格式：

◆ETDZ:TKTP#

◆ETDZ:TKTP#/P#

例如：

◆ETDZ:1　<F12>　　　　使用 1 号打票机出票

◆ETDZ:2/P1/P4　<F12>　　使用 2 号打票机为第 1 个、第 4 个旅客出票

在出票之前，应先提取 PNR 记录号。

例如：将张红、陆晓、王维所订的三张电子客票出票（须缴款，表示已经销售）。

1）提取 PNR 记录：

```
◆RT HGBTC5
 **** ELECTRONIC TICKET PNR FOR CRS SYSTEM ****
1.张红  2.陆晓  3.王维    HGBTC5
4.CA1321 Y Tue 13JUN PEKCAN HK3 0845 1140   E
5.C TEL:34001024 32005431 34007563
6.TL 1000/11JUN/CTU999
7.SSR: FOID CA HK NI463215****05299018/P1
8.SSR: FOID CA HK NI563132****06211546/P2
9.SSR: FOID CA HK NI213413****06090157/P3
10.FC: PEK CA CAN 1890.00 YB100 1890.00 CNY 1890.00 END
```

```
11.FN:FCNY1890.00/SCNY1890.00/C3.5/TCNY25.00UT/TCNY25.00BT/ACNY1940.00
12.FP: CASH, CNY
13.RMK: CA/DT287QE
14.CTU999
◆
```

查看 PNR 记录中三人的身份证信息是否输入正确。如果不正确、不完全，要输入正确、完全。

2）使用 1 号打票机，出票（打印《航空运输电子客票行程单》）：

```
◆ETDZ 1 <F12>
ACNY    5820.00         H0050
ELECTRONIC TICKET ISSUED
◆
```

图 4-4 为旅客张红的《航空运输电子客票行程单》。

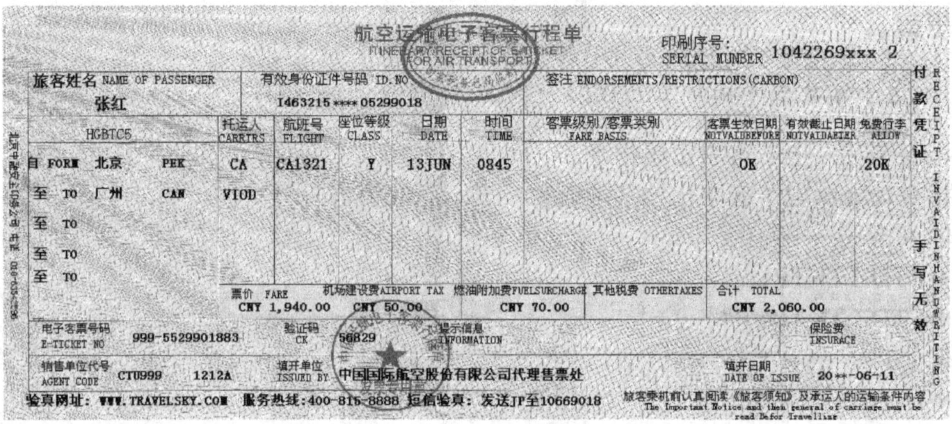

航空运输电子客票行程单
ITINERARY/RECEIPT OF E-TICKET FOR AIR TRANSPORT
印刷序号: SERIAL NUMBER 1042269xxx 2
旅客姓名 NAME OF PASSENGER 张红
有效身份证件号码 ID.NO I463215****05299018
签注 ENDORSEMENTS/RESTRICTIONS(CARBON)
HGBTC5

			托运人 CARRIRS	航班号 FLIGHT	座位等级 CLASS	日期 DATE	时间 TIME	客票级别/客票类别 FARE BASIS	客票生效日期 NOTVALIDBEFORE	有效截止日期 NOTVALIDAFTER	免费行李 ALLOW
自 FORM	北京	PEK	CA	CA1321	Y	13JUN	0845		OK		20K
至 TO	广州	CAN	VIOD								
至 TO											
至 TO											
至 TO											

票价 FARE	机场建设费 AIRPORT TAX	燃油附加费 FUELSURCHARGE	其他税费 OTHERTAXES	合计 TOTAL
CNY 1,940.00	CNY 50.00	CNY 70.00		CNY 2,060.00

电子客票号码 E-TICKET NO 999-5529901883　验证码 CK 56829　提示信息 INFORMATION　保险费 INSURACE
销售单位代号 AGENT CODE CTU999 1212A　填开单位 ISSUED BY 中国国际航空股份有限公司代理售票处　填开日期 DATE OF ISSUE 20**-06-11
验真网址：WWW.TRAVELSKY.COM　服务热线：400-815-8888　短信验真：发送JP至10669018
旅客乘机前认真阅读《旅客须知》及承运人的运输条件内容
付款凭证 RECEIPT　手写无效 INVALID IN HANDWRITING

图 4-4　电子客票行程单

2. 出票重试指令（ETRY）

因某种原因，有时会导致无出票成功提示或出现“ELECTRONIC TICKET TRANSACTION TIMEOUT”提示，此时需要使用出票重试指令重新出票。

指令格式：

◆ETRY:/

例如：出票后显示如下内容：

```
CNY5170.00        QPW0T
999-0987654321
ET PROCESSING ... PLEASE WAIT!
153 ERROR
```

【说明】

屏幕信息显示：出票失败，系统提示“153 ERROR”。

提取 PNR 记录，输入：

```
◆RT: QPW0T
```

系统显示：

```
    1.测试 QPW0T
    2. CA1883 Y FR27NOV PEKPVG DK1  0720 0930         E  T3--
    3. 85018501
    4. T
    5. SSR:FOID CA HK1 NI570202****03010145/P1
    6. SSR:TKNE CA HN1 PEKPVG 1883 Y27NOV 999-0987654321/1/DPN63006/P1
    7. RMK:CA/B7DCX
    8.FN:FCNY1130.00/SCNY1130.00/C3.00/XCNY50.00/TCNY50.00CN/ TEXEMPTYQ/
ACNY1180.00
    9. TN:999-0987654321/P1
    10. FP:CASH,CNY
    11. PEK099
```

【说明】

出票失败的 PNR 记录中会自动生成第 6 行和第 7 行的两个项目。若缺少这两项的 PNR 记录，则无法进行重试指令。

输入：

```
◆ETRY:
```

重新提取 PNR 记录，系统显示：

```
    ****ELECTRONIC TICKET PNR****
    1.测试 QPW0T
    2.CA1883 Y FR27NOV PEKPVG DK1  0720 0930         E   T3--
    3.85018501
    4.T
    5.SSR:FOID CA HK1 NI570202****03010145 P1
    6.SSR:TKNE CA HN1 PEKPVG 1883 Y27NOV 999-0987654321/1/P1
    7.RMK:CA/B7DCX
    8.FN:FCNY1130.00/SCNY1130.00/C3.00/XCNY50.00/TCNY50.00CN/ TEXEMPTYQ/
ACNY1180.00
    9.TN:999-0987654321/P1
    10.FP/CASH, CNY
    11.PEK099
```

【说明】

重试成功之后，提取 PNR 记录查看，已有“****ELECTRONIC TICKET PNR****”的内容，SSR TKNE 项也显示正常。

对于出票失败的电子客票，需要当天使用 ETRY 指令来解决，若过时则不能再使用 ETRY 指令来重试出票。对于出票失败的票号，系统会按照作废票号来结算。

三、票面的提取

我们可以使用 DETR 指令提取电子客票记录。在提取电子客票记录时，若满足查找条件的客票有多张，则会列出所有有效的电子客票记录；若只有一个符合条件的记录，则系统会显示这张电子客票的票面信息。

指令名称：提取旅客的票面信息，打印电子客票发票（行程单）。

指令功能：

1）按照票号提取：DETR TN/票号 [,I]

如 DETR TN/999-5529901883 <F12>

2）按照身份证号提取：DETR NI/身份证号 [,I]

如 DETR NI/463215****05299018 <F12>

3）按照护照号提取：DETR PP/护照号

如 DETR PP/P7065301 <F12>

4）按照警官证号提取：DETR AP/警官证号 [,I]

如 DETR AP/001_778866/19830112,I

5）按照 PNR 记录号提取：DETR CN/PNR 记录号

如 DETR CN/ HGBTC5L <F12>

其中，[,I]为可选项，有此项，则可打印电子客票行程单。

例如：按照旅客身份有效证件提取电子客票记录。

```
◆DETR NI/463215****05299018 <F12>
ISSUED BY: INTERNATIONAL AIRLINE  ORG/DST: PEK/CAN      ISI:
TOUR CODE:         CRS_PNRNO: HGBTC5
PASSENGER: 张红
  EXCH:                            CONJ TKT:
0 FM 1PEK CA 1321 Y 13JUN 0845 OK Y 20 K 13JUN/13Dec
    RL:  DT287QE                   OPEN FOR USE
0 TO 2CAN
   FC: PEK CA CAN 1890.00 CNY 1890.00 END
   FARE: CNY1890.00          FOP:  CASH, CNY
   TAX: CNY170.00           OI:
   TOTAL: CNY2060.00         TKTN 999-5529901883
◆
```

【说明】

第 1 行：ISSUED BY（出票公司）、ORG/DST（出发站/到达站）、ISI（代理人销售标记）。

第 2 行：TOUR CODE（旅行代码）、CRS_PNRNO: HGBTC5（代理人 PNR 代码）。

第 3 行：PASSENGER（旅客姓名）。

第 4 行：EXCH（被打印换开电子客票号）、CONJ TKT（联号票）。

第 5 行：出发站航段信息、免费行李、有效日期段、电子客票状态。

第 6 行：RL:DT287QE（承运公司回复 PNR 代码）。

第 7 行：到达站。

第 8 行：票价计算。

第 9 行：FARE（总票价款）、FOP（货币类型、支付方式）。

第 10 行：TAX（税款）、OI 换开票号（被 OI 换开电子客票号）。其中，税款包括民航发展基金、燃油附加费。

第 11 行：TOTAL（全部款数）、TKTN（电子客票票号）。

注：其中第 5 行～第 7 行可能有多个航段的信息。

例如：按照电子客票票号提取电子客票记录，并打印电子客票行程单。

```
◆DETR TN/999-5529901883，I <F12>
ISSUED BY: INTERNATIONAL AIRLINE  ORG/DST: PEK/CAN     ISI:
TOUR CODE:          CRS_PNRNO: HGBTC5
PASSENGER: 张红
  EXCH:                              CONJ TKT:
0 FM 1PEK CA 1321 Y 13JUN 0845 OK Y  20 K  13JUN/13Dec
    RL:  DT287QE                               OPEN FOR USE
0 TO 2CAN
   FC: PEK CA CAN 1890.00 CNY 1890.00 END
   FARE: CNY1890.00           FOP:  CASH，CNY
   TAX: CNY170.00             OI:
   TOTAL: CNY2060.00          TKTN 999-5529901883
◆
```

例如：按照警官证号提取电子客票记录。

```
◆DETR AP/001_778866/19830112，I <F12>
ISSUED BY: INTERNATIONAL AIRLINE  ORG/DST: CTU/PEK     ISI:
TOUR CODE:          CRS_PNRNO: H27MGN
PASSENGER: 张小帐
  EXCH:                              CONJ TKT:
0 FM 1CTU CA 4105 Y 13JUN 1635 OK Y  20 K  13JUN/13Dec
    RL:  YN09W7                                OPEN FOR USE
```

```
0 TO 2CAN
   FC: PEK CA CAN 1550.00 CNY 1550.00 END
   FARE: CNY1550.00          FOP:  CASH, CNY
   TAX: CNY170.00            OI:
   TOTAL: CNY1720.00         TKTN 999-5529901886
◆
```

例如：按照护照号提取电子客票记录。

```
◆DETR PP/510122_1532/US/19481028, I <F12>
ISSUED BY: INTERNATIONAL AIRLINE  ORG/DST: CTU/PEK     ISI:
TOUR CODE:          CRS_PNRNO: GBDK2T
PASSENGER: 张小帐
  EXCH:                             CONJ TKT:
0 FM 1CTU CA 4105 Y 13JUN 1635 OK Y  20 K  13JUN/13Dec
     RL:  P71QRF                          OPEN FOR USE
0 TO 2CAN
   FC: PEK CA CAN 1550.00 CNY 1550.00 END
   FARE: CNY1550.00          FOP:  CASH, CNY
   TAX: CNY170.00            OI:
   TOTAL: CNY1720.00         TKTN 999-5529901886
◆
```

按照护照号提取的电子客票行程单，如图 4-5 所示。

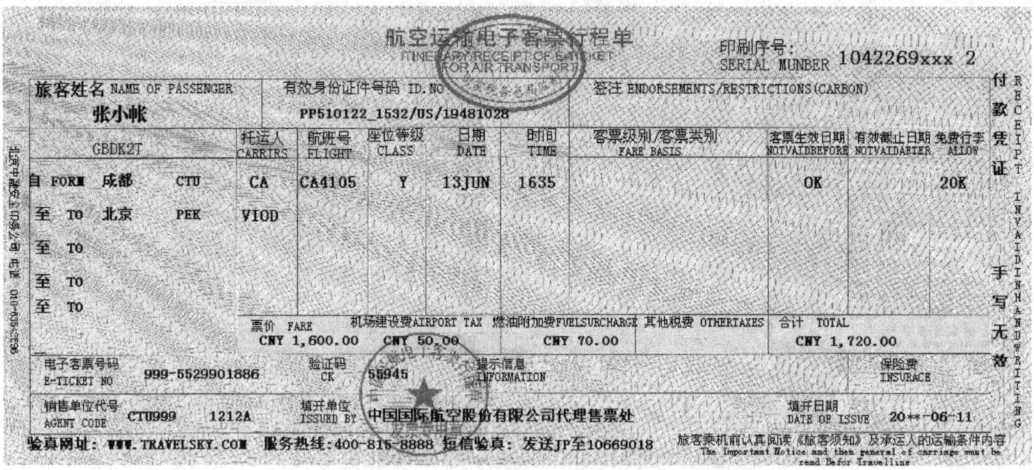
航空运输电子客票行程单
ITINERARY/RECEIPT OF E-TICKET FOR AIR TRANSPORT
印刷序号：SERIAL MUNBER 1042269xxx 2
旅客姓名 NAME OF PASSENGER：张小帐
有效身份证件号码 ID. NO：PP510122_1532/US/19481028
签注 ENDORSEMENTS/RESTRICTIONS(CARBON)
GBDK2T

		托运人 CARRIRS	航班号 FLIGHT	座位等级 CLASS	日期 DATE	时间 TIME	客票级别/客票类别 FARE BASIS	客票生效日期 NOTVAIDBEFORE	有效截止日期 NOTVAIDAFTER	免费行李 ALLOW
自 FORM	成都 CTU	CA	CA4105	Y	13JUN	1635		OK		20K
至 TO	北京 PEK	VIOD								
至 TO										
至 TO										
至 TO										

票价 FARE：CNY 1,600.00　机场建设费 AIRPORT TAX：CNY 50.00　燃油附加费 FUELSURCHARGE：CNY 70.00　其他税费 OTHERTAXES　合计 TOTAL：CNY 1,720.00
电子客票号码 E-TICKET NO：999-5529901886　验证码 CK：55945　提示信息 INFORMATION　保险费 INSURACE
销售单位代号 AGENT CODE：CTU999　1212A　填开单位 ISSUED BY：中国国际航空股份有限公司代理售票处　填开日期 DATE OF ISSUE：20**-06-11
验真网址：WWW.TRAVELSKY.COM　服务热线：400-815-8888　短信验真：发送JP至10669018
旅客乘机前认真阅读《旅客须知》及承运人的运输条件内容 The Important Notice and then general of carriage must be read Befor Travelling
付款凭证 RECEIPT　手写无效 INVAID IN HANDWRITING

图 4-5　按照护照号提取的电子客票行程单

四、客票的挂起与解挂

挂起操作的目的是解决销售电子客票收款过程中存在的风险。例如，当旅客使用电话订票，在生成电子记录后，由于旅客尚未付款，售票员可以使用挂起指令，以防止出现欺诈等。

要执行挂起操作，售票员只需使用 TSS 指令，将电子客票的状态改为 SUSPEND 即可。在这种状态下，值机、改签和作废的操作将被禁止。该指令的具体格式如下。

1）按照票号挂起：

```
◆TSS: TN/TICKET NUMBER/S
```

2）按照订座记录号挂起：

```
◆TSS: CN/PNR/S
```

相应地，若要恢复成以前的格式，即客票的解挂，有以下两种具体格式。

1）按照票号解挂：

```
◆TSS: TN/TICKET NUMBER/B
```

2）按照订座记录号解挂：

```
◆TSS: CN/PNR/B
```

例如：已为旅客王璐璐出票，但未收到旅客的付款，需要将该记录挂起。

前项显示：

```
◆ DETR TN/999-86547892341
ISSUED BY: AIR CHINA       ORG/DST: BJS/CAN      BSP-D
TOUR CODE:
PASSENGER: 王璐璐
EXCH:                     CONJ TKT:
0 FM:1PEK CA 1351 Y 27NOV 0730 OK Y 20 K OPEN FOR USE
     RL: GRDKS    /Y4D7X    1E
  TO: CAN
FC: 27NOV PEK CA CAN 1700.00 CNY 1700.00 END
FARE:CNY 1700.00                 FOP:CASH
TAX:CNY 50.00CN                  OI:
TAX:CNY140.00YQ
TOTAL:CNY 1890.00                TKTN: 999-86547892341
```

输入：

```
◆ TSS: TN/999-86547892341/S
```

系统显示：

```
◆ TSS: TN/999-86547892341/S
ACCEPTED
```

此时，该记录已经被挂起，旅客无法进行正常登机，提取票面显示：

```
◆DETR TN/999-86547892341
ISSUED BY: AIR CHINA              ORG/DST: BJS/CAN          BSP-D
TOUR CODE:
PASSENGER: 王璐璐
EXCH:                            CONJ TKT:
0 FM:1PEK CA 1351 Y 27NOV 0730 OK Y 20 K SUSPEND
     RL: GRDKS       /Y4D7X 1E
  TO: CAN
FC: 27NOV PEK CA CAN 1700.00 CNY 1700.00 END
FARE:CNY 1700.00                  FOP:CASH
TAX:CNY 50.00CN                   OI:
TAX:CNY140.00YQ
TOTAL:CNY 1890.00                TKTN: 999-86547892341
```

此时，客票状态显示为 SUSPEND，不能使用。当旅客正常支付票款后，就需要为旅客完成客票的解挂。

输入：

```
◆ TSS: TN/999-86547892341/B
```

此时提取票面，系统显示：

```
◆ DETR: TN/999-86547892341
ISSUED BY: AIR CHINA      BSP-D
TOUR CODE:
PASSENGER:王璐璐
EXCH:                                  CONJ TKT:
0 FM:IPEK CA 1351 Y 27NOV 0730 OK Y 20 K OPEN FOR USE
          RL: GRDKS    /Y4D7X    1E
  TO: CAN
FC: 27NOV PEK CA CAN 1700.00 CNY 1700.00 END
FARE:CNY 1700.00                  FOP:CASH
TAX:CNY 50.00CN                   OI:
TAX:CNY 140.00YQ
TOTAL:CNY 1890.00                TKTN: 999-86547892341
```

此时，客票状态显示为 OPEN FOR USE，可以正常使用。

任务实施

上机操作：旅客订座记录的出票操作。

旅客李萌已预订 10 月 18 日上海到深圳的机票，现需对其进行出票操作。请为旅客李萌执行出票操作。

任务准备

1）安装民航订座培训系统的计算机。

2）教师提供工作号和密码。

实施步骤

1）学生按实训管理规定进入实训机房并登录系统。

2）利用 DI 指令查看打票机状态。

3）利用 EC 指令对打票机建立控制。

4）利用 TI 指令打开打票机的输入状态。

5）利用 ETDZ 指令为旅客李萌出票，若不成功，可利用 ETRY 指令进行出票重试。

6）利用 XI 指令关闭打票机的输入状态。

7）利用 XC 指令退出打票机的控制。

8）请教师对学生的演示过程及操作结果进行点评。

任务检测

1）以旅客刘磊预订的 2 月 9 日大连到三亚的机票为基础，分别根据记录号、旅客姓名、旅客名单等提取旅客订座记录，并查看旅客订座记录的完整内容。

2）为旅客刘磊预订的 2 月 9 日大连到三亚的机票执行出票操作。

项目五 综合实训

项目导读

本项目系统地介绍了电子客票的订座操作过程，包括电子客票的订座、修改、分离、换开、退票、机票打折、OPEN 票、代码共享、预留座位、额外订座、出票、打印旅客电子客票行程单和航空公司本票。涉及的旅客类型有团体、散客、儿童、婴儿、常旅客、VIP 旅客等。

知识目标

掌握电子客票的订座、修改、分离、换开、退票、机票打折、OPEN 票、代码共享、预留座位、额外订座、出票、打印旅客电子客票行程单等操作指令功能与格式。

能力目标

能够正确处理电子客票的订座、修改、分离、换开、退票、机票打折、OPEN 票、代码共享、预留座位、额外订座、出票、打印旅客电子客票行程单等操作。

素质目标

培养学生具备灵活运用指令处理电子客票复杂业务的素质，为旅客提供便捷周到的服务。

任务一　订座及更改、取消航班

实训课目：张三、李四在 6 月 12 日订购 6 月 15 日北京到广州的 Y 舱机票和 6 月 18 日从广州到成都的 Y 舱机票。一天后，在 6 月 14 日，李四因有事 6 月 15 日不能前往旅行。张三决定将行程推后 3 天，且取消 6 月 18 日从广州到成都的行程。

操作流程：

1）6 月 12 日，订 6 月 15 日北京到广州，6 月 18 日由广州到成都，舱位等级为 Y 舱的联程航班。

2）6 月 14 日，修改订座，减少人数。

3）取消 6 月 18 日由广州到成都的行程。

4）北京到广州的航班日期推迟到 6 月 18 日。

5）出票，打印行程单。

课目要求：展示订座过程，出票，打印行程单。

1）6 月 12 日，订 6 月 15 日北京到广州、6 月 18 日由广州到成都，舱位等级为 Y 舱的联程航班。

查询北京到广州 6 月 15 日的航班：

```
◆AV PEKCAN/15JUN  <F12>
AV PEKCAN  15JUN  (WED)
1.CZ3196  PEKCAN  0840  1145 B738 0 ^S E DS# F8 YA CA IA...
2.CA1321  PEKCAN  0845  1140 B757 0 ^S E DS# F8 YA CA IA...
3.CZ3162  PEKCAN  1005  1310 A320 0 ^L E DS# F8 YA CA IA...
4.CZ3152  PEKCAN  1030  1230 B757 0 ^L E DS# F8 YA CA IA...
5.CA1315  PEKCAN  1155  1455 B757 0 ^L E DS# F8 YA CA IA...
6.CZ3102  PEKCAN  1205  1505 A330 0 ^L E DS# FA YA CA IA...
7.CZ3106  PEKCAN  1305  1605 B757 0 ^L E DS# F8 YA CA IA...
8.CZ3104  PEKCAN  1515  1800 B767 0 ^D E DS# FA YA CA IA...
◆
```

订北京到广州 6 月 15 日的航班，舱位等级是 Y 舱：

```
◆SD 3Y2  <F12>
1. CZ3162  Y  Wed  15JUN  PEKCAN  HK2  1005  1310  E
◆
```

查询广州到成都 6 月 18 日的航班：

```
◆AV CANCTU/18JUN  <F12>
AV CANCTU  18JUN  (SAT)
1.CA4310  CANCTU  0800  0955  A320  0  B  E DS# F8 YA CA...
2.ZH9673  CANCTU  0810  0955  B736  0  B  E DS# F8 YA CA...
3.CZ3403  CANCTU  0915  1100  A320  0  S  E DS# F8 YA CA...
4.CA4306  CANCTU  1015  1220  A320  0  L  E DS# F8 YA CA...
5.CA4308  CANCTU  1350  1555  MD90  0  S  E DS# FA YA CA...
6.CA4302  CANCTU  1650  1900  A320  0  D  E DS# F8 YA CA...
7.CA4304  CANCTU  2000  2210  MD90  0  S  E DS# FA YA CA ++
◆
```

订广州到成都 6 月 18 日的航班，舱位等级是 Y 舱：

```
◆SD 3Y2
N 张三 李四
```

```
C TEL:23432412 62413424
T TL/1000/12JUN/CTU999
@<F12>
CZ3162  Y  Wed  15JUN  PEKCAN  HK2  1005  1310  E
CZ3403  Y  Sat  18JUN  CANCTU  HK2  0915  1100  E
H0ZXTC
◆
```

输入两位旅客的有效身份证件号码：

```
◆SSR FOID CZ HK/324152****06230510/P1
SSR FOID CZ HK/324147****05182312/P2
@<F12>
SSR .... OK!
◆
```

提取 PNR 记录，查看订座情况：

```
◆RT H0ZXTC   <F12>
     **** ELECTRONIC TICKET PNR FOR CRS SYSTEM ****
1.张三  2. 李四     H0ZXTC
3.CZ3162 Y Wed 15JUN PEKCAN HK2 1005 1310   E
4.CZ3403 Y Sat 18JUN CANCTU HK2 0915 1100   E
5.C TEL:23432412 62413424
6.TL 1000/12JUN/CTU999
7.SSR: FOID CZ HK NI324152****06230510/P1
8.SSR: FOID CZ HK NI324147****05182312/P2
9.FC:  PEK CZ CAN 1890.00 YB100 1890.00 CZ CTU 1230.00 YB100 1230.00
CNY 3120.00 END
10.FN:FCNY3120.00/SCNY3120.00/C3.5/TCNY50.00UT/TCNY50.00BT/ACNY3220.00
11.FP:  CASH,CNY
12.RMK: CZ/PDEUNU
13.CTU999
◆
```

至此，6 月 15 日北京到广州，6 月 18 日由广州到成都的订座完成。

2）6 月 14 日修改订座，减少人数。两天后，提取张三的 PNR 订座记录操作如下。

根据旅客姓名、航班日期，查询并列出 PNR 记录号：

```
◆RT 张三/15JUN  <F12>
01  张三     DFSI08 CA1321 Y Tue 25SEP PEKCAN HK1 0845 1140
02  张三 李四 H0ZXTC CZ3162 Y Wed 15JUN PEKCAN HK2 1005 1310
◆
```

提取 PNR 记录列表和出发站、到达站，确定 PNR 记录号所在的列表序号。需要特别注意的是姓名、日期、出发站、到达站。

根据列表序号，提取 PNR 记录如下：

```
    ◆RT 02  <F12>
        **** ELECTRONIC TICKET PNR FOR CRS SYSTEM ****
    1.张三   2.李四     H0ZXTC
    3.CZ3162 Y Wed 15JUN PEKCAN HK2 1005 1310   E
    4.CZ3403 Y Sat 18JUN CANCTU HK2 0915 1100   E
    5.C TEL:23432412 62413424
    6.TL 1000/12JUN/CTU999
    7.SSR: FOID CZ HK NI324152****06230510/P1
    8.SSR: FOID CZ HK NI324147****05182312/P2
    9.FC:  PEK CZ CAN 1890.00 YB100 1890.00 CZ CTU 1230.00 YB100 1230.00
CNY 3120.00 END
    10.FN:
FCNY3120.00/SCNY3120.00/C3.5/TCNY50.00UT/TCNY50.00BT/ACNY3220.00
    11.FP:  CASH,CNY
    12.RMK: CZ/PDEUNU
    13.CTU999
    ◆
```

在 PNR 订座记录中，减少李四所订座位：

```
    ◆XEP /2
    @<F12>
    CZ3162 Y Wed 15JUN PEKCAN HK1 1005 1310  E
    CZ3403 Y Sat 18JUN CANCTU HK2 0915 1100  E
    H0ZXTC
    ◆
```

再提取 PNR 记录，查看订座情况：

```
    ◆RT H0ZXTC
        **** ELECTRONIC TICKET PNR FOR CRS SYSTEM ****
    1.张三     H0ZXTC
    2.CZ3162 Y Wed 15JUN PEKCAN HK1 1005 1310   E
    3.CZ3403 Y Sat 18JUN CANCTU HK2 0915 1100   E
    4.C TEL:23432412 62413424
    5.TL 1000/12JUN/CTU999
    6.SSR: FOID CZ HK NI324152****06230510/P1
    7.FC:  PEK CZ CAN 1890.00 YB100 1890.00 CZ CTU 1230.00 YB100 1230.00
```

```
CNY 3120.00 END
    8.FN:
    FCNY3120.00/SCNY3120.00/C3.5/TCNY50.00UT/TCNY50.00BT/ACNY3220.00
    9.FP:  CASH,CNY
    10.RMK: CZ/PDEUNU
    11.CTU999
    ◆
```

至此，旅客李四的订座记录已经取消。

3）取消旅客张三 6 月 18 日的行程，并将北京到广州的行程推迟到 6 月 18 日。

取消 6 月 18 日广州到成都的航班：

```
◆XE 3
@ <F12>
CZ3403  Y  Sat 18JUN  CANCTU  HK2
H0ZXTC    (CANCELLED)
◆
```

屏幕信息显示：PNR 记录中广州到成都的 CZ3403 航班座位已经取消。

推迟北京到广州的航班日期至 6 月 18 日：

```
◆XE 2
SS CZ3162/Y/18JUN/PEKCAN/1
@<F12>

CZ3162  Y Sat PEKCAN 18JUN
   (CHANGED)
◆
```

屏幕信息显示：PNR 记录中北京到广州的 CZ3162 航班已经改成 6 月 18 日 CZ3162 的航班。

再提取 PNR 记录，查看订座情况：

```
◆RT H0ZXTC <F12>
     **** ELECTRONIC TICKET PNR FOR CRS SYSTEM ****
1.张三      H0ZXTC
2.CZ3162 Y Sat 18JUN PEKCAN HK1 1005 1310   E
3.C TEL:23432412 62413424
4.TL 1000/12JUN/CTU999
5.SSR: FOID CZ HK NI324152****06230510/P1
6.FC:  PEK CZ CAN 1890.00  YB100 1890.00 CNY 1890.00 END
7.FN: FCNY1890.00/SCNY1890.00/C3.5/TCNY25.00UT/TCNY25.00BT/ACNY1940.00
```

```
8.FP:  CASH,CNY
9.RMK: CZ/PDEUNU
10.CTU999
◆
```

屏幕信息显示：PNR 记录中只有张三，6 月 18 日北京到广州的 CA1362 航班。

提取 6 月 18 日北京到广州的电子客票：

```
◆ETDZ 1  <F12>
   ACNY 2060.00=Fare: 1940.00 + AirPort  TAX: 50.00 + FuelSurcharge:
70.00
       H0ZXTC
 ELECTRONIC TICKET ISSUED.
◆
```

查看 PNR 记录中出票后的记录情况：

```
◆RT H0ZXTC
    **** ELECTRONIC TICKET PNR FOR CRS SYSTEM ****
1.张三     H0ZXTC
2.CZ3162 Y Sat 18JUN PEKCAN RR1 1005 1310   E
3.C TEL:23432412 62413424
4.T TN/784-6629900001
5.SSR: FOID CZ HK NI324152****06230510/P1
6.SSR: TKNE CZ HK1 PEKCAN 3162 Y 18JUN 784-6629900001/1/P1
7.FC:  PEK CZ CAN 1890.00 YB100 1890.00 CNY 1890.00 END
8.FN:
FCNY1890.00/SCNY1890.00/C3.5/TCNY25.00UT/TCNY25.00BT/ACNY1940.00
9.FP:  CASH,CNY
10.RMK: CZ/PDEUNU
11.CTU999
◆
```

查看电子客票（单）记录中，出票后的记录情况：

```
◆DETR TN/784-6629900001  <F12>

ISSUED BY:  CHINA SOUTH AIRLINE  ORG/DST: PEK/CAN   ISI:
TOUR CODE:               CRS_PNRNO H0ZXTC
PASSENGER: 张三
  EXCH:                           CONJ TKT:
0 FM 1PEK CZ 3162 Y 18JUN 1005  OK  Y    20 K  18JUN/18Dec
       RL:  PDEUNU                           OPEN FOR USE
```

```
   TO 2CAN
   FC: PEK CZ CAN 1890.00 YB100 1890.00 CNY 1890.00 END
   FARE:        CNY 1890.00          FOP: CASH,CNY
   TAX:         CNY 170.00           OI:
   TOTAL:       CNY 2060.00          TKTN: 784-6629900001
   ◆
```

打印旅客电子客票行程单：

```
   ◆DETR I <F12>
```

图 5-1 为旅客电子客票行程单样票。

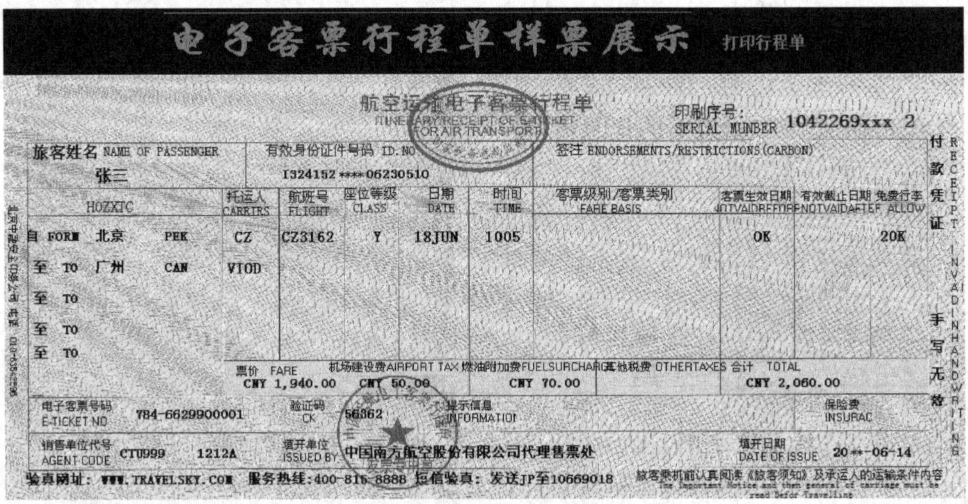

图 5-1　旅客电子客票行程单样票

查看电子客票记录的票号状态：

```
   ◆DETR TN/999-1100000079 <F12>
   ISSUED BY: INTERNATIONAL AIRLINE ORG/DST: PEK/CAN  ISI:
   TOUR CODE:               CRS_PNRNO H0ZXTC
   PASSENGER: 张三
   EXCH:                  CONJ TKT:
   0 FM 1PEK CA1315 Y 18JUN 1155  OK  Y  20 K   18JUN/18Dec
         RL:  PDEUNU                               USED
   TO  CAN
   FC: PEK CA CAN 1890.00 YB100 1890.00 CNY 1890.00 END
   FARE:   CNY 1890.00       FOP: CASH,CNY
   TAX:    CNY 50.00         OI:
   TOTAL:  CNY 1940.00       TKTN: 999-1100000079
   ◆
```

操作过程完毕。本课目实训内容包括订座、修改、出票、打印旅客电子客票行程单的操作。

任务检测

万和、李君在10月8日订购10月21日北京到广州的Y舱机票，10月23日从广州到成都的Y舱机票。在10月15日，李君因有事10月21日不能前往旅行。万和决定将行程推后3天，且取消10月23日从广州到成都的行程。

任务二 婴儿电子客票的特殊服务、换舱操作

实训课目：旅客刘丽（带一名婴儿）于6月13日订购6月15日从北京到广州、6月18日从广州到北京的Y舱联程机票，同时需要提供婴儿餐食。由于某种原因，6月14日要求将6月15日北京到广州的机票从Y舱换到F舱。

操作流程：

1）6月13日，订6月15日从北京到广州、6月18日从广州到北京，舱位等级为Y舱的联程机票，携带一名婴儿。

2）要求特殊服务：需要提供婴儿餐食。

3）6月14日，修改订座记录，从Y舱换到F舱。

课目要求：展示订座过程，出票、打印行程单。

1）6月13日，订6月15日从北京到广州，6月18日从广州到北京，舱位等级为Y舱的联程机票。

查询6月15日北京到广州的航班情况：

```
◆AV PEKCAN/15JUN  <F12>
 AV PEKCAN  15JUN (WED)
 1.CZ3196  PEKCAN  0840  1145 B738  0 ^S E  DS# F8 YA CA...
 2.CA1321  PEKCAN  0845  1140 B757  0 ^S E  DS# F8 YA CA...
 3.CZ3162  PEKCAN  1005  1310 A320  0 ^L E  DS# F8 YA CA...
 4.CZ3152  PEKCAN  1030  1230 B757  0 ^L E  DS# F8 YA CA...
 5.CA1315  PEKCAN  1155  1455 B757  0 ^L E  DS# F8 YA CA...
 6.CZ3102  PEKCAN  1205  1505 A330  0 ^L E  DS# FA YA CA...
 7.CZ3106  PEKCAN  1305  1605 B757  0 ^L E  DS# F8 YA CA...
 8.CZ3104  PEKCAN  1515  1800 B767  0 ^D E  DS# FA YA CA...
◆
```

订 6 月 15 日北京到广州的航班，舱位等级为 Y 舱：

```
◆SD 2Y1 <F12>
1.CA1321  Y  Wed  15JUN  PEKCAN  HK1  0845  1140  E
◆
```

查询 6 月 18 日广州到北京的航班：

```
◆AV RA/18JUN  <F12>
 AV CANPEK  18JUN  (SAT)
 1.CZ3151  CANPEK 0720 0930 B757  0 ^B E DS# F8 YA CA...
 2.CZ3101  CANPEK 1000 1210 A320  0 ^L E DS# F8 YA CA...
 3.CA1322  CANPEK 1255 1610 B757  0 ^L E DS# F8 YA CA...
 4.CA1310  CANPEK 1405 1720 B757  0 ^S E DS# F8 YA CA...
 5.CA1316  CANPEK 1610 1915 B757  0 ^D E DS# F8 YA CA...
 6.CA1302  CANPEK 1955 2255 B757  0 ^S E DS# F8 YA CA...
◆
```

2）订 6 月 18 日广州到北京 CA1310 航班 Y 舱座位一个，输入旅客姓名、携带一名婴儿、联系电话、出票时限。

```
◆SD 4Y1
 N 刘丽
 C TEL:24135650
 T TL/1600/14JUN/CTU999
 @<f12>
 CA1321  Y  Wed  15JUN  PEKCAN  HK1  0845  1140  E
 CA1310  Y  Sat  18JUN  CANPEK  HK1  1405  1720  E
 HQ7QGY
◆RRT HQ7QGY <F12>
 **** ELECTRONIC TICKET PNR FOR CRS SYSTEM ****
 1.刘丽      HQ7QGY
 2.CA1321 Y Wed 15JUN PEKCAN HK1 0845 1140   E
 3.CA1310 Y Sat 18JUN CANPEK HK1 1405 1720   E
 4.C TEL:24135650
 5.TL 1600/14JUN/CTU999
 6.RMK: CA/QG229U CA/RN4I9Q
 7.CTU999
◆XN IN/李海 INF(12MTHS)/P1 <F12>
XN .... OK!
```

输入旅客有效身份证件号，计算票价：

```
◆SSR FOID CA HK/NI510123****05295423/P1 <F12>
 SSR .... OK!
◆PAT <F12>
  CA1321 Y Wed 15JUN PEKCAN HK1 0845 1140   E OP-SC1351
  CA1310 Y Sat 18JUN CANPEK HK1 1405 1720   E OP-OS8010
    FC:  PEK CA CAN 1890.00 YB100 1890.00 CA PEK 1890.00 YB100
         1890.00 CNY 3780.00 END
         PEK CA CAN 1890.00 YB10 189.00 CA PEK 1890.00 YB10
         189.00 CNY 378.00 END
    FN:  FCNY3780.00/SCNY3780.00/C3.5/XCNY240.00
                     /TCNY100.00CN/TCNY140.00YQ/ACNY4020.00
         F/IN/CNY3780.00/SCNY360.00/C0.00/TEXEMPTCN
                                    /TEXEMPTYQ/ACNY378.00
    FP: CASH,CNY
    PAT Auto Count Fare . ?? <F12>
```

提取 PNR 记录，查看订座情况：

```
◆RT HQ7QGY <F12>
    **** ELECTRONIC TICKET PNR FOR CRS SYSTEM ****
1.刘丽      HQ7QGY
2.CA1321 Y Wed 15JUN PEKCAN HK1 0845 1140   E
3.CA1310 Y Sat 18JUN CANPEK HK1 1405 1720   E
4.C TEL:24135650
5.TL 1600/14JUN/CTU999
6.SSR: FOID CA HK NI235640****05295423/P1
7.FC:PEK CA CAN 1890.00 YB100 1890.00 CA PEK 1890.00
      YB100 1890.00 CNY 3780.00 END
8.FN:FCNY3780.00/SCNY3780.00/C3.5/TCNY50.00CN
                      /TCNY70.00YQ/ACNY4020.00
9.FP:CASH,CNY
10.RMK: CA/QG229U
11.RMK: CA/RN4I9Q
12.XN:  IN/李海 INF(12MTHS)/P1
13.CTU999
◆
```

在 PNR 记录中，尚无婴儿餐食的要求。

输入婴儿旅客在两个航段的婴儿餐食特殊需要：

```
◆SSR BBML CA NN1 需要婴儿餐食/P1/3<F12>
SSR .... OK!
◆
```

提取 PNR 记录，查看订座情况：

```
◆RT HQ7QGY <F12>
    **** ELECTRONIC TICKET PNR FOR CRS SYSTEM ****
1.刘丽      HQ7QGY
2.CA1321 Y Wed 15JUN PEKCAN HK1 0845 1140   E
3.CA1310 Y Sat 18JUN CANPEK HK1 1405 1720   E
4.C TEL:24135650
5.TL 1600/14JUN/CTU999
6.SSR: FOID CA HK NI235640****05295423/P1
7.SSR: BBML CA NN1 需要婴儿餐食/P1/2
8.SSR: BBML CA NN1 需要婴儿餐食/P1/3
9.FC:  PEK CA CAN 1890.00 YB100 1890.00 CA PEK 1890.00
       YB100 1890.00 CNY 3780.00 END
10.FN:FCNY3780.00/SCNY3780.00/C3.5/TCNY50.00CN
      /TCNY70.00YQ /ACNY4020.00
11.FP:  CASH,CNY
12.RMK: CA/QG229U
13.RMK: CA/RN4I9Q
14.XN:  IN/李海 INF(12MTHS)/P1
15.CTU999
◆
```

至此，6 月 13 日的订座操作完成。

3）6 月 14 日，旅客要求修改订座记录，从 Y 舱升到 F 舱。在订座后，提取刘丽 PNR 的操作步骤如下。

根据旅客姓名、航班日期，查询并列出 PNR 记录号：

```
◆RT 刘丽//15JUN  <F12>
    **** ELECTRONIC TICKET PNR FOR CRS SYSTEM ****
1.刘丽      HQ7QGY
2.CA1321 Y Wed 15JUN PEKCAN HK1 0845 1140   E
3.CA1310 Y Sat 18JUN CANPEK HK1 1405 1720   E
4.C TEL:24135650
5.TL 1600/14JUN/CTU999
6.SSR: FOID CA HK NI235640****05295423/P1
7.SSR: BBML CA NN1 需要婴儿餐食/P1/2
8.SSR: BBML CA NN1 需要婴儿餐食/P1/3
```

```
9.FC:  PEK CA CAN 1890.00 YB100 1890.00 CA PEK 1890.00
       YB100 1890.00 CNY 3780.00 END
10.FN: FCNY3780.00/SCNY3780.00/C3.5/TCNY50.00CN /TCNY70.00YQ
                    /ACNY4020.00
11.FP: CASH,CNY
12.RMK:CA/QG229U
13.RMK:CA/RN4I9Q
14.XN: IN/李海 INF(12MTHS)/P1
15.CTU999
◆
```

修改订座，从 Y 舱换到 F 舱：

```
◆XE 2
SS CA1321/F/15JUN/PEKCAN/1
@ <F12>
CA1321  F Wed PEKCAN 15JUN
(CHANGED)
◆
```

屏幕信息显示：6 月 15 日北京到广州 CA1321 航班的一个订座从 Y 舱换到 F 舱。

提取 PNR 记录，查看订座记录情况：

```
◆HQ7QGY <F12>
     **** ELECTRONIC TICKET PNR FOR CRS SYSTEM ****
1.刘丽      HQ7QGY
2.CA1321 F Wed 15JUN PEKCAN HK1 0845 1140   E
3.CA1310 Y Sat 18JUN CANPEK HK1 1405 1720   E
4.C TEL:24135650
5.TL 1600/14JUN/CTU999
6.SSR: FOID CA HK NI235640****05295423/P1
7.SSR: BBML CA NN1 需要婴儿餐食/P1/2
8.SSR: BBML CA NN1 需要婴儿餐食/P1/3
9.FC:  PEK CA CAN 2835.00 FB100 2835.00 CA PEK 1890.00
       YB100 1890.00 CNY 4725.00 END
10.FN: FCNY4725.00/SCNY4725.00/C3.5/TCNY50.00CN/TCNY50.00YQ
                      /ACNY4825.00
11.FP:  CASH,CNY
12.RMK: CA/QG229U
13.RMK: CA/RN4I9Q
14.XN: IN/李海 INF(12MTHS)/P1
15.CTU999
◆
```

屏幕信息显示：航班时间、舱位、婴儿餐食符合要求。

电子客票出票：

```
◆ETDZ 1  <F12>
ACNY 5538.00=Fare: 5298.00+AirPort  TAX: 100.00+ FuelSurcharge: 140.00
      HQ7QGY
ELECTRONIC TICKET ISSUED.
◆
```

电子客票出票后，重新提取 PNR 记录，查看出票后的记录变化：

```
◆RT HQ7QGY <F12>
1.刘丽     HQ7QGY
2.CA1321 F Wed 15JUN PEKCAN RR1 0845 1140   E
3.CA1310 Y Sat 18JUN CANPEK RR1 1405 1720   E
4.C TEL:24135650
5.T TN/999-5529901904
6.SSR: FOID CA HK NI235640****05295423/P1
7.SSR: BBML CA NN1 需要婴儿餐食/P1/3
8.SSR: BBML CA NN1 需要婴儿餐食/P1/3
9.SSR: TKNE CA HK1 PEKCAN 1321 F 15JUN 999-5529901904/1/P1
10.SSR: TKNE CA HK1 CANPEK 1310 Y 18JUN 999-5529901904/2/P1
11.FC:  PEK CA CAN 1890.00 FB150 2835.00 CA PEK 1890.00 YB100
      1890.00 CNY 4725.00 END
12.FN:FCNY4725.00/SCNY4725.00/C3.5/TCNY50.00CN/TCNY50.00YQ/ACNY4825.00
13.FN:F/IN/CNY473.00/SCNY473.00/C0.00/TEXEMPTCN/TEXEMPTYQ/ACNY473/P1
14.FP:  CASH,CNY
15.RMK: CA/QG229U
16.RMK: CA/RN4I9Q
17.XN:  IN/李海 INF(12MTHS)/P1
18.CTU999
◆
```

提取 999-5529901904 电子客票记录，查看出票后的电子客票记录情况：

```
◆DETR TN/999-5529901904  <F12>
ISSUED BY: INTERNATIONAL AIRLINE ORG/DST: PEK/PEK      ISI:
  TOUR CODE:          CRS_PNRNO: HQ7QGY
  PASSENGER: 刘丽   李海 INF(12MTHS)
  EXCH:                  CONJ TKT:
0 FM 1PEK CA 1321 F 15JUN 0845 OK Y 20 K  15JUN/15Dec
     RL:  QG229U                      OPEN FOR USE
0 TO 2CAN CA 1310 Y 18JUN 1405 OK Y 20 K  15JUN/15Dec
     RL:  RN4I9Q                      OPEN FOR USE
TO 3PEK
```

```
FC: PEK CA CAN 2835.00 FB100 2835.00 CA PEK 1890.00 YB100
         1890.00 CNY 4725.00 END
FARE: CNY 5198.00 (XN_Fare473.00) FOP:  CASH,CNY
TAX: CNY 340.00                      OI:
TOTAL: CNY 5538.00                 TKTN:  999-5529901904
◆
```

打印旅客行程单：

```
◆DETR I  <F12>
◆
```

图 5-2、图 5-3 分别为旅客刘丽和李海的电子客票行程单。

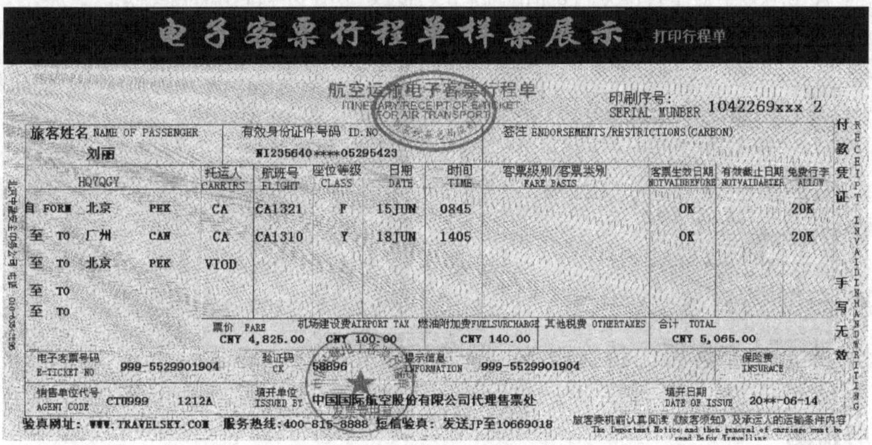

图 5-2 刘丽的电子客票行程单

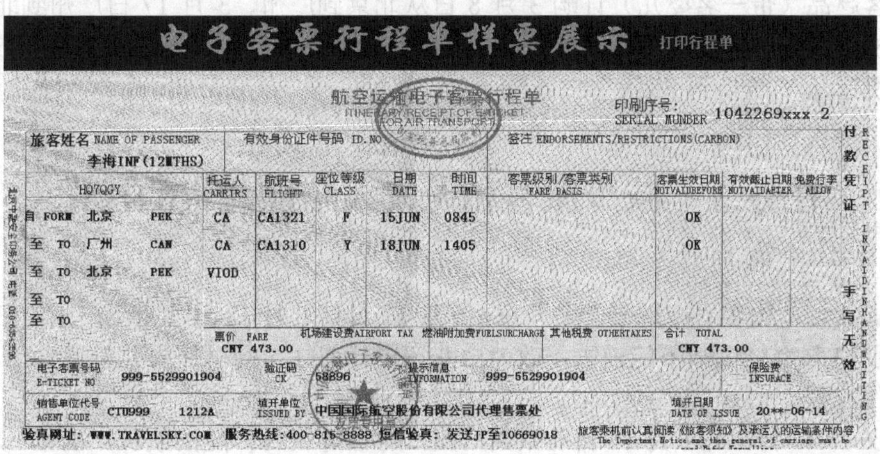

图 5-3 李海的电子客票行程单

旅客行程单为两张，大人和婴儿各一张。婴儿的行程单无税款、民航发展基金、燃

油附加费，是经济舱全价的 10%，即

CNY 4730.00×10%＝CNY 473.00

提取 999-5529901904 电子客票记录，查看打印电子客票行程单后的记录变化：

```
◆DETR TN/999-5529901904  <F12>
ISSUED BY: INTERNATIONAL AIRLINE  ORG/DST: PEK/PEK   ISI:
  TOUR CODE:          CRS_PNRNO: HQ7QGY
  PASSENGER: 刘丽   李海 INF(12MTHS)
  EXCH:                  CONJ TKT:
0 FM 1PEK CA 1321 F 15JUN 0845 OK Y 20 K  15JUN/15Dec
   RL:  QG229U                        USED
0 TO 2CAN CA 1310 Y 18JUN 1405 OK Y 20 K  15JUN/15Dec
   RL:  RN4I9Q                        USED
TO 3PEK
FC: PEK CA CAN 2835.00 FB100 2835.00 CA PEK 1890.00 YB100
      1890.00 CNY 4725.00 END
FARE: CNY 5198.00 (XN_Fare473.00)  FOP:  CASH,CNY
TAX:  CNY 340.00                   OI:
TOTA: CNY 5538.00                  TKTN: 999-5529901904
◆
```

至此，婴儿电子客票的特殊服务、换舱操作完毕。

任务检测

旅客赵品（带一名婴儿）订购 3 月 8 日从北京到广州、3 月 17 日广州到北京的 Y 舱联程机票，同时需要提供婴儿餐食。由于某种原因，3 月 6 日要求将 3 月 8 日北京到广州的机票从 Y 舱换到 F 舱。

任务三　减少旅客和无成人陪伴儿童的操作

实训课目：旅客罗峰携带一名儿童，6 月 12 日订 6 月 18 日北京到广州的 F 舱机票后，6 月 13 日罗峰因故不能前去，改为由儿童自行前往，同时需要儿童餐食。

操作流程：

1）6 月 12 日，订 6 月 18 日北京到广州，舱位等级为 F 舱的航班，携带一名儿童。

2）6 月 13 日，修改订座记录，取消罗峰的订座。

3）罗玉需要儿童餐食。

课目要求：展示订座过程，出票、打印行程单。

1）6 月 12 日，订 6 月 18 日北京到广州，舱位等级为 F 舱的航班。

查询 6 月 18 日北京到广州的航班：

```
◆AV PEKCAN/18JUN  <F12>
 AV PEKCAN  18JUN (SAT)
 1.CZ3196  PEKCAN  0840  1145  B738  0  S E DS# F8 YA CA...
 2.CA1321  PEKCAN  0845  1140  B757  0  S E DS# F8 YA CA...
 3.CZ3162  PEKCAN  1005  1310  A320  0  L E DS# F8 YA CA...
 4.CZ3152  PEKCAN  1030  1230  B757  0  L E DS# F8 YA CA...
 5.CA1315  PEKCAN  1155  1455  B757  0  L E DS# F8 YA CA...
 6.CZ3102  PEKCAN  1205  1505  A330  0  L E DS# FA YA CA...
 7.CZ3106  PEKCAN  1305  1605  B757  0  L E DS# F8 YA CA...
 8.CZ3104  PEKCAN  1515  1800  B767  0  D E DS# FA YA CA ++
◆
```

订 6 月 18 日北京到广州，舱位等级为 F 舱的航班，携带一名儿童：

```
◆SD 6F2  <F12>
N 罗峰 罗玉(CHD)
C TEL:34231202
T TL/1000/15JUN/CTU999
@<F12>
CZ3102  F  Sat  18JUN  PEKCAN  HK2  1205  1505  E
CZE0A6
◆
```

屏幕信息显示：6 月 18 日北京到广州，舱位等级为 F 舱的航班 CZ3102，携带一名儿童。

输入旅客身份证号码：

```
◆SSR FOID CZ HK/562353****09174527/P1  <F12>
SSR .... OK!
◆
```

提取 PNR 记录，查看订座情况：

```
◆RT CZE0A6  <F12>
    **** ELECTRONIC TICKET PNR FOR CRS SYSTEM ****
1.罗峰   2.罗玉(CHD)      CZE0A6
3.CZ3102 F Sat 18JUN PEKCAN HK2 1205 1505   E
4.C TEL:34231202
5.TL 1000/15JUN/CTU999
6.SSR: FOID CZ HK NI562353****09174527/P1
```

```
7.FC:  PEK CZ CAN 1890.00 FB150 2835.00 CNY 2835.00 END
8.FN:  FCNY2835.00/SCNY2835.00/C3.5/TCNY25.00CN
     /TCNY25.00YQ/ACNY2885.00
9.FP:  CASH,CNY
10.RMK: CZ/QKSALC
11.CTU999
◆
```

屏幕信息显示：完成了订座操作。

2）6 月 13 日，取消罗峰的订座并修改订座记录。

取消旅客罗峰的座位号：

```
◆XEP /1
@<F12>
CZ3102 F Sat 18JUN PEKCAN HK1 1205 1505  E
CZE0A6
◆
```

将罗玉改为无成人陪伴儿童：

```
◆SSR UMNR CZ NN1 无成人陪伴儿童/P1  <F12>
SSR ....  OK!
CZE0A6
◆
```

提取订座记录，查看 PNR 记录情况：

```
◆RT CZE0A6  <F12>
     **** ELECTRONIC TICKET PNR FOR CRS SYSTEM ****
1.罗玉(CHD)      CZE0A6
2.CZ3102 F Sat 18JUN PEKCAN HK1 1205 1505   E
3.C TEL:34231202
4.TL 1000/15JUN/CTU999
5.SSR: FOID CZ HK NI562353****09174538/P1
6.FC:  PEK CZ CAN 1890.00 FB150 2835.00 CNY 2835.00 END
7.FN:  FCNY2835.00/SCNY2835.00/C3.5/TCNY25.00CN/TCNY25.00YQ
            /ACNY2885.00
8.FP:  CASH,CNY
9.RMK: CZ/QKSALC
10.CTU999
◆
```

3）儿童罗玉需要儿童餐食：

```
◆SSR CHML CZ NN1 需要儿童餐食/P1  <F12>
SSR ....  OK!
◆
```

提取订座记录，查看儿童餐食情况：

```
◆RT CZE0A6  <F12>
     **** ELECTRONIC TICKET PNR FOR CRS SYSTEM ****
1.罗玉(CHD)      CZE0A6
2.CZ3102 F Sat 18JUN PEKCAN HK1 1205 1505   E
3.C TEL:34231202
4.TL 1000/15JUN/CTU999
5.SSR: FOID CZ HK NI562353****09174538/P1
6.SSR: CHML CZ NN1 需要儿童餐食/P1
7.FC:  PEK CZ CAN 1890.00 FB150 2835.00 CNY 2835.00 END
8.FN:  FCNY2835.00/SCNY2835.00/C3.5/TCNY25.00CN/TCNY25.00YQ/ACNY2885.00
9.FP:  CASH,CNY
10.RMK: CZ/QKSALC
11.CTU999
◆
```

屏幕信息显示：已满足旅客的订座需求。

4）电子客票出票，打印旅客行程单：

```
◆ETDZ 1  <F12>
   ACNY 1587.50       CZE0A6
 ELECTRONIC TICKET ISSUED.
◆
```

提取订座记录，查看出票后的PNR记录情况：

```
◆RT CZE0A6  <F12>
     **** ELECTRONIC TICKET PNR FOR CRS SYSTEM ****
1.罗玉(CHD)      CZE0A6
2.CZ3102 F Sat 18JUN PEKCAN RR1 1205 1505   E
3.C TEL:34231202
4.T TN/784-6629900013
5.SSR: FOID CZ HK NI562353****09174527/P1
6.SSR: CHML CZ NN1 需要儿童餐食/P1
7.SSR: TKNE CZ HK1 PEKCAN 3102 F 18JUN 784-6629900013/1/P1
8.FC:  PEK CZ CAN 1890.00 FB150 2835.00 CNY 2835.00 END
9.FN: FCNY2835.00/SCNY2835.00/C3.5/TCNY25.00CN/TCNY25.00YQ/ACNY2885.00
```

```
10.FP:  CASH,CNY
11.RMK: CZ/QKSALC
12.CTU999
◆
```

提取电子客票记录，查看票价、票号状态：

```
◆DETR TN/784-6629900013  <F12>
  ISSUED BY: CHINA SOUTH AIRLINE ORG/DST: PEK/CAN ISI:
  TOUR CODE:                CRS_PNRNO: CZE0A6
  PASSENGER: 罗玉(CHD)
  EXCH:                     CONJ TKT:
 0 FM 1PEK CZ  3102 F 18JUN 1205 OK  Y 20 K  18JUN/18Dec
              RL:  QKSALC                       OPEN FOR USE
  TO 2CAN
 FC: PEK CZ CAN 1890.00 FB150 2835.00 CNY 2835.00 END
 FARE: CNY 1417.50         FOP:  CASH,CNY
 TAX: CNY 170.00             OI:
TOTAL: CNY 1587.50         TKTN:  784-6629900013
◆
```

打印儿童电子客票行程单：

```
◆DETR I  <F12>
◆
```

图 5-4 为儿童电子客票行程单。

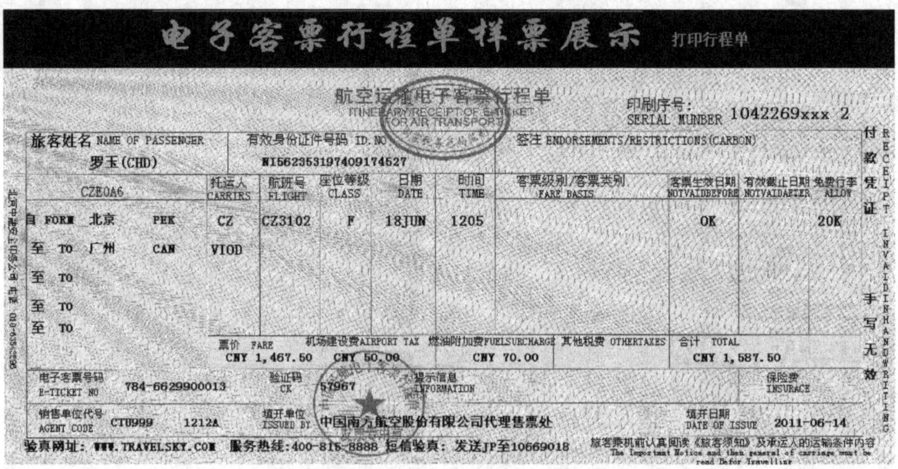

图 5-4　儿童电子客票行程单

儿童的客票价格是成人价格的 1/2，总金额包括民航发展基金和燃油附加费。

提取电子客票记录，查看票号状态。

```
◆DETR TN/784-6629900013  <F12>
  ISSUED BY: CHINA SOUTH AIRLINE  ORG/DST: PEK/CAN   ISI:
  TOUR CODE:                 CRS_PNRNO: CZE0A6
  PASSENGER: 罗玉(CHD)
  EXCH:                      CONJ TKT:
0 FM 1PEK CZ 3102 F 18JUN 1205 OK  Y 20 K  18JUN/18Dec
               RL:  QKSALC                             USED
  TO 2CAN
 FC: PEK CZ CAN 1890.00 FB150 2835.00 CNY 2835.00 END
 FARE:CNY1417.50           FOP:  CASH,CNY
 TAX:CNY 170.00             OI:
 TOTAL:CNY 1587.50       TKTN:  784-6629900013
◆
```

至此，减少旅客和无成人陪伴儿童的操作完成。

任务检测

旅客丁峰携带一名儿童，6 月 12 日订 6 月 15 日北京到广州的 F 舱机票后，6 月 15 日丁峰因故不能前去，改为由儿童自行前往，同时需要儿童餐食。

任务四　团体旅客的分离、改期操作

实训课目：棠湖旅行社一团体（25 人），7 月 25 日订 7 月 28 日北京到海口、8 月 7 日海口到北京的 Y 舱联程机票。后来情况发生变化，7 月 27 日有 9 名旅客要求 7 月 28 日去昆明、8 月 7 日由昆明返回北京。

操作流程：

1）7 月 25 日，订 7 月 28 日北京到海口、8 月 7 日海口到北京的 Y 舱联程机票。

2）7 月 27 日，有 9 名旅客要求 7 月 28 日去昆明、8 月 7 日由昆明返回北京。

课目要求：展示订座过程，出票、打印行程单。

1）7 月 25 日，进行团体旅客订座操作。

查询 7 月 28 日北京到海口的航班：

```
◆AV PEKHAK/28JUL/CA <F12>
AV PEKHAK 28JUL  (MON)  (1--4)   4
1.*CA1379 PEKHAK  0700  1009  A321  0 ^ B  E  DS# F6 Y6 BA EA...
```

```
  2.*CA1361 PEKHAK  0825  1134  A321  0 ^ S  E  DS# F6 Y6 BA EA...
  3.CA1393  PEKHAK  1300  1541  B77W  1 ^ S  E  DS# FA AA PA YA BA...
  4.*CA1355 PEKHAK  1410  1719  A321  0 ^ S  E  DS# F6 Y6 BA EA...
◆
```

查询Y舱座位数（如果座位数不够，需要提前调整Y舱座位数）：

```
◆RO A/3 <F12>
CA1393 FAPYBEGKHMLQSTW 28Jul (Mon) D B77W F49Y289 F:(FAP)
                                       Y:(YBEGKHMLQSTW)
LEG  C  AV   OPN  MAX  CAP  T/B  GT  GRO  GRS  BLK  LT  ……
PEK  F  AS#  33   49   49   0    0   16   0    0    0   0
PEK  Y  AS#  193  289  289  0    0   96   0    0    0   0
SEG     BKD  GRS  BLK  WILST  LSS  LT  NOTE  IND
PEKHAK  0    0    0    0      0    0

SEG     CLS   OPN   BKD   GRS   BLK   WL   LSV   LSS   LT
PEKHAK  F     17    0     0     0     0    0     0     -
        A     16    0     0     0     0    0     0     -
        P     16    0     0     0     0    0     0     -
        Y     25    0     0     0     0    0     0     -
        B     24    0     0     0     0    0     0     -
        E     24    0     0     0     0    0     0     -
        G     24    0     0     0     0    0     0     -
        K     24    0     0     0     0    0     0     -
        H     24    0     0     0     0    0     0     -
        M     24    0     0     0     0    0     0     -
        L     24    0     0     0     0    0     0     -
        Q     24    0     0     0     0    0     0     -
        S     24    0     0     0     0    0     0     -
        T     24    0     0     0     0    0     0     -
        W     24    0     0     0     0    0     0     -
◆
```

订7月28日北京到海口的航班，团体旅客25名：

```
◆SD 3YKK25  <F12>
1.CA1393  Y  Mon  28JUL  PEKHAK  KK25 1300 1541 B77W  R E T1 T2 T2
◆
```

查询8月7日海口到北京的航班：

```
◆AV RA/07AUG/CA
 AV HAKPEK  07AUG  (THU) (1--4)   4
 1.*CA1380  HAKPEK  1205  1514  A321  0  ^ S  E  DS# F6 Y6 BA…
 2.*CA1362  HAKPEK  1340  1641  B738  0  ^ S  E  DS# F8 YA BA EA…
 3.CA1394   HAKCAN  1755  2128  B77W  1  ^ S  E  DS# FA AA PA YA BA…
 4.*CA1356  HAKPEK  1835  2144  A321  0  ^ S  E  DS# F6 Y6 BA EA …
◆
```

订8月7日海口到北京的航班，团体旅客25名，棠湖旅行社：

```
◆SS CA1394/Y/07AUG/HAKPEK/KK25
GN 25棠湖旅行社
C TEL 12345678
T TL/1000/+1
@ <F12>
CA1393  Y  Mon  28JUL  PEKHAK  HK25  1300  1541
CA1394*  Y  Thu  07AUG  HAKPEK HK25  1755  2128
GFDXC6
◆
```

输入团体领队人的身份证号码：

```
RT GFDXC6 <F12>
**** ELECTRONIC TICKET PNR FOR CRS SYSTEM ****
0.25棠湖旅行社  NM0    GFDXC6
26.CA1393 Y Mon 28JUL PEKHAK HK25 1300 1541  E T1 T2 T2
27.CA1394* Y Thu 07AUG HAKPEK HK25  1755  2128  E T1 T2 T2…
28.C TEL 12345678
29.T TL 1000/26JUL/NKG999
30.SSR: FOID CA KK NI510122****12123216/P1
31.RMK: CA/RSS28G CA/NXP25Q
33.NKG999
◆SSR FOID CA KK/510122****12123216/P1 <F12>
SSR....OK !
◆
```

使用PAT指令自动计算票价：

```
◆PAT
   CA1393 Y Mon 28JUL PEKHAK HK25 1300 1541    E T1  T2  T2
   CA1394* Y Thu 07AUG HAKCAN HK25 1755 2128   E T1  T2  T2…
   FC    PEK CA HAK 2200.00 YB100 2200.00 CA PEK 2200.00 YB100
            2200.00 CNY 4400.00 END
```

```
    FN   FCNY4400.00/SCNY4400.00/C3.5/XCNY240.00/TCNY100.00CN
                                       /TCNY140.00YQ/ACNY4640.00
    FP   CASH,CNY
    PAT Auto Count Fare . ??
    PAT Auto Count Fare . Ok !!
◆
```

提取团体订座记录，查看订座情况：

```
◆RT GFDXC6 <F12>
     **** ELECTRONIC TICKET PNR FOR CRS SYSTEM ****
0.25棠湖旅行社  NM0    GFDXC6
26.CA1393 Y Mon 28JUL PEKHAK HK25 1300 1541    E T1 T2 T2
27.CA1394* Y Thu 07AUG HAKPEK HK25 1755 2128   R E T1 T2 T2…
28.C TEL 12345678
29.T TL 1000/26JUL/NKG999
30.SSR: FOID CA KK NI510122****12123216/P1
31.FC:  PEK CA HAK 2200.00 YB100 2200.00 CA PEK 2200.00 YB100 2200.00
              CNY 4400.00 END
32.FN:  FCNY4400.00/SCNY4400.00/C3.5/XCNY240.00/TCNY100.00CN
                                 /TCNY140.00YQ/ACNY4640.00
33.FP:  CASH,CNY
34.RMK: CA/RSS28G CA/NXP25Q
35.NKG999
◆
```

屏幕信息显示：团体订座成功。

2）7月27日，有9名旅客要求7月28日去昆明、8月7日由昆明返回北京。

7月27日修改团体旅客订座信息，先提取棠湖旅行社7月28日的团体订座记录：

```
◆RT 棠湖旅行社//28JUL <F12>
01 25棠湖旅行社 GFDXC6 CA1393 Y Mon 28JUL PEKHAK HK25 1300 1541
02 9棠湖旅行社  U86XY2 CA3120 Y Mon 28JUL PEKHAK KK9 1820 2210
◆
```

屏幕信息显示：在7月28日棠湖旅行社有2个旅行团从北京到海口。

提取团体名“25棠湖旅行社”的订座记录。

```
◆RT 01 <F12>
     **** ELECTRONIC TICKET PNR FOR CRS SYSTEM ****
0.25棠湖旅行社  NM0    GFDXC6
26.CA1393 Y Mon 28JUL PEKHAK HK25 1300 1541    E T1 T2 T2
27.CA1394* Y Thu 07AUG HAKPEK HK25 1755 2128   R E T1 T2 T2…
```

```
28.C TEL 12345678
29.T TL 1000/26JUL/NKG999
30.SSR: FOID CA KK NI510122****12123216/P1
31.FC:  PEK CA HAK 2200.00 YB100 2200.00 CA PEK 2200.00 YB100 2200.00
            CNY 4400.00 END
32.FN:FCNY4400.00/SCNY4400.00/C3.5/XCNY240.00/TCNY100.00CN
                                /TCNY140.00YQ/ACNY4640.00
33.FP:  CASH,CNY
34.RMK: CA/RSS28G CA/NXP25Q
35.NKG999
◆
```

将原来的团体旅客订座记录分离成两个团体，9 名旅客组成一个新的团体订座记录，剩下 16 名旅客是一个团体。

```
◆SPG /9
@<F12>
CA1393  Y  Mon 28JUL  PEKHAK  KK9  1300  1541
CA1394  Y  Thu 07AUG  HAKPEK  KK9  1755  2128
CU2CR6 SPLIT FROM GFDXC6
◆
```

屏幕信息显示：团体分离成功，9 名旅客组成一个新的团体记录号 CU2CR6，要求 7 月 28 日从北京到昆明。

查询 7 月 28 日北京到昆明的航班情况：

```
◆AV PEKKMG/28JUL/CA <F12>
 AV PEKKMG 28JUL   (MON)  (1--5)   5
1.*CA1403  PEKKMG  0710  1003  A320  0  ^ B  E  DS# F8 YA BA EA
               GA KA HA MA LA QA SA TA WA   *T1 T2*
2.*CA1487  PEKKMG  0910  1155  B73G  0  ^ S  E  DS# F8 YA BA EA
               GA KA HA MA LA QA SA TA WA   *T1 T2*
3.*CA4172  PEKKMG  1210  1455  B738  0  ^ S  E  DS# F8 YA BA EA
               GA KA HA MA LA QA SA TA WA   *T1 T2*
4.*CA4170  PEKKMG  1455  1748  A320  0  ^ S  E  DS# F8 YA BA EA
               GA KA HA MA LA QA SA TA WA   *T1 T2*
*CA4174  PEKKMG  2105  2350  B738  0  ^ S  E  DS# F8 YA BA EA
               GA KA HA MA LA QA SA TA WA   *T1 T2*
◆
```

将 7 月 28 日北京到海口修改为北京到昆明：

```
◆RT CU2CR6  <F12>
```

```
     **** ELECTRONIC TICKET PNR FOR CRS SYSTEM ****
0.9棠湖旅行社  NM0    GFDXC6
10.CA1393 Y Mon 28JUL PEKHAK HK9 1300 1541    E T1 T2 T2
11.CA1394* Y Thu 07AUG HAKPEK HK9 1755 2128   R E T1 T2 T2..
12.C TEL 12345678
13.T TL 1000/26JUL/NKG999
14.RMK: CA/RSS28G CA/NXP25Q
15.NKG999
◆XE 10
SS CA1403/Y/28JUL/PEKKMG/KK9
@  <F12>
CA1403*  Y  MON  28JUL  PEKKMG  HK9  0710  1003   OP-SC1403
BFFHC3
◆RT CU2CR6  <F12>
     **** ELECTRONIC TICKET PNR FOR CRS SYSTEM ****
0.9棠湖旅行社  NM0    CU2CR6
10.CA1403* Y Mon 28JUL PEKKMG HK9 0710 1003 A320 S 0 R E
11.CA1394 Y Thu 07AUG HAKPEK HK9 1755 2128  B77W L 1 R E
12.C TEL 12345678
13.T TL 1000/26JUL/NKG999
14.RMK: CA/RSS28G CA/NXP25Q
15.NKG999
◆
```

查询 8 月 7 日昆明到北京的航班情况：

```
◆AV RA/07AUG/CA <F12>
 AV KMGPEK  07AUG   (THU)  (1--6)   6
 1.*CA4171  KMGPEK  0730  1015  B738  0  ^ B  E  DS# F8 YA
               BA EA GA KA HA MA LA QA SA TA WA   *T1 T2*
 2.*CA4169  KMGPEK  1040  1333  A320  0  ^ L  E  DS# F8 YA
               BA EA GA KA HA MA LA QA SA TA WA   *T1 T2*
 3.*CA1404  KMGPEK  1140  1425  B738  0  ^ S  E  DS# F8 YA
               BA EA GA KA HA MA LA QA SA TA WA   *T1 T2*
 4.*CA1488  KMGPEK  1520  1805  B73G  0  ^ S  E  DS# F8 YA
               BA EA GA KA HA MA LA QA SA TA WA   *T1 T2*
 5.*CA4173  KMGPEK  1640  1925  B738  0  ^ D  E  DS# F8 YA
               BA EA GA KA HA MA LA QA SA TA WA   *T1 T2*
 6.CA906  KMGPEK  1835  2120  B737  0  ^ S  E  DS# F8 YA
               BA EA GA KA HA MA LA QA SA TA WA   *T1 T2*
 ◆
```

将 8 月 7 日海口到北京，修改为昆明到北京：

```
◆RT CU2CR6 <F12>
…………
◆XE 11
SS CA4171/Y/07AUG/KMGPEK/KK9
@ <F12>
CA4171*  Y  THU  07AUG  KMGPEK  HK9  0730  1015   OP-HU7638
GH4Q3I
◆RT CU2CR6 <F12>
     **** ELECTRONIC TICKET PNR FOR CRS SYSTEM ****
0.9棠湖旅行社  NM0    CU2CR6
10.CA1403* Y Mon 28JUL PEKKMG HK9 0710 1003    A320 S 0  R E
                                            T1 T2   OP-SC1403
11.CA4171* Y Thu 07AUG KMGPEK HK9 0730 1015    B738 S 0 R E
                                            T1 T2   OP-HU7638
12.C TEL 12345678
13.T TL 1000/26JUL/NKG999
14.RMK: CA/RSS28G CA/NXP25Q
15.NKG999
◆
```

输入新团体领队人的身份证号码：

```
◆SSR FOID CA HK/NI510122****10281572/P1
 SSR .... OK!
◆
```

使用 PAT 指令自动计算票价：

```
◆PAT <F12>
   CA1403* Y Mon 28JUL PEKKMG HK9 0710 1003    A320 S 0 R E
                                            T1 T2   OP-SC1403
   CA4171* Y Thu 07AUG KMGPEK HK9 0730 1015    B738 S 0 R E
                                            T1 T2   OP-HU7638
   FC    PEK CA KMG 2010.00 YB100 2010.00 CA PEK 2010.00 YB100
               2010.00 CNY 4020.00 END
   FN    FCNY4020.00/SCNY4020.00/C3.5/XCNY240.00/TCNY100.00CN
                         /TCNY140.00YQ/ACNY4260.00
   FP   CASH,CNY
   PAT Auto Count Fare . ??
```

```
   PAT Auto Count Fare . Ok !!
◆
```

新团体出票：

```
◆ETDZ  1 <F12>
   ACNY. 38340.00=Fare:36180.00 + Taxs:2160.00        CU2CR6
    ET PROCESSING...PLEASE WAITE!
    ELECTRONIC TICKET  ISSUED.
◆
```

图 5-5 为新团体电子客票行程单。这是一张没有输入团体旅客姓名的出票行程单（特殊情况需求的行程单）。一般情况下，团体旅客的姓名、身份证号码等必须输入完整。

航空运输电子客票行程单
ITINERARY/RECEIPT OF E-TICKET FOR AIR TRANSPORT
印刷序号：SERIAL NUMBER 11309394518 4
旅客姓名 NAME OF PASSENGER 9棠湖旅行社 CU2CR6
有效身份证件号码 ID.NO NI510122****10281572
签注 ENDORSEMENTS/RESTRICTIONS(CARBON)

	托运人 CARRIER	航班号 FLIGHT	座位等级 CLASS	日期 DATE	时间 TIME	客票级别/客票类别 FARE BASIS	客票生效日期 NOT VALID BEFORE	有效截止日期 NOT VALID AFTER	免费行李 ALLOW
自 FROM T1 北京首都 PEK	SC	1403	Y	28JUL	0710		OK	28JAN15	20K
至 TO T2 昆明 KMG	HU	7638	Y	07AUG	0730		OK	07FEB15	20K
至 TO T2 北京首都 PEK	VIOD								
至 TO									
至 TO									

票价 FARE CNY 36,180.00　机场建设费 AIRPORT TAX CNY 900.00　燃油附加费 FUEL SURCHARGE CNY 1260.00　其他税费 OTHER TAXES　合计 TOTAL CNY 38,340.00
电子客票号码 E-TICKET NO 9991150300033　验证码 CK 9059　提示信息 INFORMATION 9991150300033　保险费 INSURANCE XXX
销售单位代号 AGENT CODE NKG999 1212A　填开单位 ISSUED BY 中国国际航空股份有限公司代理售票处　填开日期 DATE OF ISSUE 20**-07-27
验真网址：WWW.TRAVELSKY.COM 服务热线：400-815-8888 短信验真：发送JP至10669018

图 5-5　新团体电子客票行程单

提取新团体订座记录，查看航班出票后的订座记录情况：

```
◆RT CU2CR6 <F12>
      **** ELECTRONIC TICKET PNR FOR CRS SYSTEM ****
 0.9棠湖旅行社  NM0    CU2CR6
 10.CA1403* Y Mon 28JUL PEKKMG RR9 0710 1003    A320 S 0  R E
                                                T1 T2  OP-SC1403
 11.CA4171* Y Thu 07AUG KMGPEK RR9 0730 1015    B738 S 0  R E
                                                T1 T2 OP-HU7638
 12.C TEL 12345678
 13.T TN/999-1150300033
 14.SSR: FOID CA HK1 NI510122****10281572/P1
 15.SSR: TKNE CA HK1 PEKKMG 1403 Y 28JUL 999-1150300033/1/P1
```

```
16.SSR: TKNE CA HK1 KMGPEK 4171 Y 07AUG 999-1150300033/2/P1
17.FC:  PEK CA KMG 2010.00 YB100 2010.00 CA PEK 2010.00
        YB100 2010.00 CNY 4020.00 END
18.FN:FCNY4020.00/SCNY4020.00/C3.5/XCNY240.00/TCNY100.00CN
        /TCNY140.00YQ/ACNY4260.00
19.FP:  CASH,CNY
20.NKG999

◆DETR TN/999-1150300033 <F12>
  ISSUED BY: AIR CHINA   ORG/DST: PEK/PEK     ISI: CRS-D
  TOUR CODE:
  PASSENGER: 9 棠湖旅行社
  EXCH:                    CONJ TKT:
0 FM 1PEK CA SC1403 Y 28JUL  0710  OK  Y 20 K  28JUL14/28Jan15
                                     OPEN FOR USE
      T1--         RL:  SR2QN2 / CRS:  CU2CR6
0 TO 2KMG CA HU7638   Y 07AUG   0730  OK  Y 20 K  28JUL14/28Jan15
                                     OPEN FOR USE
      T1--         RL:  SNBRLZ / CRS:  CU2CR6
0 TO 3PEK
      T2--
FC:  PEK CA KMG 2010.00 YB100 2010.00 CA PEK 2010.00 YB100 2010.00
      CNY 4020.00 END
  FARE: CNY 36180.00         FOP:  CASH CNY
  TAX:  CNY 2160.00           OI:
  TOTAL: CNY 38340.00       TKTN:  999-115030003
◆
```

新团体的电子客票订座操作完毕。

提取原团体北京到海口再到北京的订座记录：

```
◆RT 棠湖旅行社//28JUL <F12>
01  CU2CR6  CA1403  Y Mon 28JUL PEKKMG RR9 0710 1003  9 棠湖旅行社
02  GFDXC6  CA1393  Y Mon 28JUL PEKHAK KK16 1300 1541  16 棠湖旅行社
◆RT 2
    **** ELECTRONIC TICKET PNR FOR CRS SYSTEM ****
0.16 棠湖旅行社  NM0   GFDXC6
17.CA1393 Y Mon 28JUL PEKHAK KK16 1300 1541   E T1 T2 T2
18.CA1394* Y Thu 07AUG HAKPEK KK16 1755 1831   B77W L 1    R E
                                 T1 T2 T2   OP-MF8104
19.C TEL 12345678
```

```
    20.T TL 1000/26JUL/NKG999
    21.SSR: FOID CA KK NI510122****12123216/P1
    22.FC:  PEK CA HAK 2200.00 YB100 2200.00 CA PEK 2200.00 YB100 2200.00
CNY 4400.00 END
    23.FN:  FCNY4400.00/SCNY4400.00/C3.5/XCNY240.00/TCNY100.00CN
                                    /TCNY140.00YQ/ACNY4640.00
    24.FP:  CASH,CNY
    25.RMK: CA/XI5PF2 CA/RSS28G CA/NXP25Q
    26.NKG999
    ◆ETDZ 1
      ACNY. 74240.00=Fare:70400.00 + Taxs:3840.00        GFDXC6
      ET PROCESSING...PLEASE WAITE!
      ELECTRONIC TICKET  ISSUED.
    ◆
```

图 5-6 为原团体北京到海口再到北京的电子客票行程单。这是一张没有输入团体旅客姓名的电子客票行程单（特殊情况需求的行程单）。一般情况下，团体旅客的姓名、身份证号码等必须输入完整。

航空运输电子客票行程单
ITINERARY/RECEIPT OF TICKET FOR AIR TRANSPORT
印刷序号: SERIAL MUNBER 17886491724 0

旅客姓名 NAME OF PASSENGER: 16棠湖旅行社
有效身份证件号码 ID.NO: NI510122****12123216
签注 ENDORSEMENTS/RESTRICTIONS(CARBON):
GFDXC6

	托运人 CARRIER	航班号 FLIGHT	座位等级 CLASS	日期 DATE	时间 TIME	客票级别/客票类别 FARE BASIS	客票生效日期 NOT VALID BEFORE	有效截止日期 NOT VALID AFTER	免费行李 ALLOW
自 FROM T1 北京首都 PEK	CA	1393	Y	28JUL	1300		OK	28JAN15	20K
至 TO T2 海口 HAK	MF	8104	Y	07AUG	1755		OK	07FEB15	20K
至 TO T2 北京首都 PEK	VIOD								
至 TO									
至 TO									

票价 FARE: CNY 70,400.00　机场建设费 AIRPORT TAX: CNY 1600.00　燃油附加费 FUEL SURCHARGE: CNY 2240.00　其他税费 OTHER TAXES　合计 TOTAL: CNY 74,240.00

电子客票号码 E-TICKET NO: 9991145700035　验证码 CK: 9477　提示信息 INFORMATION: 9991145700035　保险费 INSURACE: XXX

销售单位代号 AGENT CODE: NKG999 1212A　填开单位 ISSUED BY: 中国国际航空股份有限公司代理售票处　填开日期 DATE OF ISSUE: 20**-07-27

验真网址:WWW.TRAVELSKY.COM 服务热线:400-815-8888 短信验真:发送JP至10669018

付款凭证 RECEIPT　手写无效 INVALID IN HANDWRITING

图 5-6　原团体电子客票行程单

提取团体旅客北京到海口再到北京的订座记录，查看航班出票后的订座记录情况：

```
    ◆RT GFDXC6 <F12>
      **** ELECTRONIC TICKET PNR FOR CRS SYSTEM ****
    0.16棠湖旅行社  NM0   GFDXC6
    17.CA1393 Y Mon 28JUL PEKHAK RR16 1300 1541    E T1 T2 T2
    18.CA1394* Y Thu 07AUG HAKPEK RR16 1755 1831    B77W L 1 R E
```

```
                              T1 T2 T2   OP-MF8104
19.C TEL 12345678
20.T TN/999-1145700035
21.SSR: FOID CA KK NI510122****12123216/P1
22.SSR: TKNE CA HK1 PEKHAK 1393 Y 28JUL 999-1145700035/1/P1
23.SSR: TKNE CA HK1 HAKPEK 1394 Y 07AUG 999-1145700035/2/P1
24.FC:  PEK CA HAK 2200.00 YB100 2200.00 CA PEK 2200.00 YB100
          2200.00 CNY 4400.00 END
25.FN:FCNY4400.00/SCNY4400.00/C3.5/XCNY240.00/TCNY100.00CN
                                   /TCNY140.00YQ/ACNY4640.00
26.FP:  CASH,CNY
27.RMK: CA/XI5PF2 CA/RSS28G CA/NXP25Q
28.OI: 999-1128400034
29.NKG999
◆DETR TN/999-1145700035
  ISSUED BY:  AIR CHINA       ORG/DST: PEK/PEK     ISI: CRS-D
  TOUR CODE:
  PASSENGER: 16棠湖旅行社
  EXCH:                           CONJ TKT:
 0 FM 1PEK CA 1393 Y 28JUL 1300 OK Y 20 K 28JUL/28Jan OPEN FOR USE
         T1--RL:  RSS28G / CRS:  GFDXC6
 0 TO 2HAK CA MF8104 Y 07AUG 1755 OK Y 20 K 28JUL/28Jan OPEN FOR USE
         T1--RL:  XI5PF2 / CRS:  GFDXC6
   0 TO 3PEK
         T2--
   FC:  PEK CA HAK 2200.00 YB100 2200.00 CA PEK 2200.00 YB100 2200.00
        CNY 4400.00 END
   FARE: CNY 70400.00              FOP:  CASH CNY
   TAX: CNY 3840.00                 OI:
   TOTAL: CNY 74240.00            TKTN:  999-1145700035
◆
```

团体旅客北京到海口再到北京的电子客票订座操作完毕。

至此，本任务课目操作完成。

任务检测

黄鹤旅行社一团体（21 人），订 4 月 7 日北京到成都、4 月 16 日成都到北京的 Y 舱联程机票。后来情况发生变化，4 月 1 日有 9 名旅客要求 4 月 7 日去南昌、4 月 16 日由南昌返回北京。

任务五　团体旅客的分离、修改航程操作

实训课目：青年旅行社 12 名旅客预订国航 7 月 11 日北京到广州、7 月 15 日广州到北京 Y 舱的客票后，其中 2 名旅客要求变更 7 月 15 日广州到北京的航程，改为广州到昆明。

操作流程：

1）查询国航 7 月 11 日北京到广州的航班情况，订 CA1321 航班的座位。

2）查询国航 7 月 15 日广州到北京的航班情况，订 CA1322 航班的座位。

3）变更航程。

课目要求：出票、打印行程单。

```
◆AV PEKCAN/11JUL/CA <F12>
 AV PEKCAN  11JUL   (MON)
 1.CA1351 PEKCAN 0800 1110 A330  0 ^ S E  AS# FA YA CA IA JA...
 2.CA1321 PEKCAN 0845 1140 B757  0 ^ S E  AS# F8 YA CA IA JA...
......++
◆SD 2YKK12 <F12>
1.CA1321  Y  Tue  11JUL  PEKCAN  KK12  0845  1140  E
◆AV CANPEK/15JUL/CA
 ......
 9.CA1322 CANPEK 1255 1610 B757 0 ^ L E AS# F8 YA CA IA JA...
 ......
◆SD 9YKK12
GN 12 青年旅行社
N 刘东 张波 李力均 王天浩 罗霞 周忆 王双林 夏清 郝大余 李峻岭 严小强 萧墙
C TEL:139****1258
T TL/1200/10JUL/CTU999
@
CA1321  Y  Mon  11JUL  PEKCAN  KK12  0845  1140  E
CA1322  Y  Fri  15JUL  CANPEK  KK12  1255  1610  E
CFKY11
◆SSR FOID CA KK/NI510123****05172516/P1
 SSR FOID CA KK NI510123****05172517/P2
 ......
 SSR FOID CA KK NI510123****05172521/P12
@ (F12)
SSR ....  OK!
◆ETDZ 1 <F12>
```

```
   ACNY 54240.00   BX1CKX
  ELECTRONIC TICKET ISSUED.
◆
```

图 5-7 为旅客刘东的电子客票行程单。

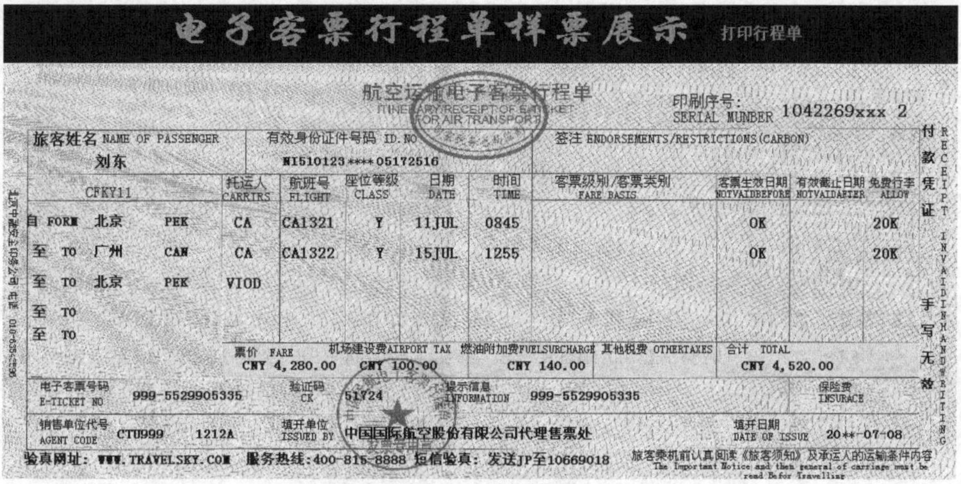

电子客票行程单样票展示 打印行程单

航空运输电子客票行程单 ITINERARY/RECEIPT OF E-TICKET FOR AIR TRANSPORT

印刷序号：SERIAL NUMBER 1042269xxx 2

旅客姓名 NAME OF PASSENGER 刘东　有效身份证件号码 ID. NO NI510123****05172516　签注 ENDORSEMENTS/RESTRICTIONS (CARBON)

CFKY11

		承运人 CARRIERS	航班号 FLIGHT	座位等级 CLASS	日期 DATE	时间 TIME	客票级别/客票类别 FARE BASIS	客票生效日期 NOTVAIDBEFORE	有效截止日期 NOTVAIDAFTER	免费行李 ALLOW
自 FORM 北京	PEK	CA	CA1321	Y	11JUL	0845		OK		20K
至 TO 广州	CAN	CA	CA1322	Y	15JUL	1255		OK		20K
至 TO 北京	PEK	VIOD								
至 TO										
至 TO										

票价 FARE CNY 4,280.00　机场建设费 AIRPORT TAX CNY 100.00　燃油附加费 FUELSURCHARGE CNY 140.00　其他税费 OTHERTAXES　合计 TOTAL CNY 4,520.00

电子客票号码 E-TICKET NO 999-5529905335　验证码 CK 51724　提示信息 INFORMATION 999-5529905335　保险费 INSURACE

销售单位代号 AGENT CODE CTU999 1212A　填开单位 ISSUED BY 中国国际航空股份有限公司代理售票处　填开日期 DATE OF ISSUE 20**-07-08

付款凭证 RECEIPT　手写无效 INVAILD IN HANDWRITING

验真网址：WWW.TRAVELSKY.COM　服务热线：400-815-8888　短信验真：发送JP至10669018　旅客乘机前认真阅读《旅客须知》及承运人的运输条件内容 The Important Notice and then general of carriage must be read Befor Travelling

图 5-7　刘东的电子客票行程单

查看刘东的电子客票记录：

```
◆DETR TN/999-5529905335,S
  ISSUED    BY:AIRCHINA      ORG/DST: PEK/PEK      ISI:
  TOUR CODE:            CRS_PNRNO: CFKY11
  PASSENGER: 刘东
  EXCH:                      CONJ TKT:
  0 FM 1PEK CA1321  Y 11JUL   0845   OK  Y      20 K
                        11JUL/11Jan    OPEN FOR USE
        RL:  M8Z0EA
  0 TO 2CAN CA1322   Y 15JUL   1255  OK  Y      20 K
                        11JUL/11Jan    OPEN FOR USE
        RL:  NIUES4
    TO 3PEK
   FC: PEK CA CAN 2090.00 YB100 2090.00 CA PEK 2090.00 YB100 2090.00
CNY 4180.00 END
   FARE:      CNY 4180.00       FOP:  CASH,CNY
   TAX:       CNY  340.00       OI:
   TOTAL:     CNY 4520.00     TKTN:  999-5529905335
◆
```

根据团体旅客的要求变更航程，将其中两名旅客广州到北京的航程变更为广州到昆明。

提取团体旅客的详细信息：

```
◆RTN CFKY11 <F12>
0.12 青年旅行社    NM12   CFKY11
1.刘东 2.张波 3.李力均 4.王天浩 5.罗霞 6.周忆 7.王双林
8.夏清 9.郝大余 10.李峻岭 11.严小强 12.萧墙
13.CA1321 Y Mon 11JUL PEKCAN RR12 0845 1140   E
14.CA1322 Y Fri 15JUL CANPEK RR12 1255 1610   E
15.C TEL:139****1258
16.T TN/999-5529905335-05346
17.SSR:FOID CA HK/NI510123****05172516/P1
18.SSR: TKNE CA KK1 PEKCAN 1321 Y 11JUL 999-5529905335/1/P1
19.SSR: TKNE CA KK1 CANPEK 1322 Y 15JUL 999-5529905335/2/P1
20.SSR: TKNE CA KK1 PEKCAN 1321 Y 11JUL 999-5529905336/1/P2
21.SSR: TKNE CA KK1 CANPEK 1322 Y 15JUL 999-5529905336/2/P2
22.SSR: TKNE CA KK1 PEKCAN 1321 Y 11JUL 999-5529905337/1/P3
23.SSR: TKNE CA KK1 CANPEK 1322 Y 15JUL 999-5529905337/2/P3
......

38.SSR: TKNE CA KK1 PEKCAN 1321 Y 11JUL 999-5529905345/1/P11
39.SSR: TKNE CA KK1 CANPEK 1322 Y 15JUL 999-5529905345/2/P11
40.SSR: TKNE CA KK1 PEKCAN 1321 Y 11JUL 999-5529905346/1/P12
41.SSR: TKNE CA KK1 CANPEK 1322 Y 15JUL 999-5529905346/2/P12
42.FC:  PEK CA CAN 2090.00 YB100 2090.00 CA PEK 2090.00 YB100 2090.00
CNY 4180.00 END
43.FN:
FCNY4180.00/SCNY4180.00/C1.2/TCNY50.00CN/TCNY50.00YQ/ACNY4280.00
44.FP:  CASH,CNY
45.RMK: CA/M8Z0EA
46.RMK: CA/NIUES4
47.CTU999
◆
```

查询广州到昆明的航班；分离郝大余、李峻岭两名旅客；查询分离出的PNR记录；修改两名旅客的航程为广州到昆明：

```
◆AV CANKMG/15JUL <F12>
 AV CANKMG  15JUL  (FRI)
 1. ZH9633 CANKMG 1400 1555 B738 0 ^ S E AS# F8 YA CA IA JA...
```

```
    ++
◆SP/9/10
@
CA1321 Y Mon 11JUL PEKCAN RR2 0845 1140
CA1322 Y Fri 15JUL CANPEK RR2 1255 1610
KQJ7VE SPLIT FROM CFKY11
◆RT KQJ7VE
     **** ELECTRONIC TICKET PNR FOR CRS SYSTEM ****
0.2青年旅行社  NM2    KQJ7VE
1.CA1321 Y Mon 11JUL PEKCAN RR2 0845 1140   E
2.CA1322 Y Fri 15JUL CANPEK RR2 1255 1610   E
3.C TEL:139****1258
4.T TN/999-5529905335-05346
5.SSR: FOID CA KK NI510134****05172515/P1
6.SSR: TKNE CA KK1 PEKCAN 1321 Y 11JUL 999-5529905335/1/P1
7.SSR: TKNE CA KK1 CANPEK 1322 Y 15JUL 999-5529905335/2/P1
8.SSR: TKNE CA KK1 PEKCAN 1321 Y 11JUL 999-5529905336/1/P2
9.SSR: TKNE CA KK1 CANPEK 1322 Y 15JUL 999-5529905336/2/P2
10.FC:  PEK CA CAN 2090.00 YB100 2090.00 CA PEK 2090.00 YB100 2090.00
CNY 4180.00 END
11.FN:
FCNY4180.00/SCNY4180.00/C1.2/TCNY50.00CN/TCNY50.00YQ/
ACNY4280.00
12.FP:  CASH,CNY
13.RMK: CA/M8Z0EA
14.RMK: CA/NIUES4
15.CTU999
◆XE 2
SS ZH9633/Y/15JUL/CANKMG/2
@
ZH9633  Y Fri CANKMG 15JUL
(CHANGED)
◆
```

提取航程变更后的 PNR 记录和出票后的电子客票信息：

```
◆RT KQJ7VE <F12>
     **** ELECTRONIC TICKET PNR FOR CRS SYSTEM ****
0.2青年旅行社  NM2    KQJ7VE
1.CA1321 Y Mon 11JUL PEKCAN RR2 0845 1140   E
2.ZH9633 Y Fri 15JUL CANKMG RR2 1255 1610   E
```

```
    3.C TEL:139****1258
    4.T TL/1200/10JUL
    5.SSR: FOID CA KK NI510134****05172515/P1
    6.FC:  PEK CA CAN 2090.00 YB100 2090.00 ZH KMG 1160.00 YB100 1160.00
CNY 3250.00 END
    7.FN:
    FCNY3250.00/SCNY3250.00/C3.5/TCNY50.00CN/TCNY50.00YQ/ACNY3350.00
    ......
    11.OI: 999-5529905343-05344
    12.CTU999
    ◆ETDZ 1 <F12>
     DCNY -1860.00=Fare: 2420.00 - oldfnACNY: 4280.00 BX1CKX
    ELECTRONIC TICKET ISSUED.
    ◆
```

出票、打印行程单：

```
    ◆ETDZ 1 <F12>
     DCNY -1860.00 =  Fare: 2420.00 - oldfnACNY: 4280.00 BX1CKX
    ELECTRONIC TICKET ISSUED.
    ◆
```

图 5-8、图 5-9 为两名旅客变更航程后的电子客票行程单。

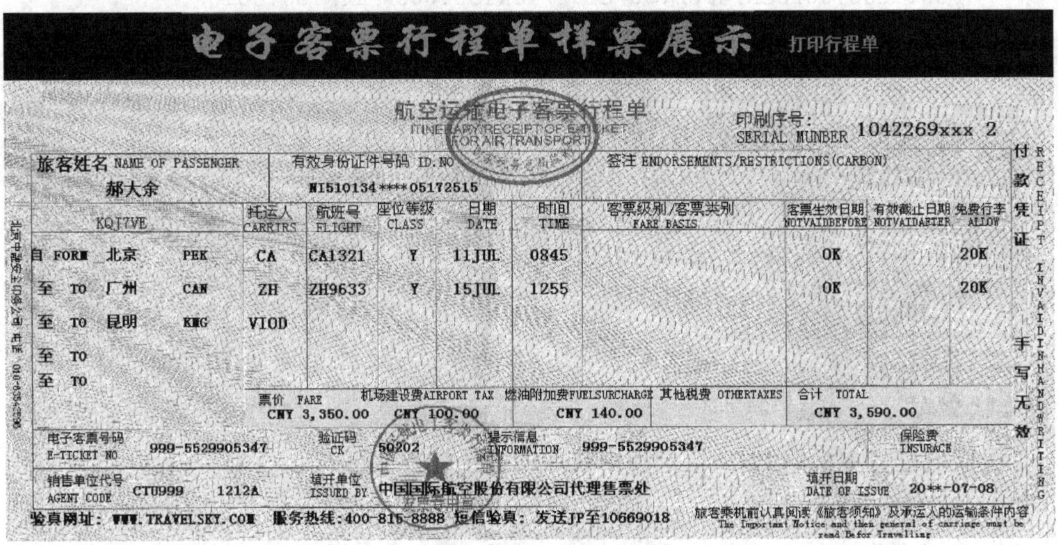
电子客票行程单样票展示 打印行程单

航空运输电子客票行程单
ITINERARY/RECEIPT OF E-TICKET FOR AIR TRANSPORT

印刷序号：SERIAL MUNBER 1042269xxx 2

旅客姓名 NAME OF PASSENGER：郝大余
有效身份证件号码 ID.NO：NI510134****05172515
签注 ENDORSEMENTS/RESTRICTIONS(CARBON)

KQT7VE

			托运人 CARRIRS	航班号 FLIGHT	座位等级 CLASS	日期 DATE	时间 TIME	客票级别/客票类别 FARE BASIS	客票生效日期 NOTVAIDBEFORE	有效截止日期 NOTVAIDAFTER	免费行李 ALLOW
自 FORM	北京	PEK	CA	CA1321	Y	11JUL	0845		OK		20K
至 TO	广州	CAN	ZH	ZH9633	Y	15JUL	1255		OK		20K
至 TO	昆明	KMG	VIOD								
至 TO											
至 TO											

票价 FARE	机场建设费 AIRPORT TAX	燃油附加费 FUELSURCHARGE	其他税费 OTHERTAXES	合计 TOTAL
CNY 3,350.00	CNY 100.00	CNY 140.00		CNY 3,590.00

电子客票号码 E-TICKET NO 999-5529905347　验证码 CK 50202　提示信息 INFORMATION 999-5529905347　保险费 INSURACE

销售单位代号 AGENT CODE CTU999 1212A　填开单位 ISSUED BY 中国国际航空股份有限公司代理售票处　填开日期 DATE OF ISSUE 20**-07-08

付款凭证 RECEIPT　手写无效 INVAID IN HANDWRITING

验真网址：WWW.TRAVELSKY.COM 服务热线：400-815-8888 短信验真：发送JP至10669018

旅客乘机前认真阅读《旅客须知》及承运人的运输条件内容
The Important Notice and then general of carriage must be read Befor Travelling

图 5-8　郝大余变更航程后的电子客票行程单

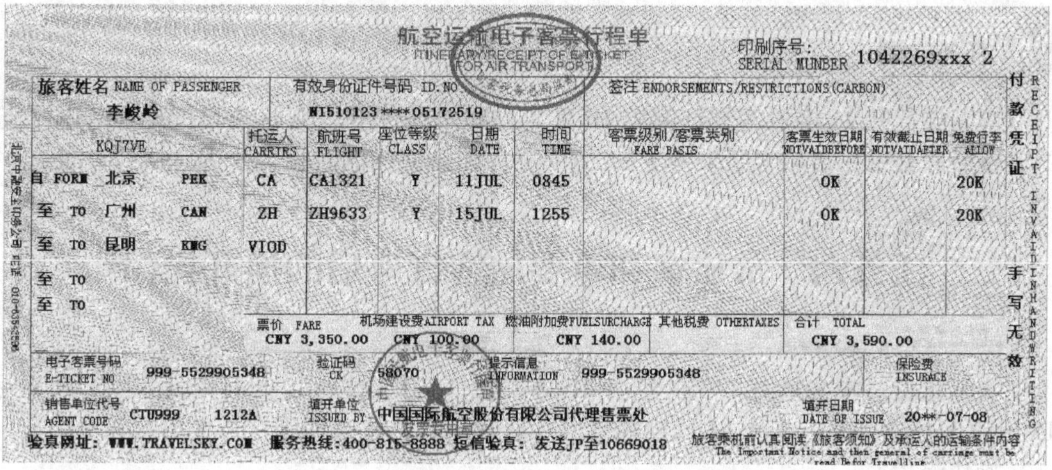

航空运输电子客票行程单 ITINERARY/RECEIPT OF E-TICKET FOR AIR TRANSPORT

印刷序号：SERIAL NUMBER 1042269xxx 2

旅客姓名 NAME OF PASSENGER	有效身份证件号码 ID. NO	签注 ENDORSEMENTS/RESTRICTIONS (CARBON)
李峻岭	NI510123****05172619	

KQJ7VE		托运人 CARRIERS	航班号 FLIGHT	座位等级 CLASS	日期 DATE	时间 TIME	客票级别/客票类别 FARE BASIS	客票生效日期 NOTVAIDBEFORE	有效截止日期 NOTVAIDAFTER	免费行李 ALLOW
自 FORM 北京	PEK	CA	CA1321	Y	11JUL	0845		OK		20K
至 TO 广州	CAN	ZH	ZH9633	Y	15JUL	1255		OK		20K
至 TO 昆明	KMG	VIOD								
至 TO										
至 TO										

票价 FARE	机场建设费 AIRPORT TAX	燃油附加费 FUELSURCHARGE	其他税费 OTHERTAXES	合计 TOTAL
CNY 3,350.00	CNY 100.00	CNY 140.00		CNY 3,590.00

电子客票号码 E-TICKET NO 999-5529905348　验证码 CK 58070　提示信息 INFORMATION 999-5529905348　保险费 INSURANCE

销售单位代号 AGENT CODE CTU999 1212A　填开单位 ISSUED BY 中国国际航空股份有限公司代理售票处　填开日期 DATE OF ISSUE 20**-07-08

验真网址：WWW.TRAVELSKY.COM　服务热线：400-815-8888　短信验真：发送JP至10669018　旅客乘机前认真阅读《旅客须知》及承运人的运输条件内容 The Important Notice and then general of carriage must be read Befor Travelling

付款凭证 RECEIPT　手写无效 INVALID IN HANDWRITING

图 5-9　李峻岭变更航程后的电子客票行程单

查看改签成功后的电子客票信息：

```
◆DETR TN/999-5529905347
  ISSUED   BY:AIRCHINA      ORG/DST: PEK/KMG      ISI:
  TOUR CODE:          CRS_PNRNO: KQJ7VE
  PASSENGER: 郝大余
  EXCH: 999-5529905343             CONJ TKT:
  0 FM 1PEK CA 1321   Y 11JUL   0845    OK  Y    20 K
                       11JUL/11Jan        OPEN FOR USE
      RL:
  0 TO 2CAN ZH 9633   Y 15JUL   1255    OK  Y    20 K
                       11JUL/11Jan        OPEN FOR USE
      RL:
   TO 3KMG
  FC: PEK CA CAN 2090.00 YB100 2090.00 ZH KMG 1160.00 YB100 1160.00
CNY 3250.00 END
   FARE:            CNY 3250.00   FOP:  CASH,CNY
   TAX:             CNY 100.00    OI:  999-5529905343
   AirPort  TAX: CNY 100.00
   FuelSurcharge: CNY 140.00
   TOTAL:CNY3590.00            TKTN:  999-5529905347
 ◆
```

至此，本任务课目操作完成。

任务检测

南湖旅行社 21 名旅客预订南航 10 月 2 日郑州到广州、10 月 7 日广州到郑州 Y 舱的客票后，其中 5 名旅客要求变更 10 月 7 日广州到郑州的航程，改为广州到青岛。

任务六　常旅客和重要旅客订座后的换开操作

实训课目：旅客张俊（常旅客）和旅客刘洪（VIP）6 月 12 日订购北京到广州 6 月 15 日的 Y 舱客票后，6 月 14 日旅客要求办理升为 F 舱并改期到 7 月 5 日的航班。

操作流程：

1）6 月 12 日，为旅客张俊（常旅客）和旅客刘洪（VIP）订购北京到广州 6 月 15 日的 Y 舱客票。

2）6 月 14 日，旅客要求办理升为 F 舱并改期到 15 天后的航班。

课目要求：展示订座过程，出票、打印行程单。

1）订 6 月 15 日北京到广州的 Y 舱座位。

查询 6 月 15 日北京到广州的航班：

```
◆AV PEKCAN/15JUN
 AV PEKCAN  15JUN (WED)
 1.CZ3196  PEKCAN  0840  1145 B738  0  S  E  DS# F8  YA  CA...
 2.CA1321  PEKCAN  0845  1140 B757  0  S  E  DS# F8  YA  CA...
 3.CZ3162  PEKCAN  1005  1310 A320  0  L  E  DS# F8  YA  CA...
 4.CZ3152  PEKCAN  1030  1230 B757  0  L  E  DS# F8  YA  CA...
 5.CA1315  PEKCAN  1155  1455 B757  0  L  E  DS# F8  YA  CA...
 6.CZ3102  PEKCAN  1205  1505 A330  0  L  E  DS# FA  YA  CA...
 7.CZ3106  PEKCAN  1305  1605 B757  0  L  E  DS# F8  YA  CA...
 8.CZ3104  PEKCAN  1515  1800 B767  0  D  E  DS# FA  YA  CA...
◆
```

根据常旅客卡号，从常旅客档案记录中提取张俊的常旅客记录：

```
◆PND CA00003  <F12>
 PND:  NBR  CA  00003
 1 NM:       张俊
 2 CT:       TEL:23131265
 3 SSR:      FOID CA HK NI565321****28361348
 4 RMK:
```

```
  5 OSI:
  6 TC:
  7 LKM:      30000
◆NI 1-4<F12>
◆PSS<F12>
        ACCEPTED
◆
```

添加旅客刘洪，并合并到旅客临时记录中：

```
◆N 刘洪
C TEL:43123423
SSR FOID CA HK/NI324321****1027051X/P1
PSS<F12>
  ACCEPTED
◆MER<F12>
 1.张俊 刘洪
 2.TEL:23131265/P1 EL:43123423/P2
 3.FOID CA HK NI565321****28361348/P1
 4.FQTV CA NN1  CA  00003/P1
 5.FOID CA HK NI324321****1027051X/P2
◆
```

为两名旅客订 6 月 15 日北京到广州的航班：

```
◆SD 3Y2
T TL/1000/12JUN/CTU999
@<F12>
CZ3162  Y  Wed  15JUN  PEKCAN  HK2  1005  1310  E
GC7NF3
...常旅客 PNR 记录 OK!
◆
```

屏幕信息显示，航班订座成功。

提取 PNR 记录，查看记录情况：

```
◆RT GC7NF3  <F12>
     **** ELECTRONIC TICKET PNR FOR CRS SYSTEM ****
1.张俊   2.刘洪      GC7NF3
3.CZ3162 Y Wed 15JUN PEKCAN HK2 1005 1310   E
4.C TEL:23131265/P1 EL:43123423/P2
5.TL 1000/14JUN/CTU999
6.SSR: FOID CA HK NI565321****28361348/P1
```

```
7.SSR: FQTV CA NN1  CA  00003/P1
8.SSR: FOID CA HK NI324321****1027051X/P2
9.FC:  PEK CZ CAN 1890.00 YB100 1890.00 CNY 1890.00 END
10.FN:FCNY1890.00/SCNY1890.00/C3.5/TCNY25.00CN/TCNY25.00YQ/ACNY1940.00
11.FP:  CASH,CNY
12.RMK: CZ/S3I6XE
13.CTU999
◆
```

输入刘洪的 VIP 信息：

```
◆OSI CA VIP 重要旅客/P2  <F12>
OSI ....  OK!
◆
```

提取 PNR 记录，查看记录情况：

```
◆RT GC7NF3  <F12>
     **** ELECTRONIC TICKET PNR FOR CRS SYSTEM ****
1.张俊   2.刘洪      GC7NF3
3.CZ3162 Y Wed 15JUN PEKCAN HK2 1005 1310   E
4.CTEL:23131265/P1 EL:43123423/P2
5.TL 1000/14JUN/CTU999
6.OSI: CA VIP 重要旅客/P2
7.SSR: FOID CA HK NI565321****28361348/P1
8.SSR: FQTV CA NN1  CA  00003/P1
9.SSR: FOID CA HK NI324321****1027051X/P2
10.FC:  PEK CZ CAN 1890.00 YB100 1890.00 CNY 1890.00 END
11.FN:FCNY1890.00/SCNY1890.00/C3.5/TCNY25.00CN/TCNY25.00YQ/ACNY1940.00
12.FP:  CASH,CNY
13.RMK: CZ/S3I6XE
14.CTU999
◆
```

电子客票出票：

```
◆ETDZ 1  <F12>
   ACNY 4120.00     ZABBAT
 ELECTRONIC TICKET ISSUED.
◆
```

提取 PNR 记录，查看出票后的记录情况：

```
◆RT GC7NF3  <F12>
```

```
         **** ELECTRONIC TICKET PNR FOR CRS SYSTEM ****
  1.张俊   2.刘洪      GC7NF3
  3.CZ3162 Y Wed 15JUN PEKCAN RR2 1005 1310   E
  4.CTEL:23131265/P1 EL:43123423/P2
  5.T TN/784-6629900014-00015
  6.OSI: CA VIP 重要旅客/P2
  7.SSR: FOID CA HK NI565321****28361348/P1
  8.SSR: FQTV CA NN1  CA  00003/P1
  9.SSR: FOID CA HK NI324321****1027051X/P2
  10.SSR: TKNE CZ HK1 PEKCAN 3162 Y 15JUN 784-66**900014/1/P1
  11.SSR: TKNE CZ HK1 PEKCAN 3162 Y 15JUN 784-66**900015/1/P2
  12.FC:  PEK CZ CAN 1890.00 YB100 1890.00 CNY 1890.00 END
  13.FN:FCNY1890.00/SCNY1890.00/C3.5/TCNY25.00CN/TCNY25.00YQ/ACNY1940.00
  14.FP:  CASH,CNY
  15.RMK: CZ/S3I6XE
  16.CTU999
◆
```

2）在6月14日，旅客办理升为F舱并改期到7月5日的航班。

查询7月5日北京到广州的航班情况：

```
◆AV PEKCAN/05JUL  <F12>
  AV PEKCAN  05JUL  (TUE)
  1.CZ3196  PEKCAN  0840  1145   B738  0  S E DS# F8  YA CA ...
  2.CA1321  PEKCAN  0845  1140   B757  0  S E DS# F8  YA CA ...
  3.CZ3162  PEKCAN  1005  1310   A320  0  L E DS# F8  YA CA ...
  4.CZ3152  PEKCAN  1030  1230   B757  0  L E DS# F8  YA CA ...
  5.CA1315  PEKCAN  1155  1455   B757  0  L E DS# F8  YA CA ...
  6.CZ3102  PEKCAN  1205  1505   A330  0  L E DS# FA  YA CA ...
  7.CZ3106  PEKCAN  1305  1605   B757  0  L E DS# F8  YA CA ...
  8.CZ3104  PEKCAN  1515  1800   B767  0  D E DS# FA  YA CA ++
◆
```

提取6月15日张俊订座记录：

```
◆RT 张俊//15JUN  <F12>
01  张俊  NTU0ZH   CA1610 Y Wed 15JUN CGQPEK RR1 1035 1220
02  张俊  Q0R8P   CA4404 Y Wed 15JUN LXACTU RR1 1030 1215
03  张俊 刘洪  GC7NF3 CZ3162 Y Wed 15JUN PEKCAN RR2 1005 1310
04  张俊 张三  XSIP0H  CA1321 Y Wed 15JUN PEKCAN RR2 0845 1140
◆
```

从记录列表中选择 6 月 15 日张俊、刘洪北京到广州的航班，“RR2”表示两人已经出票。

提取 03 记录：

```
◆RT 03 <F12>
    **** ELECTRONIC TICKET PNR FOR CRS SYSTEM ****
1.张俊   2.刘洪      GC7NF3
3.CZ3162 Y Wed 15JUN PEKCAN RR2 1005 1310   E
4.C TEL:23131265/P1 EL:43123423/P2
5.T TN/784-6629900014-00015
6.OSI: CA VIP 重要旅客/P2
7.SSR: FOID CA HK NI565321****28361348/P1
8.SSR: FQTV CA NN1  CA  00003/P1
9.SSR: FOID CA HK NI324321****1027051X/P2
10.SSR: TKNE CZ HK1 PEKCAN 3162 Y 15JUN 784-6629900014/1/P1
11.SSR: TKNE CZ HK1 PEKCAN 3162 Y 15JUN 784-6629900015/1/P2
12.FC:  PEK CZ CAN 1890.00 YB100 1890.00 CNY 1890.00 END
13.FN:FCNY1890.00/SCNY1890.00/C3.5/TCNY25.00CN/TCNY25.00YQ/ACNY1940.00
14.FP:  CASH,CNY
15.RMK: CZ/S3I6XE
16.CTU999
◆
```

将电子客票换开：

```
◆OI 784-6629900014-00015#CTU <F12>
  ACCEPTED
◆
```

提取 PNR 记录，查看换开后的记录情况：

```
◆RT GC7NF3 <F12>
    **** ELECTRONIC TICKET PNR FOR CRS SYSTEM ****
1.张俊   2.刘洪      GC7NF3
3.CZ3162 Y Wed 15JUN PEKCAN RR2 1005 1310   E
4.C TEL:23131265/P1 EL:43123423/P2
5.TL 1000/14JUN/CTU999
6.OSI: CA VIP 重要旅客/P2
7.SSR: FOID CA HK NI565321****28361348/P1
8.SSR: FQTV CA NN1  CA  00003/P1
9.SSR: FOID CA HK NI324321****1027051X/P2
10.FC:  PEK CZ CAN 1890.00 YB100 1890.00 CNY 1890.00 END
```

```
11.FN:FCNY1890.00/SCNY1890.00/C3.5/TCNY25.00CN/TCNY25.00YQ/ACNY1940.00
12.FP:  CASH,CNY
13.RMK: CZ/S3I6XE
14.OI: 784-6629900014-00015#CTU14Jun11
15.CTU999
◆
```

更换张俊、刘洪所订的航班、日期，舱位等级从 Y 舱升到 F 舱：

```
◆XE 3
SS CZ3162/F/05JUL/PEKCAN/2
@<F12>
CZ3162  F Tue PEKCAN 05JUL
   (CHANGED)
◆
```

屏幕信息显示：航班更改成功。

提取 PNR 记录，查看更改后的记录信息：

```
◆RT GC7NF3 <F12>
    **** ELECTRONIC TICKET PNR FOR CRS SYSTEM ****
1.张俊   2.刘洪      GC7NF3
3.CZ3162 F Wed 15JUN PEKCAN RR2 1005 1310   E
4.C TEL:23131265/P1 EL:43123423/P2
5.TL 1000/14JUN/CTU999
6.OSI:  CA VIP 重要旅客/P2
7.SSR:  FOID CA HK NI565321****28361348/P1
8.SSR:  FQTV CA NN1  CA  00003/P1
9.SSR:  FOID CA HK NI324321****1027051X/P2
10.FC:  PEK CZ CAN 1890.00 FB150 2835.00 CNY 2835.00 END
11.FN:FCNY1890.00/SCNY1890.00/C3.5/TCNY25.00CN/TCNY25.00YQ/ACNY2885.00
12.FP:  CASH,CNY
13.RMK: CZ/S3I6XE
14.OI: 784-66**900014-00015#CTU14Jun11
15.CTU999
◆
```

电子客票出票：

```
◆ETDZ 1  <F12>
   DCNY 1890.00= Fare: 5770.00 - oldfnACNY: 3880.00
   ZABBAT
ELECTRONIC TICKET ISSUED.
◆
```

屏幕信息提示：由于舱位升级，旅客须补票款差价 1890.00 元。

提取 PNR 记录，换开、重新出票后的记录信息：

```
◆RT GC7NF3  <F12>
    **** ELECTRONIC TICKET PNR FOR CRS SYSTEM ****
1.张俊   2.刘洪      GC7NF3
3.CZ3162 F TUE 05JUL PEKCAN RR2 1005 1310   E
4.C TEL:23131265/P1 EL:43123423/P2
5.T TN/784-6629900016-00017
6.OSI: CA VIP 重要旅客/P2
7.SSR: FOID CA HK NI565321****28361348/P1
8.SSR: FQTV CA NN1  CA  00003/P1
9.SSR: FOID CA HK NI324321****1027051X/P2
10.SSR: TKNE CZ HK1 PEKCAN 3162 F 05JUL 784-6629900016/1/P1
11.SSR: TKNE CZ HK1 PEKCAN 3162 F 05JUL 784-6629900017/1/P2
12.FC: PEK CZ CAN 1890.00 FB150 2835.00 CNY 2835.00 END
13.FN:
FCNY2835.00/SCNY2835.00/C3.5/TCNY25.00UT/TCNY25.00BT/ACNY2885.00
14.FP:  CASH,CNY
15.RMK: CZ/S3I6XE
16.OI: 784-6629900014-00015#CTU14Jun
17.CTU999
◆
```

屏幕信息“784-6629900014-00015”为原电子客票票号；“784-6629900016-00017”为新出票的电子客票票号。

查看张俊的电子客票，重新出票后的电子客票票号状态：

```
◆DETR TN/784-6629900016  <F12>
   ISSUED BY: CHINA SOUTH AIRLINE ORG/DST: PEK/CAN ISI:
   TOUR CODE:             CRS_PNRNO: GC7NF3
   PASSENGER: 张俊
   EXCH: 784-6629900014          CONJ TKT:
0 FM 1PEK CZ 3162 F 05JUL 1005 OK Y 20 K 05JUL/05Jan
RL:  S3I6XE                        OPEN FOR USE
  TO 2CAN
FC: PEK CZ CAN 1890.00 FB150 2835.00 CNY 2835.00 END
FARE: CNY 2835.00       FOP:  CASH,CNY
TAX: CNY  170.00         OI:  784-6629900014
TOTAL: CNY 3005.00    TKTN:  784-6629900016
◆
```

打印电子客票旅客行程单：

```
◆DETR I<F12>
◆
```

图 5-10 为旅客张俊重新出票的电子客票行程单。

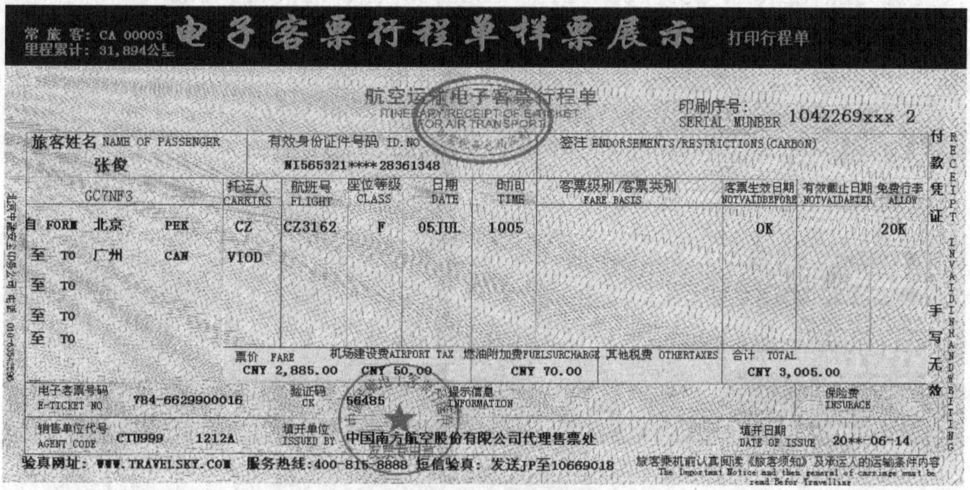

常旅客：CA 00003 电子客票行程单样票展示 打印行程单
里程累计：31,894公里

航空运输电子客票行程单
ITINERARY/RECEIPT OF E-TICKET FOR AIR TRANSPORT

印刷序号：SERIAL NUMBER 1042269xxx 2

旅客姓名 NAME OF PASSENGER			有效身份证件号码 ID. NO				签注 ENDORSEMENTS/RESTRICTIONS (CARBON)			
张俊			NI565321****28361348							
GC7NF3			承运人 CARRIERS	航班号 FLIGHT	座位等级 CLASS	日期 DATE	时间 TIME	客票级别/客票类别 FARE BASIS	客票生效日期 NOTVAIDBEFORE	有效截止日期 NOTVAIDAFTER	免费行李 ALLOW
自 FORM	北京	PEK	CZ	CZ3162	F	05JUL	1005		OK		20K
至 TO	广州	CAN	VIOD								
至 TO											
至 TO											
至 TO											

票价 FARE	机场建设费 AIRPORT TAX	燃油附加费 FUELSURCHARGE	其他税费 OTHERTAXES	合计 TOTAL
CNY 2,885.00	CNY 50.00	CNY 70.00		CNY 3,005.00

电子客票号码 E-TICKET NO 784-6629900016　验证码 CK 56485　提示信息 INFORMATION　保险费 INSURANCE

销售单位代号 AGENT CODE CTU999 1212A　填开单位 ISSUED BY 中国南方航空股份有限公司代理售票处　填开日期 DATE OF ISSUE 20**-06-14

验真网址：WWW.TRAVELSKY.COM 服务热线：400-815-8888 短信验真：发送JP至10669018

旅客乘机前请认真阅读《旅客须知》及承运人的运输条件内容 The Important Notice and then general of carriage must be read Befor Travelling

付款凭证 RECEIPT INVALID IN HANDWRITING 手写无效

图 5-10 张俊的电子客票行程单

查看张俊的电子客票，票号状态：

```
◆DETR TN/784-6629900016  <F12>
  ISSUED BY: CHINA SOUTH AIRLINE ORG/DST: PEK/CAN ISI:
  TOUR CODE:               CRS_PNRNO: GC7NF3
  PASSENGER: 张俊
  EXCH: 784-6629900014            CONJ TKT:
0 FM 1PEK CZ 3162 F 05JUL 1005 OK Y 20 K 05JUL/05Jan
        RL:  S3I6XE                             [USED]
 TO 2CAN
FC: PEK CZ CAN 1890.00 FB150 2835.00 CNY 2835.00 END
FARE: CNY 2835.00        FOP:  CASH,CNY
TAX: CNY  170.00          OI:  784-6629900014
TOTAL: CNY 3005.00     TKTN:  784-6629900016
◆
```

查看刘洪的电子客票，重新出票后的票号状态：

```
◆DETR TN/784-6629900017  <F12>
  ISSUED BY: CHINA SOUTH AIRLINE ORG/DST: PEK/CAN ISI:
  TOUR CODE:               CRS_PNRNO: GC7NF3
```

```
   PASSENGER: 刘洪
   EXCH: 784-6629900015          CONJ TKT:
0 FM 1PEK CZ 3162 F 05JUL 1005 OK Y 20 K 05JUL/05Jan
          RL:  S3I6XE                          OPEN FOR USE
  TO 2CAN
FC: PEK CZ CAN 1890.00 FB150 2835.00 CNY 2835.00 END
FARE: CNY 2835.00         FOP:  CASH,CNY
TAX: CNY  170.00           OI:  784-6629900015
TOTAL: CNY 3005.00        TKTN:  784-6629900016
◆
```

打印刘洪的电子客票行程单：

```
◆DETR I  <F12>
◆
```

图 5-11 为旅客刘洪重新出票后的电子客票行程单。

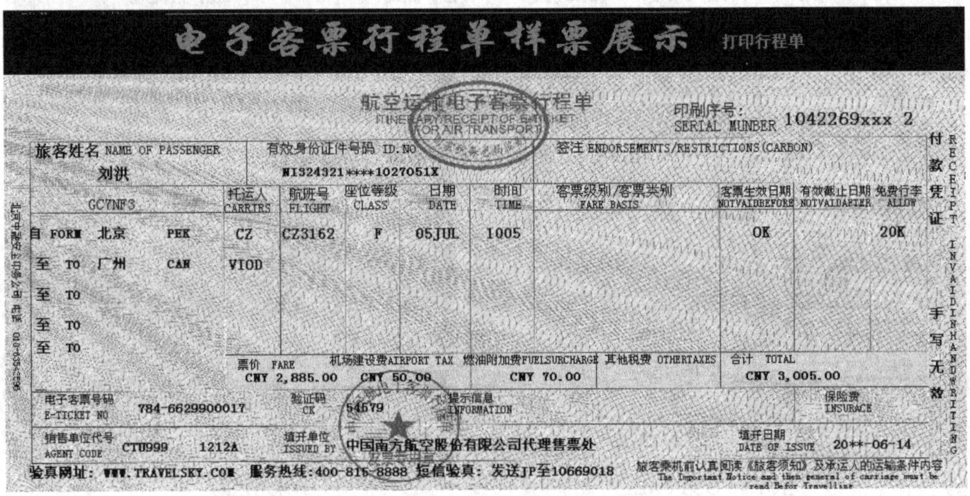
电子客票行程单样票展示 打印行程单

航空运输电子客票行程单 ITINERARY/RECEIPT OF E-TICKET FOR AIR TRANSPORT

印刷序号: SERIAL NUMBER 1042269xxx 2

旅客姓名 NAME OF PASSENGER	有效身份证件号码 ID.NO	签注 ENDORSEMENTS/RESTRICTIONS(CARBON)						
刘洪	NI324321****1027051X							
GC7NF3	承运人 CARRIER	航班号 FLIGHT	座位等级 CLASS	日期 DATE	时间 TIME	客票级别/客票类别 FARE BASIS	客票生效日期 NOTVALIDBEFORE	有效截止日期 NOTVALIDAFTER	免费行李 ALLOW
自 FORM 北京 PEK	CZ	CZ3162	F	05JUL	1005		OK		20K
至 TO 广州 CAN	VIOD								
至 TO									
至 TO									
至 TO									

票价 FARE CNY 2,885.00　机场建设费 AIRPORT TAX CNY 50.00　燃油附加费 FUELSURCHARGE CNY 70.00　其他税费 OTHERTAXES　合计 TOTAL CNY 3,005.00

电子客票号码 E-TICKET NO 784-6629900017　验证码 CK 54579　提示信息 INFORMATION　保险费 INSURANCE

销售单位代号 AGENT CODE CTU999 1212A　填开单位 ISSUED BY 中国南方航空股份有限公司代理售票处　填开日期 DATE OF ISSUE 20**-06-14

验真网址: WWW.TRAVELSKY.COM　服务热线: 400-815-8888　短信验真: 发送JP至10669018

旅客乘机前认真阅读《旅客须知》及承运人的运输条件内容

付款凭证 RECEIPT　手写无效 INVALID HANDWRITING

图 5-11　刘洪的电子客票行程单

查看刘洪的电子客票，在打印电子客票行程单后的票号状态：

```
◆DETR TN/784-6629900017  <F12>
  ISSUED BY: CHINA SOUTH AIRLINE ORG/DST: PEK/CAN ISI:
  TOUR CODE:     CRS_PNRNO: GC7NF3
  PASSENGER: 刘洪
  EXCH: 784-6629900015          CONJ TKT:
0 FM 1PEK CZ 3162 F 05JUL 1005 OK Y 20 K 05JUL/05Jan
     RL:  S3I6XE                            USED
  TO 2CAN
```

```
FC: PEK CZ CAN 1890.00 FB150 2835.00 CNY 2835.00 END
FARE: CNY 2835.00          FOP:  CASH,CNY
TAX: CNY  170.00            OI:  784-6629900015
TOTAL: CNY 3005.00        TKTN:  784-6629900016
◆
```

至此，本任务课目操作完成。

任务检测

旅客李凡（常旅客）和旅客方萌（VIP）8 月 12 日订购天津到广州 8 月 15 日的 Y 舱机票后，8 月 14 日要求办理升为 F 舱并改期到 10 天后的航班。

任务七　非团体旅客订座的分离

实训课目：旅客张丽、王海、刘华、夏凯于 6 月 14 日订购 6 月 15 日北京到广州、6 月 30 日广州到北京的联程机票。6 月 18 日，旅客刘华、夏凯因故将回程日期推后到 7 月 2 日。

操作流程：

1）6 月 14 日，订 6 月 15 日北京到广州、6 月 30 日广州到北京的联程机票。

2）6 月 18 日，办理旅客刘华、夏凯广州到北京推后到 7 月 2 日的回程航班。

课目要求：展示订座过程，出票。

注意：此课目与前面课目的主要区别是，回程航班推后到 7 月 2 日，表示改期发生在旅程中途，因此有退票操作，需要退票后再重新订座。

查询 6 月 15 日北京到广州的航班：

```
◆AV PEKCAN/15JUN  <F12>
 AV PEKCAN  15JUN (WED)
 1.CZ3196  PEKCAN  0840  1145  B738  0  S E DS# F8 YA CA...
 2.CA1321  PEKCAN  0845  1140  B757  0  S E DS# F8 YA CA...
 3.CZ3162  PEKCAN  1005  1310  A320  0  L E DS# F8 YA CA...
 4.CZ3152  PEKCAN  1030  1230  B757  0  L E DS# F8 YA CA...
 5.CA1315  PEKCAN  1155  1455  B757  0  L E DS# F8 YA CA...
 6.CZ3102  PEKCAN  1205  1505  A330  0  L E DS# FA YA CA...
 7.CZ3106  PEKCAN  1305  1605  B757  0  L E DS# F8 YA CA...
 8.CZ3104  PEKCAN  1515  1800  B767  0  D E DS# FA YA CA...
◆
```

订 6 月 15 日北京到广州的 CA1321 航班，舱位等级为 Y 舱，4 名旅客：

```
◆SD 2Y/RR4  <F12>
1.CA1321  Y  Wed  15JUN  PEKCAN  RR4  0845  1140  E
◆
```

查询 6 月 30 日广州到北京的航班：

```
◆AV RA/30JUN  <F12>
 AV CANPEK  30JUN (THU)
 1.CZ3151 CANPEK 0720 0930 B757 0 ^ B E DS# F8 YA CA IA...
 2.CZ3101 CANPEK 1000 1210 A320 0 ^ L E DS# F8 YA CA IA...
 3.CA1322 CANPEK 1255 1610 B757 0 ^ L E DS# F8 YA CA IA...
 4.CA1310 CANPEK 1405 1720 B757 0 ^ S E DS# F8 YA CA IA...
 5.CA1316 CANPEK 1610 1915 B757 0 ^ D E DS# F8 YA CA IA...
 6.CA1302 CANPEK 1955 2255 B757 0 ^ S E DS# F8 YA CA IA...
◆
```

订 6 月 30 日广州到北京的 CA1310 航班，舱位等级为 Y 舱，输入 4 名旅客的姓名，无出票时限（立即出票）：

```
◆SD 4Y/RR4  <F12>
N 1张丽 1王海 1刘华 1夏凯
C TEL:56324420
T
@
CA1321  Y  Wed  15JUN  PEKCAN  RR4  0845  1140  E
CA1310  Y  Thu  30JUN  CANPEK  HK4  1405  1720  E
LHTS76
◆
```

输入 4 名旅客的身份证号码：

```
◆SSR FOID CA RR/NI321341****09211541/P1
SSR FOID CA RR/NI214160****08240212/P2
SSR FOID CA RR/NI610241****04281528/P3
SSR FOID CA RR/NI210134****05291251/P4
@<F12>
SSR ....  OK!
◆
```

提取 PNR 记录，查看订座记录信息：

```
◆RT LHTS76  <F12>
    **** ELECTRONIC TICKET PNR FOR CRS SYSTEM ****
1.张丽   2.王海    3.刘华    4.夏凯       LHTS76
5.CA1321 Y Wed 15JUN PEKCAN RR4 0845 1140   E
6.CA1310 Y Thu 30JUN CANPEK HK4 1405 1720   E
7.C TEL:56324420
8.T
9.SSR: FOID CA RR NI321341****09211541/P1
10.SSR: FOID CA RR NI214160****08240212/P2
11.SSR: FOID CA RR NI610241****04281528/P3
12.SSR: FOID CA RR NI210134****05291251/P4
13.FC:  PEK CA CAN 1890.00 YB100 1890.00 CA PEK 1890.00 YB100
         1890.00 CNY 3780.00 END
14.FN: FCNY3780.00/SCNY3780.00/C3.5/TCNY50.00CN/TCNY50.00YQ/
         ACNY3880.00
15.FP:  CASH,CNY
16.RMK: CA/MAWW72
17.RMK: CA/YREI33
18.CTU999
◆
```

电子客票出票，交款、收款：

```
◆ETDZ 1  <F12>
   ACNY 16480.00        Z4YIUC
 ELECTRONIC TICKET ISSUED.
◆
```

提取PNR记录，查看出票后的信息：

```
◆RT LHTS76  <F12>
    **** ELECTRONIC TICKET PNR FOR CRS SYSTEM ****
1.张丽    2. 王海    3. 刘华    4. 夏凯       LHTS76
5.CA1321 Y Wed 15JUN PEKCAN RR4 0845 1140   E
6.CA1310 Y Thu 30JUN CANPEK RR4 1405 1720   E
7.C  TEL:56324420
8.T TN/999-5529900015-00018
9.SSR: FOID CA RR NI321341****09211541/P1
10.SSR: FOID CA RR NI214160****08240212/P2
11.SSR: FOID CA RR NI610241****04281528/P3
12.SSR: FOID CA RR NI210134****05291251/P4
13.SSR: TKNE CA RR1 PEKCAN 1321 Y 15JUN 999-5529900015/1/P1
```

```
14.SSR: TKNE CA HK1 CANPEK 1310 Y 30JUN 999-5529900015/2/P1
15.SSR: TKNE CA RR1 PEKCAN 1321 Y 15JUN 999-5529900016/1/P2
16.SSR: TKNE CA HK1 CANPEK 1310 Y 30JUN 999-5529900016/2/P2
17.SSR: TKNE CA RR1 PEKCAN 1321 Y 15JUN 999-5529900017/1/P3
18.SSR: TKNE CA HK1 CANPEK 1310 Y 30JUN 999-5529900017/2/P3
19.SSR: TKNE CA RR1 PEKCAN 1321 Y 15JUN 999-5529900018/1/P4
20.SSR: TKNE CA HK1 CANPEK 1310 Y 30JUN 999-5529900018/2/P4
21.FC:  PEK CA CAN 1890.00 YB100 1890.00 CA PEK 1890.00 YB100
         1890.00 CNY 3780.00 END
22.FN: FCNY3780.00/SCNY3780.00/C3.5/TCNY50.00CN/TCNY50.00YQ
         /ACNY3880.00
23.FP:  CASH,CNY
24.RMK: CA/MAWW72
25.RMK: CA/YREI33
26.CTU999
◆
```

至此，订座、出票操作完成。

6 月 18 日，办理旅客刘华、夏凯广州到北京推后到 7 月 2 日的回程航班。下面提取 6 月 30 日刘华等的 PNR 记录：

```
◆RT 刘华//30JUN  <F12>
    **** ELECTRONIC TICKET PNR FOR CRS SYSTEM ****
1.张丽   2.王海   3.刘华   4.夏凯      LHTS76
5.CA1321 Y Wed 15JUN PEKCAN RR4 0845 1140   E
6.CA1310 Y Thu 30JUN CANPEK RR4 1405 1720   E
7.C TEL:56324420
8.T TN/999-5529900015-00018
9.SSR: FOID CA RR NI321341****09211541/P1
10.SSR: FOID CA RR NI214160****08240212/P2
11.SSR: FOID CA RR NI610241****04281528/P3
12.SSR: FOID CA RR NI210134****05291251/P4
13.SSR: TKNE CA RR1 PEKCAN 1321 Y 15JUN 999-5529900015/1/P1
14.SSR: TKNE CA HK1 CANPEK 1310 Y 30JUN 999-5529900015/2/P1
15.SSR: TKNE CA RR1 PEKCAN 1321 Y 15JUN 999-5529900016/1/P2
16.SSR: TKNE CA HK1 CANPEK 1310 Y 30JUN 999-5529900016/2/P2
17.SSR: TKNE CA RR1 PEKCAN 1321 Y 15JUN 999-5529900017/1/P3
18.SSR: TKNE CA HK1 CANPEK 1310 Y 30JUN 999-5529900017/2/P3
19.SSR: TKNE CA RR1 PEKCAN 1321 Y 15JUN 999-5529900018/1/P4
20.SSR: TKNE CA HK1 CANPEK 1310 Y 30JUN 999-5529900018/2/P4
21.FC:  PEK CA CAN 1890.00 YB100 1890.00 CA PEK 1890.00 YB100
```

```
      1890.00 CNY 3780.00 END
22.FN: FCNY3780.00/SCNY3780.00/C3.5/TCNY50.00CN/TCNY50.00YQ
      /ACNY3880.00
23.FP: CASH,CNY
24.RMK: CA/MAWW72
25.RMK: CA/YREI33
26.CTU999
◆
```

查看刘华的电子客票状态：

```
◆DETR TN/999-5529900017  <F12>
ISSUED BY:  INTERNATIONAL AIRLINE ORG/DST: PEK/PEK ISI:
TOUR CODE:                  CRS_PNRNO: LHTS76
PASSENGER: 刘华
EXCH:                            CONJ TKT:
0 FM 1PEK CA 1321 Y 15JUN 0845 OK  Y 20 K 15JUN/15Dec
    RL:  MAWW72                          OPEN FOR USE
0 TO 2CAN CA 1310 Y 30JUN 1405 OK Y 20 K 15JUN/15Dec
    RL:  YREI33                          OPEN FOR USE
  TO 3PEK
FC: PEK CA CAN 1890.00 YB100 1890.00 CA PEK 1890.00 YB100 1890.00 CNY 3780.00
END
FARE: CNY 3780.00         FOP:  CASH,CNY
TAX: CNY  340.00           OI:
TOTAL: CNY 4120.00        TKTN:  999-5529900017
◆
```

退票操作：退去刘华的电子客票第二段航班。

```
◆TRFD A/1/D <F12>
◆
```

退票界面（一）如图 5-12 所示。

在退票界面右下角选择“S”，按 Enter 键，退出界面，表示确定各项退票手续已经完成。

退票界面中字段项含义：REFUND NUMBER（退票序号，系统自动产生序号）；REFUND TYPE（退票航班类型），DEVIC-ID（出票机代码序号）；DATE,TIME,AGENGT,OFFICE（退票的日期、时间、代理人工作号、部门）；A/L CODE,TICKRT No.，CJ.No.,CK（航空公司代码、票号、联票数、航司）；COUPON No.,PSG NAME,FOP（要退票的标志联号、旅客姓名、支付方式）；GROSS REFUND，CURRENCY CODE（票价、货币代码）；TAX，LEES COMMISSION（税款及其种类、手续费）；OTHER DEDUCTION（航

空公司手续费）NET REFUND（净退机票款总数）。要求操作员输入退票的标志联号，将相应的航段置 0；OTHER DEDUCTION（退票费及其他费用）。

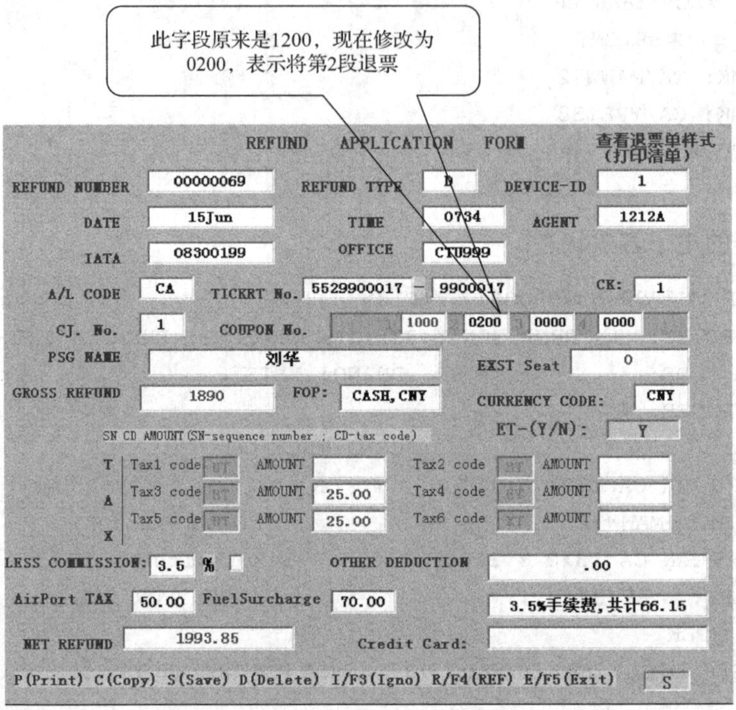

图 5-12 退票界面（一）

其他各个显示项和计算净退机票款总数由系统提供和完成。公式如下：

NET REFUND（净退机票款总数）=GROSS REFUND（票价）+TAXES（税款）
−GROSS REFUND（票价）
×COMM%（手续费百分点）
−OTHER DEDUCTION（退票费及其他费用）

查看刘华的电子客票票号状态：

```
◆DETR TN/999-5529900017  <F12>
ISSUED BY:  INTERNATIONAL AIRLINE ORG/DST: PEK/PEK  ISI:
TOUR CODE:               CRS_PNRNO: LHTS76
PASSENGER: 刘华
EXCH:                        CONJ TKT:
0 FM 1PEK CA 1321 Y 15JUN 0845 OK  Y 20 K 15JUN/15Dec
     RL:  MAWW72                     OPEN FOR USE
0 TO 2CAN CA 1310 Y 30JUN 1405 OK Y 20 K 15JUN/15Dec
     RL:  YREI33                     REFUNDED
```

```
   TO 3PEK
  FC: PEK CA CAN 1890.00 YB100 1890.00 CA PEK 1890.00 YB100 1890.00 CNY 3780.00
END
  FARE: CNY 1890.00      FOP:  CASH,CNY
  TAX: CNY  170.00        OI:
  TOTAL: CNY 2060.00    TKTN:  999-5529900017
  ◆
```

查看 999-5529900018 夏凯的电子客票状态：

```
  ◆DETR TN/999-5529900018  <F12>
  ISSUED BY:  INTERNATIONAL AIRLINE ORG/DST: PEK/PEK ISI:
  TOUR CODE:                CRS_PNRNO: LHTS76
  PASSENGER: 夏凯
  EXCH:                          CONJ TKT:
  0 FM 1PEK CA 1321  Y 15JUN 0845 OK  Y 20 K 15JUN/15Dec
           RL:  MAWW72                    OPEN FOR USE
  0 TO 2CAN CA 1310 Y 30JUN 1405 OK Y 20 K 15JUN/15Dec
           RL:  YREI33                    OPEN FOR USE
   TO 3PEK
  FC: PEK CA CAN 1890.00 YB100 1890.00 CA PEK 1890.00 YB100 1890.00 CNY 3780.00
END
  FARE: CNY 3780.00      FOP:  CASH,CNY
  TAX: CNY  340.00        OI:
  TOTAL: CNY 4120.00    TKTN:  999-5529900018
  ◆
```

退去夏凯的电子客票第二个航段的座位：

```
  ◆TRFD A/1/D <F12>
  ◆
```

退票界面（二）如图 5-13 所示。

要求售票员在退票界面输入的项目：COUPON No.（联票标志联），将相应的航段置为 0；OTHER DEDUCTION（退票费，数字金额）。

其他各个显示项和计算 NET REFUND 由系统提供和完成。公式如下：

NET REFUND（净退机票款总数）=GROSS REFUND（票价）+TAXES（税款）
-GROSS REFUND（票价）
×COMM%（手续费百分点）
-OTHER DEDUCTION（退票费及其他费用）

在退票界面右下角选择“S”，按 Enter 键，退出界面，表示确定各项退票手续、净退机票款已经完成。

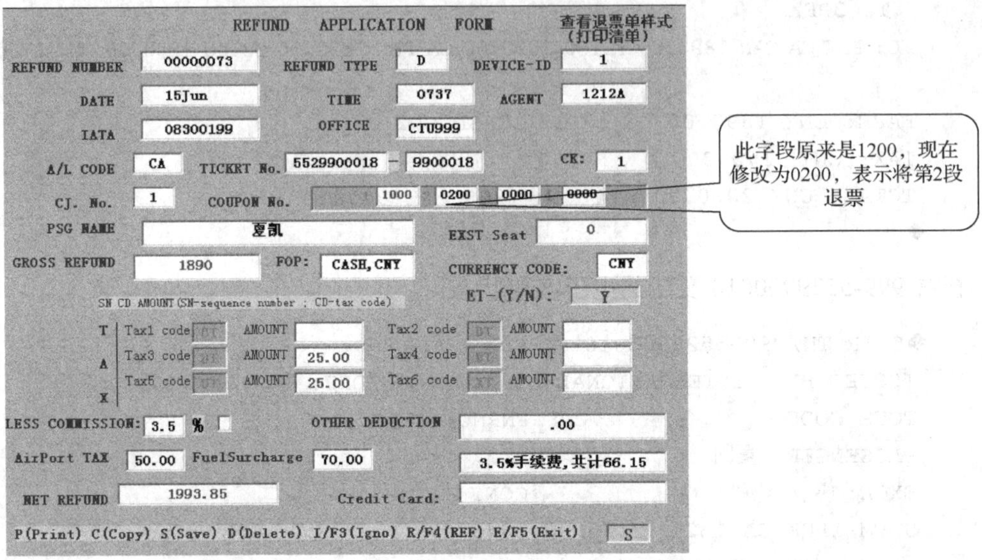

图 5-13　退票界面（二）

查看夏凯的电子客票退票后状态：

```
◆DETR TN/999-5529900018  <F12>
ISSUED BY:  INTERNATIONAL AIRLINE ORG/DST: PEK/PEK  ISI:
TOUR CODE:              CRS_PNRNO: LHTS76
PASSENGER: 夏凯
EXCH:                       CONJ TKT:
0 FM 1PEK CA 1321 Y 15JUN 0845 OK  Y 20 K 15JUN/15Dec
      RL:  MAWW72                      OPEN FOR USE
0 TO 2CAN CA 1310 Y 30JUN 1405 OK Y 20 K 15JUN/15Dec
      RL:  YREI33                      REFUNDED
  TO 3PEK
FC: PEK CA CAN 1890.00 YB100 1890.00 CA PEK 1890.00 YB100 1890.00 CNY 3780.00
END
FARE: CNY  1890.00        FOP:  CASH,CNY
TAX: CNY  170.00           OI:
TOTAL: CNY 2060.00     TKTN:  999-5529900018
◆
```

至此，退票操作完成。

重新订 7 月 2 日广州到北京的航班，查询 7 月 2 日广州到北京的航班情况：

```
◆AV CANPEK/02JUL  <F12>
 AV CANPEK  02JUL  (SAT)
```

```
  1.CZ3151 CANPEK 0720 0930 B757 0 ^ B E DS# F8 YA CA IA...
  2.CZ3101 CANPEK 1000 1210 A320 0 ^ L E DS# F8 YA CA IA...
  3.CA1322 CANPEK 1255 1610 B757 0 ^ L E DS# F8 YA CA IA...
  4.CA1310 CANPEK 1405 1720 B757 0 ^ S E DS# F8 YA CA IA...
  5.CA1316 CANPEK 1610 1915 B757 0 ^ D E DS# F8 YA CA IA...
  6.CA1302 CANPEK 1955 2255 B757 0 ^ S E DS# F8 YA CA IA...
◆
```

预订广州到北京的CA1322航班，舱位等级为Y舱，2名旅客：

```
◆SD 3Y2
N 刘华 夏凯
C TEL:56324420
T TL/1200/01JUL
@<F12>
CA1322  Y  Sat  02JUL  CANPEK  HK2  1255  1610  E
HDDQRZ
◆
```

输入刘华、夏凯的身份证号码：

```
◆SSR FOID CA RR/NI610241****04281528/P1
SSR FOID CA RR/NI210134****05291251/P2
@<F12>
SSR .... OK
◆
```

提取PNR记录，查看订座记录信息：

```
◆RT HDDQRZ  <F12>
    **** ELECTRONIC TICKET PNR FOR CRS SYSTEM ****
1.刘华   2.夏凯      HDDQRZ
3.CA1322 Y Sat 02JUL CANPEK HK2 1255 1610  E
4.C TEL:56324420
5.TL 1200/01JUL/CTU999
6.SSR: FOID CA RR NI610241****04281528/P1
7.SSR: FOID CA RR NI210134****05291251/P2
8.FC:  CAN CA PEK 1890.00 YB100 1890.00 CNY 1890.00 END
9.FN:
FCNY1890.00/SCNY1890.00/C3.5/TCNY25.00CN/TCNY25.00YQ
    /ACNY1940.00
10.FP:  CASH,CNY
11.RMK: CA/YKZ4EE
```

```
12.CTU999
◆
```

电子客票出票，交款：

```
◆ETDZ 1  <F12>
  ACNY 4120.00      HXXPPR
 ELECTRONIC TICKET ISSUED.
◆
```

提取 PNR 记录，查看电子客票出票信息：

```
◆RT HDDQRZ  <F12>
    **** ELECTRONIC TICKET PNR FOR CRS SYSTEM ****
1. 刘华   2.夏凯      HDDQRZ
3.CA1322 Y Sat 02JUL CANPEK RR2 1255 1610   E
4.C TEL:56324420
5.T TN/999-5529900019-00020
6.SSR: FOID CA RR NI610241****04281528/P1
7.SSR: FOID CA RR NI210134****05291251/P2
8.SSR: TKNE CA HK1 CANPEK 1322 Y 02JUL 999-5529900019/1/P1
9.SSR: TKNE CA HK1 CANPEK 1322 Y 02JUL 999-5529900020/1/P2
10.FC:  CAN CA PEK 1890.00 YB100 1890.00 CNY 1890.00 END
11.FN:
FCNY1890.00/SCNY1890.00/C3.5/TCNY25.00CN/TCNY25.00YQ/ACNY1940.00
12.FP:  CASH,CNY
13.RMK: CA/YKZ4EE
14.CTU999
◆
```

查看刘华的电子客票状态信息：

```
◆DETR TN/999-5529900019  <F12>
  ISSUED BY:  INTERNATIONAL AIRLINE ORG/DST: CAN/PEK ISI:
  TOUR CODE:              CRS_PNRNO: HDDQRZ
  PASSENGER: 刘华
  EXCH:                             CONJ TKT:
 0 FM 1CAN CA 1322 Y 02JUL 1255 OK Y 20 K 02JUL/02Jan
        RL:  YKZ4EE                        OPEN FOR USE
  TO 2PEK
 FC: CAN CA PEK 1890.00 YB100 1890.00 CNY 1890.00 END
   FARE: CNY 1890.00       FOP:  CASH,CNY
   TAX: CNY  170.00          OI:
```

```
   TOTAL: CNY 2060.00    TKTN:  999-5529900019
◆
```

查看夏凯的电子客票信息：

```
◆DETR TN/999-5529900020  <F12>
  ISSUED BY:  INTERNATIONAL AIRLINE  ORG/DST: CAN/PEK ISI:
  TOUR CODE:              CRS_PNRNO: HDDQRZ
  PASSENGER: 夏凯
  EXCH:                               CONJ TKT:
0 FM 1CAN CA 1322 Y 02JUL 1255 OK Y 20 K 02JUL/02Jan
        RL:  YKZ4EE                       OPEN FOR USE
  TO 2PEK
FC: CAN CA PEK 1890.00 YB100 1890.00 CNY 1890.00 END
    FARE: CNY 1890.00       FOP:  CASH,CNY
    TAX: CNY  170.00         OI:
    TOTAL: CNY 2060.00     TKTN:  999-5529900019
◆
```

至此，本任务课目操作完成。

任务检测

旅客张三、李四、王五、黄六订购6月6日西安到海口、6月18日海口到西安的联程机票。6月13日，旅客王五、黄六因故将回程日期推后到6月23日。

任务八　折扣机票的座位订购

实训课目：旅客江华、罗如海订购6月19日北京到广州的F舱8折机票（广州到海口是乘船旅行），7月8日海口到北京的Y舱6.5折机票。

课目要求：展示订座过程，出票、打印行程单。

操作流程：

查询6月19日北京到广州的航班座位：

```
◆AV PEKCAN/19JUN  <F12>
 AV PEKCAN  19JUN  (SUN)
 1.CZ3196  PEKCAN  0840  1145   B738  0  S E DS# F8 YA CA ...
 2.CA1321  PEKCAN  0845  1140   B757  0  S E DS# F8 YA CA ...
 3.CZ3162  PEKCAN  1005  1310   A320  0  L E DS# F8 YA CA ...
```

```
 4.CZ3152  PEKCAN  1030  1230  B757  0  L E DS# F8 YA CA ...
 5.CA1315  PEKCAN  1155  1455  B757  0  L E DS# F8 YA CA ...
 6.CZ3102  PEKCAN  1205  1505  A330  0  L E DS# FA YA CA ...
 7.CZ3106  PEKCAN  1305  1605  B757  0  L E DS# F8 YA CA ...
 8.CZ3104  PEKCAN  1515  1800  B767  0  D E DS# FA YA CA...
◆
```

订北京到广州的航班座位：

```
◆SD 1Y2  <F12>
1.CZ3196  Y  Sun  19JUN  PEKCAN  HK2  0840  1145  E
◆
```

查询7月8日海口到北京的航班座位（广州到海口是乘船旅行）：

```
◆AV HAKPEK/08JUL  <F12>
 AV HAKPEK  08JUL (FRI)
 1.CA1356 HAKPEK 2100  0015  B757 0 ^ S E AS# F8 YA CA...
 2......
◆
```

订海口到北京的航班座位：

```
◆SD 1Y/RR2
N 江华 罗如海
C TEL:34324402
T
@<F12>
CZ3196  Y  Sun  19JUN  PEKCAN  HK2  0840  1145  E
CA1356  Y  Fri  08JUL  HAKPEK  HK2  2100  0015  E
LIJKUZ
◆
```

输入身份证号码：

```
◆SSR FOID CA RR/NI510123****08213258/P1
SSR FOID CA RR/NI510123****08213257/P2
@<F12>
SSR .... OK!
◆
```

提取PNR记录，查看订座信息：

```
◆RT LIJKUZ  <F12>
     **** ELECTRONIC TICKET PNR FOR CRS SYSTEM ****
```

```
1.江华  2.罗如海     LIJKUZ
3.CZ3196 F Sun 19JUN PEKCAN HK2 0840 1145   E
4.CA1356 Y Fri 08JUL HAKPEK HK2 2100 0015   E
5.C TEL:34324402
6.T
7.SSR: FOID CA RR NI510123****08213258/P1
8.SSR: FOID CA RR NI510123****08213257/P2
9.FC:  PEK CZ CAN 1890.00 FB150 2835.00 HAK CA PEK 2300.00
          YB100 2300.00 CNY 5135.00 END
10.FN:  CNY5135.00/SCNY5135.00/C3.5/TCNY50.00CN/TCNY50.00YQ
               /ACNY5235.00
11.FP:  CASH,CNY
12.RMK: CZ/S7UF9D
13.RMK: CA/PWV3KQ
14.CTU999
◆
```

输入航段价格的折扣百分数。FB80 表示 F 舱位 8 折，YB65 表示 Y 舱位 6.5 折：

```
◆FC PEK CZ CAN FB80 HAK CA PEK YB65 CNY 00 END
@<F12>
◆
```

再提取 PNR 记录，查看订座信息：

```
◆RT LIJKUZ  <F12>
     **** ELECTRONIC TICKET PNR FOR CRS SYSTEM ****
1.江华  2.罗如海     LIJKUZ
3.CZ3196 F Sun 19JUN PEKCAN HK2 0840 1145   E
4.CA1356 Y Fri 08JUL HAKPEK HK2 2100 0015   E
5.C TEL:34324402
6.T
7.SSR: FOID CA RR NI513242****08213258/P1
8.SSR: FOID CA RR NI561324****09272137/P2
9.FC:  PEK CZ CAN 2835.00 FB80 2268.00 HAK CA PEK 2300.00
          YB65 1495.00 CNY 3763.00 END
10.FN:  CNY3763.00/SCNY3763.00/C3.5/TCNY50.00CN/TCNY50.00YQ
               /ACNY3863.00
11.FP:  CASH,CNY
12.RMK: CZ/S7UF9D
13.RMK: CA/PWV3KQ
14.EI: 打折机票,不得签转/2
```

```
15.CTU999
◆
```

出票、打印旅客行程单：

```
◆ETDZ 1  <F12>
    ACNY 8206.00    LIJKUZ
ELECTRONIC TICKET ISSUED.
◆
```

图 5-14 为旅客江华折扣机票的电子客票行程单。

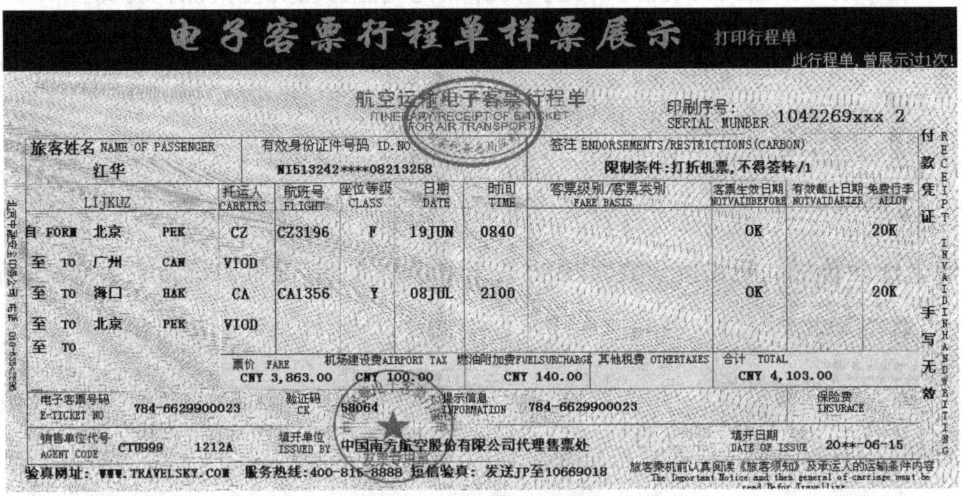

图 5-14　江华折扣机票的电子客票行程单

注：由于该机票为 Y 舱 6.5 折，在电子客票行程单上就有“打折机票，不得签转”的限制条件。

至此，本任务课目操作完成。

任务检测

旅客范海、罗天订购 5 月 7 日哈尔滨到广州的 F 舱 8 折机票（广州到海口是乘船旅行），5 月 11 日海口到哈尔滨的 Y 舱 6 折机票。

任务九　婴儿票的非全程订座

实训课目：旅客李贵、王芳订购 6 月 16 日北京到广州 8.5 折，6 月 18 日广州到北京6.5折（回程带一名婴儿）的Y舱联程机票后，由于某种原因将回程广州到北京从Y舱换到F舱，同时需要提供婴儿餐食。

课目要求：展示订座过程，出票、打印行程单。

查询6月16日北京到广州的航班座位：

```
◆AV PEKCAN/16JUN  <F12>
 AV PEKCAN 16JUN (THU)
 1.CZ3196  PEKCAN  0840  1145   B738  0  S E DS# F8 YA CA...
 2.CA1321  PEKCAN  0845  1140   B757  0  S E DS# F8 YA CA...
 3.CZ3162  PEKCAN  1005  1310   A320  0  L E DS# F8 YA CA...
 4.CZ3152  PEKCAN  1030  1230   B757  0  L E DS# F8 YA CA...
 5.CA1315  PEKCAN  1155  1455   B757  0  L E DS# F8 YA CA...
 6.CZ3102  PEKCAN  1205  1505   A330  0  L E DS# FA YA CA...
 7.CZ3106  PEKCAN  1305  1605   B757  0  L E DS# F8 YA CA...
 8.CZ3104  PEKCAN  1515  1800   B767  0  D E DS# FA YA CA...
◆
```

订北京到广州的航班座位：

```
◆SD 2Y2  <F12>
1.CA1321  Y  Thu  16JUN  PEKCAN  HK2  0845  1140  E
◆
```

查询6月18日广州到北京的航班座位：

```
◆AV CANPEK/18JUN<F12>
 AV CANPEK  18JUN  (SAT)
 1.CZ3151 CANPEK 0720 0930 B757 0 ^ B E DS# F8 YA CA IA...
 2.CZ3101 CANPEK 1000 1210 A320 0 ^ L E DS# F8 YA CA IA...
 3.CA1322 CANPEK 1255 1610 B757 0 ^ L E DS# F8 YA CA IA...
 4.CA1310 CANPEK 1405 1720 B757 0 ^ S E DS# F8 YA CA IA...
 5.CA1316 CANPEK 1610 1915 B757 0 ^ D E DS# F8 YA CA IA...
 6.CA1302 CANPEK 1955 2255 B757 0 ^ S E DS# F8 YA CA IA...
◆
```

订广州到北京的航班座位：

```
◆SD 3Y2
N 李贵 王芳
C TEL:3245120
T TL/1600/14JUN/CTU999
@<F12>
CA1321  Y  Thu  16JUN  PEKCAN  HK2  0845  1140  E
```

```
CA1322  Y  Sat  18JUN  CANPEK  HK2  1255  1610  E
GEBPJN
◆
```

输入身份证号码：

```
◆SSR FOID CA HK/NI210562****0615215x/P1
SSR FOID CA HK/NI203145****0918412x/P2
@<F12>
SSR ....  OK!
◆
```

提取 PNR 记录，查看订座信息：

```
◆RT GEBPJN <F12>
     **** ELECTRONIC TICKET PNR FOR CRS SYSTEM ****
1.李贵  2.王芳     GEBPJN
3.CA1321 Y Thu 16JUN PEKCAN HK2 0845 1140   E
4.CA1322 Y Sat 18JUN CANPEK HK2 1255 1610   E
5.C TEL:3245120
6.TL 1600/15JUN/CTU999
7.SSR: FOID CA HK NI210562****0615215X/P1
8.SSR: FOID CA HK NI203145****0918412X/P2
9.FC:  PEK CA CAN 1890.00 YB100 1890.00 CA PEK 1890.00 YB100 1890.00
CNY 3780.00 END
10.FN:  FCNY3780.00/SCNY3780.00/C3.5/TCNY50.00CN/TCNY50.00YQ/ACNY
3880.00
11.FP:  CASH,CNY
12.RMK: CA/XVF05Y
13.RMK: CA/XYJ8X3
14.CTU999
◆
```

更换李贵、王芳所订的第二段航班，舱位等级从 Y 舱升到 F 舱。

```
◆XE 4
SS CA1322/F/18JUN/CANPEK/2
@<F12>
CA1322  F Sat CANPEK 18JUN
   (CHANGED)
◆
```

屏幕信息显示：航班更改成功。

提取 PNR 记录，查看更改后的记录信息：

```
◆RT GEBPJN <F12>
    **** ELECTRONIC TICKET PNR FOR CRS SYSTEM ****
1.李贵  2.王芳     GEBPJN
3.CA1321 Y Thu 16JUN PEKCAN HK2 0845 1140   E
4.CA1322 F Sat 18JUN CANPEK HK2 1255 1610   E
5.C TEL:3245120
6.TL 1600/15JUN/CTU999
7.SSR: FOID CA HK NI210562****0615215X/P1
8.SSR: FOID CA HK NI203145****0918412X/P2
9.FC:  PEK CA CAN 1890.00 YB100 1890.00 CA PEK 1890.00 FB150 2835.00
CNY 4725.00 END
10.FN:
FCNY4725.00/SCNY4725.00/C3.5/TCNY50.00UT/TCNY50.00BT/ACNY4825.00
11.FP:  CASH,CNY
12.RMK: CA/XVF05Y
13.RMK: CA/XYJ8X3
14.CTU999
◆
```

输入票价的折扣百分数，YB85 表示 Y 舱位 8.5 折，FB65 表示 F 舱位 6.5 折：

```
◆FC PEK CA CAN YB85 CA PEK FB65 CNY 00 END
@ <F12>
◆
```

提取 PNR 记录，查看票价折扣情况：

```
◆RT GEBPJN <F12>
    **** ELECTRONIC TICKET PNR FOR CRS SYSTEM ****
1.李贵  2.王芳     GEBPJN
3.CA1321 Y Thu 16JUN PEKCAN HK2 0845 1140   E
4.CA1322 F Sat 18JUN CANPEK HK2 1255 1610   E
5.C TEL:3245120
6.TL 1600/15JUN/CTU999
7.SSR: FOID CA HK NI210562****0615215X/P1
8.SSR: FOID CA HK NI203145****0918412X/P2
9.FC:  PEK CA CAN 1890.00 YB85 1606.00 CA PEK 2835.00
                     FB65 1842.00 CNY 3448.00 END
10.FN:
```

```
FCNY4725.00/SCNY3448.00/C3.5/TCNY100.00CN/TCNY140.00YQ
                                    /ACNY3688.00
11.FP:  CASH,CNY
12.RMK: CA/XVF05Y
13.RMK: CA/XYJ8X3
14.EI:打折机票,不得签转/2
15.CTU999
◆
```

出票，打印旅客行程单：

```
◆ETDZ 1  <F12>
   ACNY 7376.00        GEBPJN
 ELECTRONIC TICKET ISSUED.
◆
```

提取李贵的 PNR 记录：

```
◆RT 李贵//18JUN  <F12>
     **** ELECTRONIC TICKET PNR FOR CRS SYSTEM ****
1.李贵   2.王芳      GEBPJN
3.CA1321 Y Thu 16JUN PEKCAN RR2 0845 1140   E
4.CA1322 F Sat 18JUN CANPEK RR2 1255 1610   E
5.C TEL:3245120
6.T TN/999-5529900022-00023
7.SSR: FOID CA HK NI210562****0615215X/P1
8.SSR: FOID CA HK NI203145****0918412X/P2
9.SSR: TKNE CA HK1 PEKCAN 1321 Y 16JUN 999-5529900022/1/P1
10.SSR: TKNE CA HK1 CANPEK 1322 F 18JUN 999-5529900022/2/P1
11.SSR: TKNE CA HK1 PEKCAN 1321 Y 16JUN 999-5529900023/1/P2
12.SSR: TKNE CA HK1 CANPEK 1322 F 18JUN 999-5529900023/2/P2
13.FC:  PEK CA CAN 1890.00 YB85 1606.00 CA PEK 2835.00
                 FB65 1842.00 CNY 3448.00 END
14.FN:
FCNY4725.00/SCNY3448.00/C3.5/TCNY100.00CN/TCNY140.00YQ
                              /ACNY3688.00
15.FP:  CASH,CNY
16.RMK: CA/XVF05Y
17.RMK: CA/XYJ8X3
18.EI: 打折机票,不得签转/2
19.CTU999
◆
```

出票后，再添加婴儿信息。

输入婴儿姓名：

```
◆XN IN/李明 INF(8MTHS)/4/P2
@<F12>
 CNY 184.00    GEBPJN
 XN .... OK
◆
```

屏幕信息显示：添加婴儿信息后应补收婴儿的票价 CNY 184.00。

输入婴儿旅客的特殊餐食需要：

```
◆SSR BBML CA NN1 需要婴儿餐食/P2/3<F12>
SSR .... OK!
◆
```

提取 PNR 记录，查看订座信息：

```
◆RT GEBPJN  <F12>
     **** ELECTRONIC TICKET PNR FOR CRS SYSTEM ****
1.李贵  2.王芳      GEBPJN
3.CA1321 Y Thu 16JUN PEKCAN RR2 0845 1140   E
4.CA1322 F Sat 18JUN CANPEK RR2 1255 1610   E
5.C TEL:3245120
6.T TN/999-5529900022-00023
7.SSR: FOID CA HK NI210562****0615215X/P1
8.SSR: FOID CA HK NI203145****0918412X/P2
9.SSR: BBML CA NN1 需要婴儿餐食/P2/4
10.SSR: TKNE CA HK1 PEKCAN 1321 Y 16JUN 999-5529900022/1/P1
11.SSR: TKNE CA HK1 CANPEK 1322 F 18JUN 999-5529900022/2/P1
12.SSR: TKNE CA HK1 PEKCAN 1321 Y 16JUN 999-5529900023/1/P2
13.SSR: TKNE CA HK1 CANPEK 1322 F 18JUN 999-5529900023/2/P2
14.FC:  PEK CA CAN 1890.00 YB85 1606.00 CA PEK 2835.00 FB65 1842.00 CNY
3448.00 END
15.FN:
FCNY3448.00/SCNY3448.00/C3.5/TCNY50.00CN/TCNY50.00YQ/ACNY3548.00
16.FN:
F/IN/CNY184.00/SCNY184.00/C0.00/TEXEMPTCN/TEXEMPTYQ/ACNY184.00/P2
17.FP:  CASH,CNY
18.RMK: CA/XVF05Y
19.RMK: CA/XYJ8X3
20.XN:  IN/李明 INF(8MTHS)/4/P2
```

```
21.EI:不得签转/2
22.CTU999
◆
```

提取李贵的电子客票，查看电子客票的状态：

```
◆DETR TN/999-5529900022  <F12>
 ISSUED BY:  INTERNATIONAL AIRLINE  ORG/DST: PEK/PEK ISI:
 TOUR CODE:                  CRS_PNRNO: GEBPJN
PASSENGER: 李贵
 EXCH:                          CONJ TKT:
 O FM 1PEK CA 1321 Y 16JUN 0845 OK Y 20 K 16JUN/16Dec
          RL:  XVF05Y                        OPEN FOR USE
 O TO 2CAN CA 1322 F 18JUN 1255 OK Y 20 K 16JUN/16Dec
          RL:  XYJ8X3                        OPEN FOR USE
   TO 3PEK
 FC: PEK CA CAN 1890.00 YB85 1606.00 CA PEK 2835.00 FB65 1842.00 CNY 3448.00
END
FARE: CNY 3448.00              FOP:  CASH,CNY
TAX: CNY  340.00                OI:
TOTAL: CNY 3788.00            TKTN:  999-5529900022
◆
```

提取王芳的电子客票，查看电子客票的状态：

```
◆DETR TN/999-5529900023  <F12>
 ISSUED BY:  INTERNATIONAL AIRLINE  ORG/DST: PEK/PEK ISI:
 TOUR CODE:                  CRS_PNRNO: GEBPJN
PASSENGER: 王芳  李明 INF(8MTHS)
 EXCH:                          CONJ TKT:
 O FM 1PEK CA 1321 Y 16JUN 0845 OK Y 20 K 16JUN/16Dec
          RL:  XVF05Y                        OPEN FOR USE
 O TO 2CAN CA 1322 F 18JUN 1255 OK Y 20 K 16JUN/16Dec
          RL:  XYJ8X3                        OPEN FOR USE
   TO 3PEK
 FC: PEK CA CAN 1890.00 YB85 1606.00 CA PEK 2835.00 FB65 1842.00 CNY 3448.00
END
FARE: CNY 3632.00 (XN_Fare 184.00)   FOP:  CASH,CNY
TAX: CNY  340.00                       OI:
TOTAL: CNY 3972.00                  TKTN:  999-5529900023
◆
```

打印王芳的电子客票行程单：

◆ DETR I <F12>
◆

图 5-15 为旅客王芳的电子客票行程单。

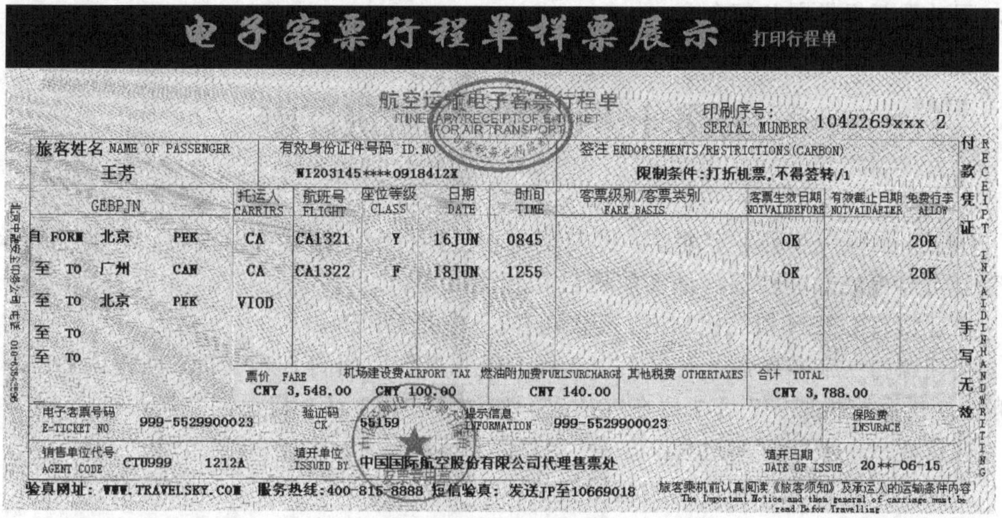
电子客票行程单样票展示 打印行程单

航空运输电子客票行程单 ITINERARY/RECEIPT OF E-TICKET FOR AIR TRANSPORT

印刷序号: SERIAL MUNBER 1042269xxx 2

旅客姓名 NAME OF PASSENGER 王芳 | 有效身份证件号码 ID.NO WI203145****0918412X | 签注 ENDORSEMENTS/RESTRICTIONS(CARBON) 限制条件:打折机票,不得签转/1

GEBPJN

		托运人 CARRIRS	航班号 FLIGHT	座位等级 CLASS	日期 DATE	时间 TIME	客票级别/客票类别 FARE BASIS	客票生效日期 NOTVAIDBEFORE	有效截止日期 NOTVAIDAFTER	免费行李 ALLOW
自 FORM	北京 PEK	CA	CA1321	Y	16JUN	0845		OK		20K
至 TO	广州 CAN	CA	CA1322	F	18JUN	1255		OK		20K
至 TO	北京 PEK	VIOD								
至 TO										
至 TO										

票价 FARE CNY 3,548.00 | 机场建设费 AIRPORT TAX CNY 100.00 | 燃油附加费 FUELSURCHARGE CNY 140.00 | 其他税费 OTHERTAXES | 合计 TOTAL CNY 3,788.00

电子客票号码 E-TICKET NO 999-5529900023 | 验证码 CK 55159 | 提示信息 INFORMATION 999-5529900023 | 保险费 INSURACE

销售单位代号 AGENT CODE CTU999 1212A | 填开单位 ISSUED BY 中国国际航空股份有限公司代理售票处 | 填开日期 DATE OF ISSUE 20**-06-15

验真网址: WWW.TRAVELSKY.COM 服务热线:400-815-8888 短信验真: 发送JP至10669018 旅客乘机前认真阅读《旅客须知》及承运人的运输条件内容 The Important Notice and then general of carriage must be read Befor Travelling

付款凭证 RECEIPT 手写无效 INVALID HANDWRITING

图 5-15 王芳的电子客票行程单

图 5-16 为婴儿李明的电子客票行程单。

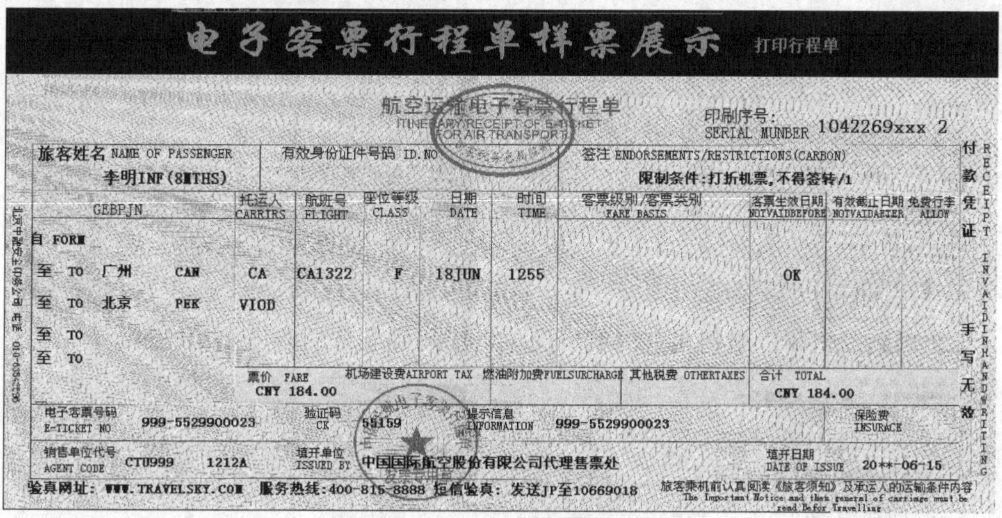
电子客票行程单样票展示 打印行程单

航空运输电子客票行程单 ITINERARY/RECEIPT OF E-TICKET FOR AIR TRANSPORT

印刷序号: SERIAL MUNBER 1042269xxx 2

旅客姓名 NAME OF PASSENGER 李明INF(8MTHS) | 有效身份证件号码 ID.NO | 签注 ENDORSEMENTS/RESTRICTIONS(CARBON) 限制条件:打折机票,不得签转/1

GEBPJN

		托运人 CARRIRS	航班号 FLIGHT	座位等级 CLASS	日期 DATE	时间 TIME	客票级别/客票类别 FARE BASIS	客票生效日期 NOTVAIDBEFORE	有效截止日期 NOTVAIDAFTER	免费行李 ALLOW
自 FORM										
至 TO	广州 CAN	CA	CA1322	F	18JUN	1255		OK		
至 TO	北京 PEK	VIOD								
至 TO										
至 TO										

票价 FARE CNY 184.00 | 机场建设费 AIRPORT TAX | 燃油附加费 FUELSURCHARGE | 其他税费 OTHERTAXES | 合计 TOTAL CNY 184.00

电子客票号码 E-TICKET NO 999-5529900023 | 验证码 CK 55159 | 提示信息 INFORMATION 999-5529900023 | 保险费 INSURACE

销售单位代号 AGENT CODE CTU999 1212A | 填开单位 ISSUED BY 中国国际航空股份有限公司代理售票处 | 填开日期 DATE OF ISSUE 20**-06-15

验真网址: WWW.TRAVELSKY.COM 服务热线:400-815-8888 短信验真: 发送JP至10669018 旅客乘机前认真阅读《旅客须知》及承运人的运输条件内容 The Important Notice and then general of carriage must be read Befor Travelling

付款凭证 RECEIPT 手写无效 INVALID HANDWRITING

图 5-16 婴儿李明的电子客票行程单

至此，本任务课目操作完成。

任务检测

旅客李成、王曼订购9月17日南京到深圳8折，9月23日深圳到南京6折（回程带一名婴儿）的Y舱联程机票后，由于某种原因将回程深圳到南京的机票从Y舱换到F舱，同时需要提供婴儿餐食。

任务十　OPEN票航班订座

OPEN票称为航班不定期票，即航班号、日期待定。旅客可以根据旅行情况到承运航空公司办事处办理转签，证实航班号和起飞日期。

在订带有OPEN票的机票时，起始航段不能是OPEN。

实训课目：旅客高强、王双订购7月1日北京到广州的F舱9折，回程为OPEN的Y舱7.5折联程机票。7月7日在广州进行座位证实，7月8日返回北京。

课目要求：展示订座过程，出票、打印行程单。

查询7月1日北京到广州的航班座位：

```
◆AV PEKCAN/01JUL  <F12>
 AV PEKCAN  01JUL (FRI)
 1.CZ3196  PEKCAN  0840  1145   B738  0  S E DS# F8 YA CA ...
 2.CA1321  PEKCAN  0845  1140   B757  0  S E DS# F8 YA CA ...
 3.CZ3162  PEKCAN  1005  1310   A320  0  L E DS# F8 YA CA ...
 4.CZ3152  PEKCAN  1030  1230   B757  0  L E DS# F8 YA CA ...
 5.CA1315  PEKCAN  1155  1455   B757  0  L E DS# F8 YA CA ...
 6.CZ3102  PEKCAN  1205  1505   A330  0  L E DS# FA YA CA ...
 7.CZ3106  PEKCAN  1305  1605   B757  0  L E DS# F8 YA CA ...
 8.CZ3104  PEKCAN  1515  1800   B767  0  D E DS# FA YA CA...
◆
```

订北京到广州和广州到北京的航班座位，广州到北京的航班是OPEN：

```
◆SD 3F2  <F12>
1.CZ3162  F  Fri  01JUL  PEKCAN  HK2  1005  1310  E
◆SN CZ/Y/CANPEK
N 高强 王双
C TEL:33240862
T TL/1300/30JUN/CTU999
@ <F12>
CZ3162  F  Fri  01JUL  PEKCAN  HK2  1005  1310  E
```

```
CZOPEN  Y  xxx  ddmmm  CANPEK  HK2  0000  0000  E
H6Q04P
◆
```

输入身份证号码，使用 PAT 指令自动计算票价：

```
◆SSR FOID CZ HK NI532144****08251617/P1
SSR FOID CZ HK/ NI221234****09262152/P2
@<F12>
SSR ....  OK!
◆PAT
    CZ3162 F Fri 01JUL PEKCAN HK2 1005 1310    A333 S 0 R E
     T1 T2   OP-MU3468
    CZOPEN Y xxx ddmmm CANPEK HK2     E
    FC    PEK CZ CAN 1793.00 YB150 2690.00 CZ PEK 1800.00 YB100
               1800.00 CNY 4490.00 END
    FN  FCNY3593.00/SCNY4490.00/C3.5/XCNY240.00/TCNY100.00CN
                            /TCNY140.00YQ/ACNY4730.00
    FP   CASH,CNY
    PAT Auto Count Fare. ??
    PAT Auto Count Fare. Ok !!
```

提取 PNR 记录，查看订座信息：

```
◆RT BDD91Y <F12>
     **** ELECTRONIC TICKET PNR FOR CRS SYSTEM ****
1.高强   2. 王双      BDD91Y
3.CZ3162 F Fri 01JUL PEKCAN HK2 1005 1310   E
4.CZOPEN Y xxx ddmmm CANPEK HK2    E
5.C TEL:33240862
6.TL 1300/30JUN/CTU999
7.SSR: FOID CZ HK NI532144****08251617/P1
8.SSR: FOID CZ HK NI221234****09262152/P2
9.FC:  PEK CZ CAN 1793.00 YB150 2690.00 CZ PEK 1800.00 YB100
          1800.00 CNY 4490.00 END
10.FN:  FCNY3593.00/SCNY4490.00/C3.5/XCNY240.00/TCNY100.00CN
              /TCNY140.00YQ/ACNY4730.00
11.FP:  CASH,CNY
12.RMK: CZ/NCBTU8
13.RMK: CZ/M4FXDN
14.CTU999
◆
```

输入折扣票价的百分数，FB90 表示 F 舱位 9 折，YB75 表示 Y 舱位 7.5 折：

```
◆FC PEK CZ CAN FB90 CZ PEK YB75 CNY 00 END
@<F12>
◆FC PEK CZ CAN FB90 CZ PEK YB75 CNY 00 END
 FC:  PEK CZ CAN 2690.00 FB90 2421.00 CZ PEK 1800.00 YB75 1350.00
          CNY 3771.00 END
 FN:  FCNY4490.00/SCNY3771.00/C3.5/XCNY240.00/TCNY100.00CN/
TCNY140.00YQ/ACNY4011.00
 FP: CASH,CNY
 Count Fare To FC,FN. ??
◆
```

提取 PNR 记录，查看票价信息：

```
◆RT BDD91Y <F12>
     **** ELECTRONIC TICKET PNR FOR CRS SYSTEM ****
1.高强   2. 王双      BDD91Y
3.CZ3162 F Fri 01JUL PEKCAN HK2 1005 1310   E
4.CZOPEN Y xxx ddmmm CANPEK HK2     E
5.C TEL:33240862
6.TL 1300/30JUN/CTU999
7.SSR: FOID CZ HK NI532144****08251617/P1
8.SSR: FOID CZ HK NI221234****09262152/P2
9.FC:  PEK CZ CAN 2690.00 FB90 2421.00 CZ PEK 1800.00 YB75
                               1350.00 CNY 3771.00 END
10.FN: FCNY4490.00/SCNY3771.00/C3.5/XCNY240.00/TCNY100.00CN
               /TCNY140.00YQ/ACNY4011.00
11.FP:  CASH,CNY
12.RMK: CZ/NCBTU8
13.RMK: CZ/M4FXDN
14.CTU999
◆
```

出票、打印旅客行程单：

```
◆ETDZ 1  <F12>
   ACNY. 8022.00 = Fare:7542.00+Taxs:480.00        LEU23B
    ET PROCESSING...PLEASE WAITE!
    ELECTRONIC TICKET  ISSUED.
◆
```

提取 PNR 记录，查看出票后的信息：

```
◆RT BDD91Y <F12>
    **** ELECTRONIC TICKET PNR FOR CRS SYSTEM ****
1.高强  2.王双     BDD91Y
3.CZ3162 F Fri 01JUL PEKCAN RR2 1005 1310   E
4.CZOPEN Y xxx ddmmm CANPEK RR2     E
5.C TEL:33240862
6.T TN/784-6629900010-00011
7.SSR: FOID CZ HK NI532144****08251617/P1
8.SSR: FOID CZ HK NI221234****09262152/P2
9.SSR: TKNE CZ HK1 PEKCAN 3162 F 01JUL 784-6629900010/1/P1
10.SSR: TKNE CZ HK1 CANPEK OPEN Y ddmmm 784-6629900010/2/P1
11.SSR: TKNE CZ HK1 PEKCAN 3162 F 01JUL 784-6629900011/1/P2
12.SSR: TKNE CZ HK1 CANPEK OPEN Y ddmmm 784-6629900011/2/P2
13.FC:  PEK CZ CAN 2690.00 FB90 2421.00 CZ PEK 1800.00
                     YB75 1350.00 CNY 3771.00 END
14.FN: FCNY4490.00/SCNY3771.00/C3.5/XCNY240.00/TCNY100.00CN
                     /TCNY140.00YQ/ACNY4011.00
15.FP:  CASH,CNY
16.RMK: CZ/NCBTU8
17.RMK: CZ/M4FXDN
18.CTU999
◆
```

查看旅客高强的电子客票记录：

```
◆DETR TN/784-6629900010,I
ISSUED BY:  CHINA SOUTH AIRLINE  ORG/DST: PEK/PEK  ISI:
TOUR CODE:       CRS_PNRNO: BDD91Y
PASSENGER: 高强
EXCH:                                   CONJ TKT:
0 FM 1PEK CZ 3162 F 01JUL 1005 OK  Y 20 K 01JUL/01Jan
       RL:  NCBTU8                               USED
0 TO 2CAN CZ OPEN Y OPEN  0000 OK  Y 20 K 01JUL/01Jan
       RL:  M4FXDN                               USED
  TO 3PEK
  FC:  PEK CZ CAN 2690.00 FB90 2421.00 CZ PEK 1800.00
                        YB75 1350.00 CNY 3771.00 END
   FARE: CNY 3145.00             FOP:  CASH CNY
   TAX: CNY 240.00               OI:
```

```
    TOTAL: CNY 3385.00            TKTN:  784-6629900010
◆
```

图 5-17 为旅客高强的电子客票行程单。

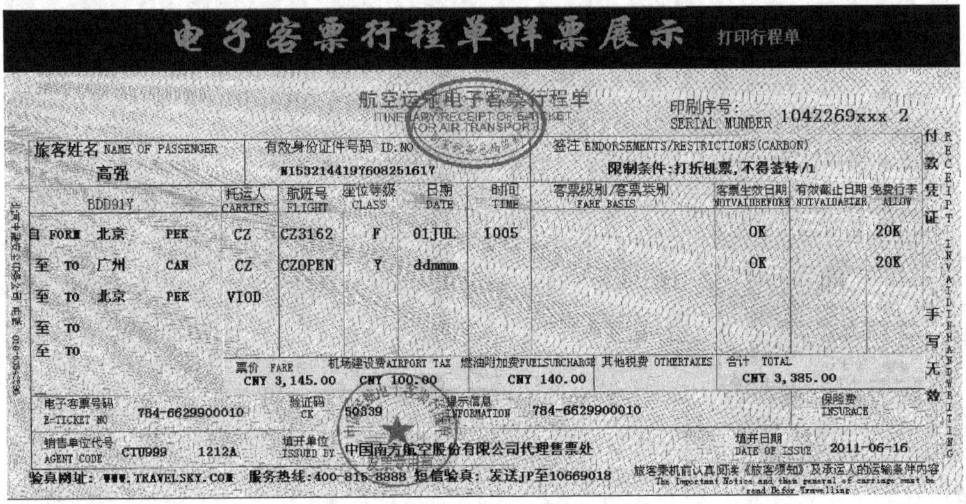
电子客票行程单样票展示 打印行程单
航空运输电子客票行程单
ITINERARY/RECEIPT OF E-TICKET FOR AIR TRANSPORT
印刷序号: SERIAL NUMBER 1042269xxx 2
旅客姓名 NAME OF PASSENGER 高强
有效身份证件号码 ID.NO NI532144197608251617
签注 ENDORSEMENTS/RESTRICTIONS(CARBON) 限制条件:打折机票,不得签转/1
BDD91Y | 托运人 CARRIERS | 航班号 FLIGHT | 座位等级 CLASS | 日期 DATE | 时间 TIME | 客票级别/客票类别 FARE BASIS | 客票生效日期 NOTVAILDBEFORE | 有效截止日期 NOTVAILDARTER | 免费行李 ALLOW
自 FORM 北京 PEK | CZ | CZ3162 | F | 01JUL | 1005 | | OK | | 20K
至 TO 广州 CAN | CZ | CZOPEN | Y | ddmmm | | | OK | | 20K
至 TO 北京 PEK | VIOD
至 TO
至 TO
票价 FARE CNY 3,145.00 | 机场建设费 AIRPORT TAX CNY 100.00 | 燃油附加费 FUELSURCHARGE CNY 140.00 | 其他税费 OTHERTAXES | 合计 TOTAL CNY 3,385.00
电子客票号码 E-TICKET NO 784-6629900010 | 验证码 CK 50339 | 提示信息 INFORMATION 784-6629900010 | 保险费 INSURACE
销售单位代号 AGENT CODE CTU999 1212A | 填开单位 ISSUED BY 中国南方航空股份有限公司代理售票处 | 填开日期 DATE OF ISSUE 2011-06-16
验真网址: WWW.TRAVELSKY.COM 服务热线:400-815-8888 短信验真: 发送JP至10669018
旅客乘机前认真阅读《旅客须知》及承运人的运输条件内容
付款凭证 手写无效
RECEIPT INVALID IN HANDWRITING

图 5-17　高强的电子客票行程单

查看旅客王双的电子客票记录：

```
◆DETR TN/784-6629900011,I
ISSUED BY:  CHINA SOUTH AIRLINE ORG/DST: PEK/PEK ISI:
TOUR CODE:        CRS_PNRNO: BDD91Y
PASSENGER: 王双
EXCH:                                    CONJ TKT:
0 FM 1PEK CZ 3162 F 01JUL 1005 OK  Y 20 K 01JUL/01Jan
       RL: NCBTU8                                USED
0 TO 2CAN CZ OPEN Y OPEN  0000 OK  Y 20 K 01JUL/01Jan
       RL: M4FXDN                                USED
  TO 3PEK
  FC:  PEK CZ CAN 2690.00 FB90 2421.00 CZ PEK 1800.00
                   YB75 1350.00 CNY 3771.00 END
    FARE: CNY 3145.00               FOP:  CASH CNY
    TAX: CNY 240.00                  OI:
    TOTAL: CNY 3385.00            TKTN:  784-6629900011
◆
```

图 5-18 为旅客王双的电子客票行程单。

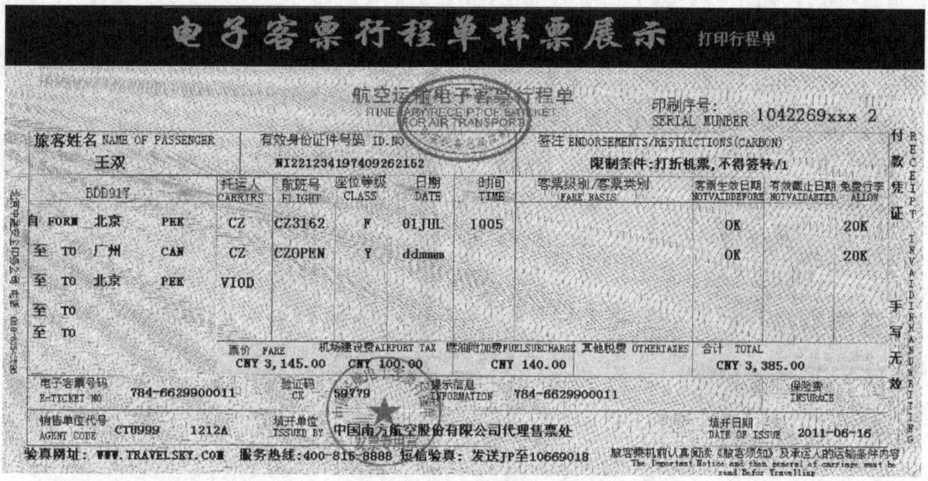
电子客票行程单样票展示 打印行程单
航空运输电子客票行程单
ITINERARY/RECEIPT OF E-TICKET FOR AIR TRANSPORT
印刷序号: SERIAL MUNBER 1042269xxx 2
旅客姓名 NAME OF PASSENGER 王双
有效身份证件号码 ID.NO NI221234197409262152
签注 ENDORSEMENTS/RESTRICTIONS(CARBON) 限制条件:打折机票,不得签转/1
BDD91Y

			托运人 CARRIRS	航班号 FLIGHT	座位等级 CLASS	日期 DATE	时间 TIME	客票级别/客票类别 FARE BASIS	客票生效日期 NOTVAIDBEFORE	有效截止日期 NOTVAIDAFTER	免费行李 ALLOW
自 FORM	北京	PEK	CZ	CZ3162	F	01JUL	1005		OK		20K
至 TO	广州	CAN	CZ	CZOPEN	Y	ddmmm			OK		20K
至 TO	北京	PEK	VIOD								
至 TO											
至 TO											

票价 FARE CNY 3,145.00　机场建设费 AIRPORT TAX CNY 100.00　燃油附加费 FUELSURCHARGE CNY 140.00　其他税费 OTHERTAXES　合计 TOTAL CNY 3,385.00
电子客票号码 E-TICKET NO 784-6629900011　验证码 CK 59779　提示信息 INFORMATION 784-6629900011　保险费 INSURACE
销售单位代号 AGENT CODE CTU999 1212A　填开单位 ISSUED BY 中国南方航空股份有限公司代理售票处　填开日期 DATE OF ISSUE 2011-06-16
验真网址: WWW.TRAVELSKY.COM 服务热线:400-815-8888 短信验真: 发送JP至10669018
旅客乘机前认真阅读《旅客须知》及承运人的运输条件内容 The Important Notice and then general of carriage must be read Befor Travelling
付款凭证 RECEIPT　手写无效 INVAIDIN HANDWRITING

图 5-18　王双的电子客票行程单

7 月 7 日在广州提取 PNR 记录，进行座位证实：

```
◆AV CANPEK/08JUL
 AV CANPEK  08JUL (FRI)
 1.CZ3151 CANPEK 0720 0930 B757 0 ^ B E DS# F8 YA CA IA...
 2.CZ3101 CANPEK 1000 1210 A320 0 ^ L E DS# F8 YA CA IA...
 3.CA1322 CANPEK 1255 1610 B757 0 ^ L E DS# F8 YA CA IA...
 4.CA1310 CANPEK 1405 1720 B757 0 ^ S E DS# F8 YA CA IA...
 5.CA1316 CANPEK 1610 1915 B757 0 ^ D E DS# F8 YA CA IA...
 6.CA1302 CANPEK 1955 2255 B757 0 ^ S E DS# F8 YA CA IA...
◆
```

提取高强、王双的 PNR 记录：

```
◆RT 高强//01JUL <F12>
01 高强       K78T1C    CA1321 F Fri 01JUL PEKCAN RR2 0845 1140
02 高强 王双  BDD91Y    CZ3162 F Fri 01JUL PEKCAN RR2 1005 1310
◆
```

提取 02 的 PNR 记录情况：

```
◆RT 02 <F12>
    **** ELECTRONIC TICKET PNR FOR CRS SYSTEM ****
1.高强   2. 王双       BDD91Y
3.CZ3162 F Fri 01JUL PEKCAN RR2 1005 1310   E
4.CZOPEN Y xxx ddmmm CANPEK RR2     E
5.C TEL:33240862
6.T TN/784-6629900010-00011
```

```
7.SSR: FOID CZ HK NI532144****08251617/P1
8.SSR: FOID CZ HK NI221234****09262152/P2
9.SSR: TKNE CZ HK1 PEKCAN 3162 F 01JUL 784-6629900010/1/P1
10.SSR: TKNE CZ HK1 CANPEK OPEN Y ddmmm 784-6629900010/2/P1
11.SSR: TKNE CZ HK1 PEKCAN 3162 F 01JUL 784-6629900011/1/P2
12.SSR: TKNE CZ HK1 CANPEK OPEN Y ddmmm 784-6629900011/2/P2
13.FC:  PEK CZ CAN 2690.00 FB90 2421.00 CZ PEK 1800.00
                       YB75 1350.00 CNY 3771.00 END
14.FN: FCNY4490.00/SCNY3771.00/C3.5/XCNY240.00/TCNY100.00CN
                       /TCNY140.00YQ/ACNY4011.00
15.FP:  CASH,CNY
16.RMK: CZ/NCBTU8
17.RMK: CZ/M4FXDN
18.CTU999
◆
```

将 OPEN 航班修改为指定航班：

```
◆XE 4
SS CA1302/Y/08JUL/CANPEK/2
@<F12>
◆
```

查看 OPEN 航班的修改情况：

```
◆RT 02 <F12>
    **** ELECTRONIC TICKET PNR FOR CRS SYSTEM ****
1.高强   2. 王双      BDD91Y
3.CZ3162 F Fri 01JUL PEKCAN RR2 1005 1310   E
4.CA1302 Y Fri 08JUL CANPEK RR2 1955 2255   E
5.C TEL:33240862
6.T TN/784-6629900025-00026
7.SSR: FOID CZ HK NI532144****08251617/P1
8.SSR: FOID CZ HK NI221234****09262152/P2
9.SSR: TKNE CZ HK1 PEKCAN 3162 F 01JUL 784-6629900025/1/P1
10.SSR: TKNE CZ HK1 CANPEK OPEN Y ddmmm 784-6629900025/2/P1
11.SSR: TKNE CZ HK1 PEKCAN 3162 F 01JUL 784-6629900026/1/P2
12.SSR: TKNE CZ HK1 CANPEK OPEN Y ddmmm 784-6629900026/2/P2
13.FC:  PEK CZ CAN 2690.00 FB90 2421.00 CZ PEK 1800.00
                       YB75 1350.00 CNY 3771.00 END
14.FN: FCNY4490.00/SCNY3771.00/C3.5/XCNY240.00/TCNY100.00CN
                       /TCNY140.00YQ/ACNY4011.00
```

```
15.FP: CASH,CNY
16.RMK: CZ/NCBTU8
17.RMK: CZ/M4FXDN
18.CTU999
◆
```

至此，本任务课目操作完成。

任务检测

旅客李研、张晴订购4月8日长沙到上海的F舱9折，回程为OPEN的Y舱7折联程机票。4月10日在上海进行座位再证实，4月11日返回长沙。

任务十一　代码共享航班的订座

实训课目：旅客林东、王翔订购7月3日北京到上海，7月8日上海到北京的Y舱联程机票后，7月5日由于某种原因将原订的7月8日上海到北京的代码共享航班改为非代码共享航班。

课目要求：展示订座过程，出票、打印行程单。

查询7月3日北京到上海的航班：

```
◆AV PEKSHA/03JUL <F12>
AV PEKSHA 03JUL (SUN)
1.CA1831 PEKSHA 0725 0940 B738 0 ^ B E DS# F8 YA CA IA...
2.MU5102 PEKSHA 0740 0940 A320 0 ^ B E DS# F8 YA CA IA...
3.MU5104 PEKSHA 0800 1000 A320 0 ^ B E DS# F8 YA CA IA...
4.*CA3110 PEKSHA 0815 1015 B767 0 ^ B E DS# FA YA CA IA...
5.FM9110 PEKSHA 0815 1015 B757 0 ^ B E DS# F8 YA CA IA...
6.CA1501 PEKSHA 0835 1040 B757 0 ^ S E DS# F8 YA CA IA...
7.CZ3907 PEKSHA 0900 1055 A330 0 ^ S E DS# FA YA CA IA...
8.MU5106 PEKSHA 0900 1100 A320 0 ^ S E DS# F8 YA CA IA...
◆
```

“*”为代码共享标志

订7月3日北京到上海的航班，舱位等级为Y舱：

```
◆SD 4Y2 <F12>
1.*CA3110 Y Sun 03JUL PEKSHA HK2 0815 1015 E OP-FM9102
◆
```

实际承运航班

查询 7 月 8 日上海到北京的航班：

```
◆AV RA/08JUL  <F12>
 AV SHAPEK  08JUL  (FRI)
 1.MU5109 SHAPEK 0715 0915 A340 0 ^ B E DS# FA YA CA IA...
 2.MU5111 SHAPEK 0815 1015 A320 0 ^ B E DS# F8 YA CA IA...
 3.*CA3101 SHAPEK 0815 1035 B757 0 ^ B E DS# F8 YA CA IA...
 4.FM9101 SHAPEK 0815 1035 B757 0 ^ B E DS# F8 YA CA IA...
 5.MU5143 SHAPEK 0840 1020 B757 0 ^ S E DS# F8 YA CA IA...
 6.CA1590 SHAPEK 0844 1045 B767 0 ^ S E DS# FA YA CA IA...
 7.MU5113 SHAPEK 0925 1120 A320 0 ^ S E DS# F8 YA CA IA...
 8.CA1832 SHAPEK 1100 1320 B738 0 ^ L E DS# F8 YA CA IA...
 9.MU5115 SHAPEK 1105 1310 A320 0 ^ L E DS# F8 YA CA IA...
 10.FM9103 SHAPEK 1115 1325 B767 0 ^ L E DS# FA YA CA IA...
◆
```

订 7 月 8 日上海到北京的航班，舱位等级为 Y 舱：

```
◆SD 3YRR2
N 1林东 1王翔
C TEL:138****6145
T
@<F12>
*CA3110  Y Sun  03JUL  PEKSHA  HK2  0815  1015  E  OP-FM9102
*CA3101  Y Fri  08JUL  SHAPEK  HK2  0815  1035  E  OP-FM9101
JTE7BT
◆
```

输入旅客有效身份证件号码：

```
◆SSR FOID CA HK/510122****06141538/P1
SSR FOID CA HK/510122****08151690/P2
@<F12>
SSR ....  OK!
◆
```

提取 PNR 记录，查看订座情况：

```
◆RT JTE7BT  <F12>
     **** ELECTRONIC TICKET PNR FOR CRS SYSTEM ****
1.林东   2.王翔       JTE7BT
3.*CA3110 Y Sun 03JUL PEKSHA HK2 0815 1015   E   OP-FM9102
4.*CA3101 Y Fri 08JUL SHAPEK HK2 0815 1035   E   OP-FM9101
```

```
      5.C TEL:138****6145
      6.T
      7.SSR: FOID CA HK NI510122****06141538/P1
      8.SSR: FOID CA HK NI510122****08151690/P2
      9.FC:  PEK CA SHA 1070.00 YB100 1070.00 CA PEK 1070.00 YB100 1070.00
CNY 2140.00 END
      10.FN: FCNY2140.00/SCNY2140.00/C3.5/TCNY50.00CN/TCNY50.00YQ/
ACNY2240.00
      11.FP: CASH,CNY
      12.RMK: CA/YG26US
      13.RMK: CA/YXMQZ3
      14.CTU999
      ◆
```

电子客票出票、付款：

```
      ◆ETDZ 1  <F12>
         ACNY 4960.00          JTE7BT
       ELECTRONIC TICKET ISSUED.
      ◆
```

图 5-19 为旅客林东 7 月 3 日出票的电子客票行程单。

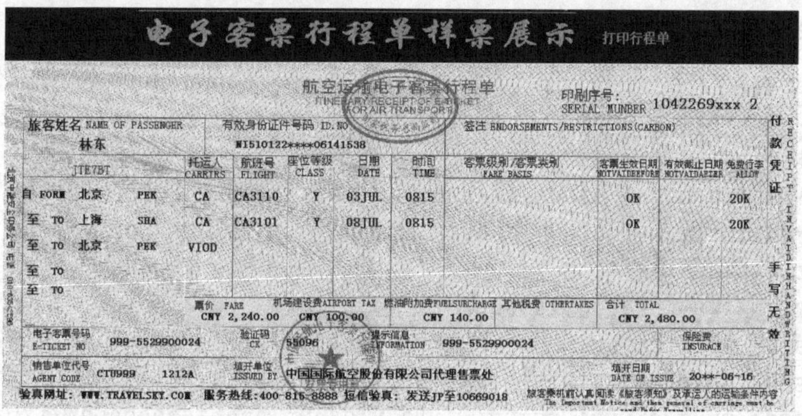

电子客票行程单样票展示 打印行程单

航空运输电子客票行程单 ITINERARY RECEIPT OF E-TICKET FOR AIR TRANSPORT

印刷序号: SERIAL NUMBER 1042269xxx 2

旅客姓名 NAME OF PASSENGER	有效身份证件号码 ID. NO	签注 ENDORSEMENTS/RESTRICTIONS (CARBON)
林东	NI510122****06141538	

JTE7BT			托运人 CARRIERS	航班号 FLIGHT	座位等级 CLASS	日期 DATE	时间 TIME	客票级别/客票类别 FARE BASIS	客票生效日期 NOTVAIDBEFORE	有效截止日期 NOTVAIDAFTER	免费行李 ALLOW
自 FORM	北京	PEK	CA	CA3110	Y	03JUL	0815		OK		20K
至 TO	上海	SHA	CA	CA3101	Y	08JUL	0815		OK		20K
至 TO	北京	PEK	VIOD								
至 TO											
至 TO											

票价 FARE	机场建设费 AIRPORT TAX	燃油附加费 FUELSURCHARGE	其他税费 OTHERTAXES	合计 TOTAL
CNY 2,240.00	CNY 100.00	CNY 140.00		CNY 2,480.00

电子客票号码 E-TICKET NO 999-5529900024 验证码 CK 55096 提示信息 INFORMATION 999-5529900024 保险费 INSURACE

销售单位代号 AGENT CODE CTU999 1212A 填开单位 ISSUED BY 中国国际航空股份有限公司代理售票处 填开日期 DATE OF ISSUE 20**-06-16

付款凭证 RECEIPT 手写无效 INVAIDINHANDWRITING

验真网址：WWW.TRAVELSKY.COM 服务热线：400-815-8888 短信验真：发送JP至10669018 旅客乘机前认真阅读《旅客须知》及承运人的运输条件内容

图 5-19 林东 7 月 3 日出票的电子客票行程单

提取 PNR 记录，查看出票后的订座情况：

```
      ◆RT JTE7BT  <F12>
          **** ELECTRONIC TICKET PNR FOR CRS SYSTEM ****
      1.林东   2.王翔      JTE7BT
      3.*CA3110 Y Sun 03JUL PEKSHA RR2 0815 1015  E   OP-FM9102
      4.*CA3101 Y Fri 08JUL SHAPEK RR2 0815 1035  E   OP-FM9101
```

```
    5.C TEL:138****6145
    6.T TN/999-5529900024-00025
    7.SSR: FOID CA HK NI510122****06141538/P1
    8.SSR: FOID CA HK NI510122****08151690/P2
    9.SSR: TKNE CA HK1 PEKSHA 3110 Y 03JUL 999-5529900024/1/P1
    10.SSR: TKNE CA HK1 SHAPEK 3101 Y 08JUL 999-5529900024/2/P1
    11.SSR: TKNE CA HK1 PEKSHA 3110 Y 03JUL 999-5529900025/1/P2
    12.SSR: TKNE CA HK1 SHAPEK 3101 Y 08JUL 999-5529900025/2/P2
    13.FC:  PEK CA SHA 1070.00 YB100 1070.00 CA PEK 1070.00 YB100 1070.00
CNY 2140.00 END
    14.FN:
    FCNY2140.00/SCNY2140.00/C3.5/TCNY50.00CN/TCNY50.00YQ/ACNY2240.00
    15.FP:  CASH,CNY
    16.RMK: CA/YG26US
    17.RMK: CA/YXMQZ3
    18.CTU999
    ◆
```

至此，旅客林东、王翔的订座成功。

7 月 5 日，提取林东的 PNR 记录，将 7 月 8 日上海到北京的航班改为非代码共享航班。

根据旅客林东的姓名，提取 PNR 记录：

```
    ◆RT 林东//08JUL  <F12>
        **** ELECTRONIC TICKET PNR FOR CRS SYSTEM ****
    1.林东   2.王翔      JTE7BT
    3.*CA3110 Y Sun 03JUL PEKSHA RR2 0815 1015   E   OP-FM9102
    4.*CA3101 Y Fri 08JUL SHAPEK RR2 0815 1035   E   OP-FM9101
    5.C TEL:138****6145
    6.T TN/999-5529900024-00025
    7.SSR: FOID CA HK NI510122****06141538/P1
    8.SSR: FOID CA HK NI510122****08151690/P2
    9.SSR: TKNE CA HK1 PEKSHA 3110 Y 03JUL 999-5529900024/1/P1
    10.SSR: TKNE CA HK1 SHAPEK 3101 Y 08JUL 999-5529900024/2/P1
    11.SSR: TKNE CA HK1 PEKSHA 3110 Y 03JUL 999-5529900025/1/P2
    12.SSR: TKNE CA HK1 SHAPEK 3101 Y 08JUL 999-5529900025/2/P2
    13.FC:  PEK CA SHA 1070.00 YB100 1070.00 CA PEK 1070.00 YB100 1070.00
CNY 2140.00 END
    14.FN:  FCNY2140.00/SCNY2140.00/C3.5/TCNY50.00CN/TCNY50.00YQ/
ACNY2240.00
    15.FP:  CASH,CNY
```

```
16.RMK: CA/YG26US
17.RMK: CA/YXMQZ3
18.CTU999
◆
```

查询 7 月 8 日上海到北京的航班：

```
◆AV RA/08JUL  <F12>
 AV SHAPEK  08JUL (FRI)
 1.MU5109 SHAPEK 0715 0915 A340 0 ^ B E DS# FA YA CA IA...
 2.MU5111 SHAPEK 0815 1015 A320 0 ^ B E DS# F8 YA CA IA...
 3.CA3101*SHAPEK 0815 1035 B757 0 ^ B E DS# F8 YA CA IA...
 4.FM9101 SHAPEK 0815 1035 B757 0 ^ B E DS# F8 YA CA IA...
 5.MU5143 SHAPEK 0840 1020 B757 0 ^ S E DS# F8 YA CA IA...
 6.CA1590 SHAPEK 0844 1045 B767 0 ^ S E DS# FA YA CA IA...
 7.MU5113 SHAPEK 0925 1120 A320 0 ^ S E DS# F8 YA CA IA...
 8.CA1832 SHAPEK 1100 1320 B738 0 ^ L E DS# F8 YA CA IA...
 9.MU5115 SHAPEK 1105 1310 A320 0 ^ L E DS# F8 YA CA IA...
10.FM9103 SHAPEK 1115 1325 B767 0 ^ L E DS# FA YA CA IA...
◆
```

修改航班，将 7 月 8 日上海到北京的航班改为非代码共享航班：

```
◆XE 4
SS CA1590/Y/08JUL/SHAPEK/2
@<F12>
CA1590  Y Fri SHAPEK 08JUL
   (CHANGED)
◆
```

提取 PNR 记录，查看修改航班后的订座情况：

```
◆RT JTE7BT  <F12>
     **** ELECTRONIC TICKET PNR FOR CRS SYSTEM ****
1.林东   2.王翔      JTE7BT
3.CA3110* Y Sun 03JUL PEKSHA RR2 0815 1015   E   OP-FM9102
4.CA1590 Y Fri 08JUL SHAPEK RR2 0844 1045   E
5.C TEL:138****6145
6.T
7.SSR: FOID CA HK NI510122****06141538/P1
8.SSR: FOID CA HK NI510122****08151690/P2
9.FC:  PEK CA SHA 1070.00 YB100 1070.00 CA PEK 1070.00 YB100 1070.00
CNY 2140.00 END
```

```
    10.FN:  FCNY2140.00/SCNY2140.00/C3.5/TCNY50.00UT/TCNY50.00BT/
ACNY2240.00
    11.FP:  CASH,CNY
    12.RMK: CA/YG26US
    13.RMK: CA/YXMQZ3
    14.OI:999-5529900024/1/P1 999-5529900024/2/P1 999-5529900025/1/P2
999-5529900025/2/P2
    15.CTU999
    ◆
```

此时，PNR 记录中上海到北京的航班为非代码共享航班，航班修改成功，原来的电子客票票号被系统自动换开，填入 OI 记录项。

电子客票出票：

```
    ◆ETDZ 1  <F12>
       ACNY 4960.00         JTE7BT
     ELECTRONIC TICKET ISSUED
    ◆
```

提取 PNR 记录，查看出票后订座情况：

```
    ◆RT JTE7BT  <F12>
       **** ELECTRONIC TICKET PNR FOR CRS SYSTEM ****
    1.林东   2.王翔      JTE7BT
    3.CA3110* Y Sun 03JUL PEKSHA RR2 0815 1015   E   OP-FM9102
    4.CA1590 Y Fri 08JUL SHAPEK RR2 0844 1045   E
    5.C TEL:138****6145
    6.T TN/999-5529900026-00027
    7.SSR: FOID CA HK NI510122****06141538/P1
    8.SSR: FOID CA HK NI510122****08151690/P2
    9.SSR: TKNE CA RR1 PEKSHA 3110 Y 03JUL 999-5529900026/1/P1
    10.SSR: TKNE CA RR1 SHAPEK 1590 Y 08JUL 999-5529900026/2/P1
    11.SSR: TKNE CA RR1 PEKSHA 3110 Y 03JUL 999-5529900027/1/P2
    12.SSR: TKNE CA RR1 SHAPEK 1590 Y 08JUL 999-5529900027/2/P2
    13.FC:  PEK CA SHA 1070.00 YB100 1070.00 CA PEK 1070.00 YB100 1070.00
CNY 2140.00 END
    14.FN:  FCNY2140.00/SCNY2140.00/C3.5/TCNY50.00UT/TCNY50.00BT
    /ACNY2240.00
    15.FP:  CASH,CNY
    16.RMK: CA/YG26US
    17.RMK: CA/YXMQZ3
    18.OI:999-5529900024/1/P1  999-5529900024/2/P1  999-5529900025/1/P2
```

```
999-5529900025/2/P2
      19.CTU999
      ◆
```

查看旅客林东的电子客票记录中的客票状态：

```
      ◆DETR  TN/999-5529900026  <F12>
      ISSUED BY:  INTERNATIONAL AIRLINE   ORG/DST: PEK/PEK     ISI:
      TOUR CODE:                 CRS_PNRNO: JTE7BT
      PASSENGER: 林东
      EXCH:999-5529900024                      CONJ TKT:
      0 FM 1PEK CA 3110 Y 03JUL 0815 OK Y 20 K 03JUL/03Jan OPEN FOR USE
               RL: YG26US
      0 TO 2SHA CA 1590 Y 08JUL 0844 OK Y 20 K 03JUL/03Jan OPEN FOR USE
               RL: YXMQZ3
        TO 3PEK
      FC: PEK CA SHA 1070.00 YB100 1070.00 CA PEK 1070.00 YB100 1070.00 CNY 2140.00
END
      FARE: CNY 2140.00           FOP:  CASH,CNY
      TAX: CNY 100.00               OI:  999-5529900024
      AirPort   TAX: CNY 100.00
      FuelSurcharge: CNY 140.00
      TOTAL: CNY 2480.00           TKTN:  999-5529900026
      ◆DETR I  <F12>
```

打印旅客林东 7 月 5 日出票的电子客票行程单，如图 5-20 所示。

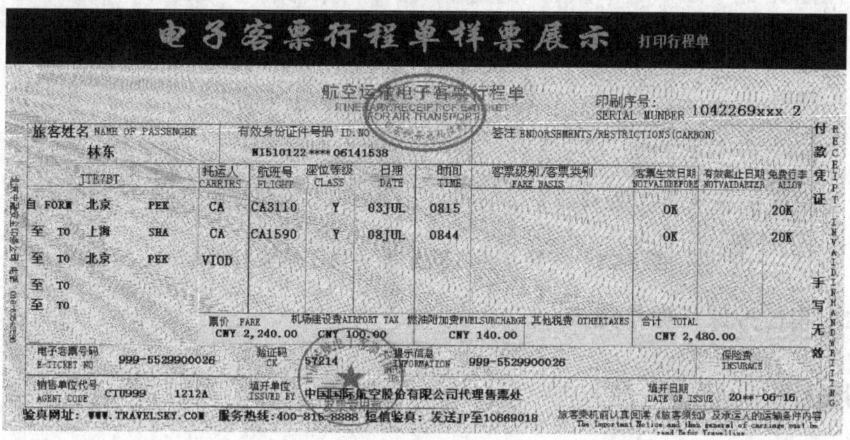
电子客票行程单样票展示 打印行程单

航空运输电子客票行程单
ITINERARY/RECEIPT OF E-TICKET FOR AIR TRANSPORT
印刷序号：SERIAL MUNBER 1042269xxx 2

旅客姓名 NAME OF PASSENGER：林东
有效身份证件号码 ID.NO：NI510122****06141538
签注 ENDORSEMENTS/RESTRICTIONS(CARBON)

JTE7BT		承运人 CARRIERS	航班号 FLIGHT	座位等级 CLASS	日期 DATE	时间 TIME	客票级别/客票类别 FARE BASIS	客票生效日期 NOTVAIDBEFORE	有效截止日期 NOTVAIDAFTER	免费行李 ALLOW
自 FORM 北京	PEK	CA	CA3110	Y	03JUL	0815		OK		20K
至 TO 上海	SHA	CA	CA1590	Y	08JUL	0844		OK		20K
至 TO 北京	PEK	VIOD								
至 TO										
至 TO										

票价 FARE	机场建设费 AIRPORT TAX	燃油附加费 FUELSURCHARGE	其他税费 OTHERTAXES	合计 TOTAL
CNY 2,240.00	CNY 100.00	CNY 140.00		CNY 2,480.00

电子客票号码 E-TICKET NO 999-5529900026　验证码 CK 57214　提示信息 INFORMATION 999-5529900026　保险费 INSURACE

销售单位代号 AGENT CODE CTU999 1212A　填开单位 ISSUED BY 中国国际航空股份有限公司代理售票处　填开日期 DATE OF ISSUE 20**-06-16

验真网址：WWW.TRAVELSKY.COM 服务热线：400-815-8888 短信验真：发送JP至10669018

旅客乘机前认真阅读《旅客须知》及承运人的运输条件内容

付款凭证 RECEIPT INVAID IN HANDWRITING 手写无效

图 5-20　林东 7 月 5 日出票的电子客票行程单

查看旅客王翔的电子客票记录中的客票状态：

```
◆DETR  TN/999-5529900027,I <F12>
ISSUED BY:  INTERNATIONAL AIRLINE ORG/DST: PEK/PEK ISI:
TOUR CODE:                  CRS_PNRNO: JTE7BT
PASSENGER: 王翔
EXCH:999-5529900025                     CONJ TKT:
0 FM 1PEK CA 3110 Y 03JUL 0815 OK Y 20 K 03JUL/03Jan
         RL: YG26US                      OPEN FOR USE
0 TO 2SHA CA 1590 Y 08JUL 0844 OK Y 20 K 03JUL/03Jan
 RL: YXMQZ3                        OPEN FOR USE
  TO 3PEK
FC: PEK CA SHA 1070.00 YB100 1070.00 CA PEK 1070.00 YB100 1070.00 CNY 2140.00
END
FARE: CNY 2140.00          FOP:  CASH,CNY
TAX: CNY  340.00            OI:  999-5529900025
TOTAL: CNY 2480.00         TKTN:  999-5529900027
◆
```

打印旅客王翔 7 月 5 日出票的电子客票行程单，如图 5-21 所示。

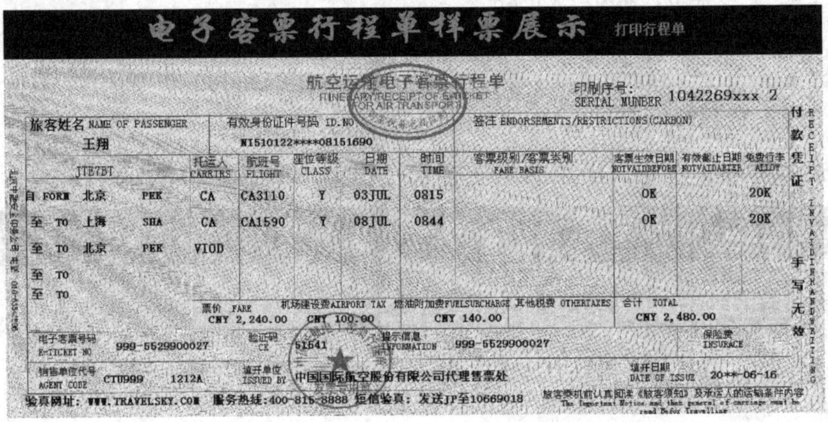

电子客票行程单样票展示 打印行程单

航空运输电子客票行程单
ITINERARY/RECEIPT OF E-TICKET FOR AIR TRANSPORT

印刷序号: SERIAL MUNBER 1042269xxx 2

旅客姓名 NAME OF PASSENGER 王翔
有效身份证件号码 ID.NO NI510122****08151690
签注 ENDORSEMENTS/RESTRICTIONS(CARBON)

JTE7BT			托运人 CARRIRS	航班号 FLIGHT	座位等级 CLASS	日期 DATE	时间 TIME	客票级别/客票类别 FARE BASIS	客票生效日期 NOTVAIDBEFORE	有效截止日期 NOTVAIDARTER	免费行李 ALLOT
自 FORM	北京	PEK	CA	CA3110	Y	03JUL	0815		OK		20K
至 TO	上海	SHA	CA	CA1590	Y	08JUL	0844		OK		20K
至 TO	北京	PEK	VIOD								
至 TO											
至 TO											

票价 FARE CNY 2,240.00　机场建设费AIRPORT TAX CNY 100.00　燃油附加费FUELSURCHARGE CNY 140.00　其他税费 OTHERTAXES　合计 TOTAL CNY 2,480.00

电子客票号码 E-TICKET NO 999-5529900027　验证码 CK 51541　提示信息 INFORMATION 999-5529900027　保险费 INSURACE

销售单位代号 AGENT CODE CTU999 1212A　填开单位 ISSUED BY 中国国际航空股份有限公司代理售票处　填开日期 DATE OF ISSUE 20**-06-16

验真网址: WWW.TRAVELSKY.COM　服务热线:400-815-8888　短信验真: 发送JP至10669018　旅客乘机前认真阅读《旅客须知》及承运人的运输条件内容

付款凭证 RECEIPT　手写无效 INVAIDINHANDWRITING

图 5-21　王翔 7 月 5 日出票的电子客票行程单

至此，本任务课目操作完成。

任务检测

旅客韩梅、赵霞订购 3 月 11 日杭州到天津，3 月 17 日天津到杭州的 Y 舱联程机票后，3 月 15 日由于某种原因更换回程航班（原航班为代码共享航班，更换后的航班为非代码共享航班）。

任务十二　指定、预留航班座位订座

实训课目：旅客王松（VIP）订购6月25日北京到广州F舱，要求坐第一排靠窗的座位；6月30日广州到北京Y舱，要求坐第二排靠走廊的座位。

课目要求：展示订座过程，出票、打印行程单。

查询6月25日北京到广州航班的座位情况：

```
◆AV PEKCAN/25JUN  <F12>
 AV PEKCAN  25JUN  (SAT)
 1.CZ3196  PEKCAN  0840  1145   B738  0  S E DS# F8 YA CA...
 2.CA1321  PEKCAN  0845  1140   B757  0  S E DS# F8 YA CA...
 3.CZ3162  PEKCAN  1005  1310   A320  0  L E DS# F8 YA CA...
 4.CZ3152  PEKCAN  1030  1230   B757  0  L E DS# F8 YA CA...
 5.CA1315  PEKCAN  1155  1455   B757  0  L E DS# F8 YA CA...
 6.CZ3102  PEKCAN  1205  1505   A330  0  L E DS# FA YA CA...
 7.CZ3106  PEKCAN  1305  1605   B757  0  L E DS# F8 YA CA...
 8.CZ3104  PEKCAN  1515  1800   B767  0  D E DS# FA YA CA++
◆
```

订CA1321航班F舱的座位：

```
◆SD 2Y1  <F12>
1.CA1321  F  Sat  25JUN  PEKCAN  HK1  0845  1140  E
◆
```

查询6月30日广州到北京的航班座位情况：

```
◆AV CANPEK/30JUN  <F12>
 AV CANPEK  30JUN  (THU)
 1. CZ3151 CANPEK 0720 0930 B757 0 ^ B E DS# F8 YA CA IA...
 2. CZ3101 CANPEK 1000 1210 A320 0 ^ L E DS# F8 YA CA IA...
 3. CA1322 CANPEK 1255 1610 B757 0 ^ L E DS# F8 YA CA IA...
 4. CA1310 CANPEK 1405 1720 B757 0 ^ S E DS# F8 YA CA IA...
 5. CA1316 CANPEK 1610 1915 B757 0 ^ D E DS# F8 YA CA IA...
 6. CA1302 CANPEK 1955 2255 B757 0 ^ S E DS# F8 YA CA IA...
◆
```

订CA1310航班Y舱的座位：

```
◆SD 4Y1
N 王松
C TEL:139****2597
T TL/1200/24JUN/CTU999
@<F12>
CA1321  Y  Sat  25JUN  PEKCAN  HK1  0845  1140  E
CA1310  Y  Thu  30JUN  CANPEK  HK1  1405  1720  E
ZDIMPU
◆
```

输入旅客王松的身份证号码：

```
◆SSR FOID CA HK/513197****03261579/P1
@<F12>
SSR .... OK!
◆
```

提取 PNR 记录，查看信息：

```
◆RT ZDIMPU  <F12>
     **** ELECTRONIC TICKET PNR FOR CRS SYSTEM ****
1.王松      ZDIMPU
2.CA1321 Y Sat 25JUN PEKCAN HK1 0845 1140   E
3.CA1310 Y Thu 30JUN CANPEK HK1 1405 1720   E
4.C TEL:139****2597
5.TL 1200/24JUN/CTU999
6.SSR: FOID CA HK NI513197****03261579/P1
7.FC:  PEK CA CAN 1890.00 YB100 1890.00 CA PEK 1890.00 YB100 1890.00
CNY 3780.00 END
8.FN:  FCNY3780.00/SCNY3780.00/C3.5/TCNY50.00CN/TCNY50.00YQ/ACNY3880.00
9.FP:  CASH,CNY
10.RMK: CA/QPMZ5U
11.RMK: CA/M8TZY4
12.CTU999
◆
```

输入旅客王松的 VIP 信息：

```
◆OSI CA VIP 省政协委员/P1
@<F12>
OSI .... OK!
◆
```

提取 PNR 记录，查看其信息：

```
◆RT ZDIMPU  <F12>
    **** ELECTRONIC TICKET PNR FOR CRS SYSTEM ****
1.王松      ZDIMPU
2.CA1321 Y Sat 25JUN PEKCAN HK1 0845 1140   E
3.CA1310 Y Thu 30JUN CANPEK HK1 1405 1720   E
4.C TEL:139****2597
5.TL 1200/24JUN/CTU999
6.OSI: CA VIP 省政协委员/P1
7.SSR: FOID CA HK NI513197****03261579/P1
8.FC:  PEK CA CAN 1890.00 YB100 1890.00 CA PEK 1890.00 YB100 1890.00
CNY 3780.00 END
9.FN:  FCNY3780.00/SCNY3780.00/C3.5/TCNY50.00CN/TCNY50.00YQ/ACNY3880.00
10.FP:  CASH,CNY
11.RMK: CA/QPMZ5U
12.RMK: CA/M8TZY4
13.CTU999
◆
```

调出 CA1321 航班的舱位布局图：

```
◆SE 2    <F12>
◆
```

“2”为 PNR 中航班号的序号

图 5-22 为指定座位前 CA1321 航班的舱位布局。

```
  CA1321  /Y/25JUN/PEKCAN/B757/F8Y192
 Y 2   [[[[[[3[[[[      4          5
     12345678901234567890123456789012
RF   ********************************   FR
RE   ********************************   ER
RD   ********************************   DR
R ======================================R
R ======================================R
LC   ********************************   CL
LB   ********************************   BL
LA   ********************************   AL
     12345678901234567890123456789012
 Y 2   [[[[[[3[[[[      4          5
```

图 5-22　指定座位前 CA1321 航班的舱位布局

为旅客王松在 Y 舱指定第一排靠窗的座位（21A）：

```
◆SSR SEAT CA HK1 PEKCAN F 25JUN 21A/P1
@<F12>
SSR ...SEAT SEAT CA HK1 PEKCAN F 25JUN 21A/P1.  OK!
◆
```

屏幕信息显示，SSR 指定座位成功。

提取 PNR 记录，查看信息，并调出 CA1321 航班的舱位布局图，查看是否指定座位成功。

```
◆RT ZDIMPU  <F12>
    **** ELECTRONIC TICKET PNR FOR CRS SYSTEM ****
1.王松      ZDIMPU
2.CA1321 Y Sat 25JUN PEKCAN HK1 0845 1140   E
3.CA1310 Y Thu 30JUN CANPEK HK1 1405 1720   E
4.C TEL:139****2597
5.TL 1200/24JUN/CTU999
6.OSI: CA VIP 省政协委员/P1
7.SSR: FOID CA HK NI513197****03261579/P1
8.SSR: SEAT CA HK1 PEKCAN Y 25JUN 21A/P1
9.FC :  PEK CA CAN 1890.00 YB100 1890.00 CA PEK 1890.00 YB100 1890.00
CNY 3780.00 END
10.FN:
FCNY3780.00/SCNY3780.00/C3.5/TCNY50.00CN/TCNY50.00YQ/ACNY3880.00
11.FP:  CASH,CNY
12.RMK: CA/QPMZ5U
13.RMK: CA/M8TZY4
14.CTU999
◆ADM 2 <F12>
◆
```

“2”为 PNR 中航班号的序号

图 5-23 为预留座位成功后的 CA1321 航班的舱位布局。图中“*”表示此座位可以利用，“!”表示预留座位成功。

```
 CA1321  /Y/25JUN/PEKCAN/B757/F8Y192
 Y 2   [[[[[[3[        4
    12345678901234567890
RF  ********************  FR
RE  ********************  ER
RD  ********************  DR
R ========================== R
R ========================== R
LC  ********************  CL
LB  ********************  BL
LA  !*******************  AL
    12345678901234567890
 Y 2   [[[[[[3[        4
```

图 5-23　预留座位成功后的 CA1321 航班的舱位布局

调出 CA1310 航班的舱位布局图操作如下：

```
◆ADM  3   <F12>
◆
```

图 5-24 为指定座位前 CA1310 航班的舱位布局。

```
  CA1310  /Y/30JUN/CANPEK/B757/F8Y192
 Y 2   [[[[[[3[[[[     4        5
    12345678901234567890123456789012
RF  ********************************  FR
RE  ********************************  ER
RD  ********************************  DR
R ====================================R
R ====================================R
LC  ********************************  CL
LB  ********************************  BL
LA  ********************************  AL
    12345678901234567890123456789012
 Y 2   [[[[[[3[[[[     4        5
```

图 5-24　指定座位前 CA1310 航班的舱位布局

为旅客王松在 Y 舱指定后排靠走廊的座位（50C）：

```
◆SSR SEAT CA HK1 CANPEK Y 30JUN 50C/P1
@<F12>
SSR ...SEAT SEAT CA HK1 CANPEK Y 30JUN 50C/P1.  OK!
◆
```

提取 PNR 记录，查看信息，并调出 CA1310 航班的舱位布局图操作如下：

```
◆RT ZDIMPU  <F12>
    **** ELECTRONIC TICKET PNR FOR CRS SYSTEM ****
1.王松     ZDIMPU
2.CA1321 F Sat 25JUN PEKCAN HK1 0845 1140   E
3.CA1310 Y Thu 30JUN CANPEK HK1 1405 1720   E
4.C TEL:139****2597
5.TL 1200/24JUN/CTU999
6.OSI: CA VIP 省政协委员/P1
7.SSR: FOID CA HK NI513197****03261579/P1
8.SSR: SEAT CA HK1 PEKCAN Y 25JUN 21A/P1
9.SSR: SEAT CA HK1 CANPEK Y 30JUN 50C/P1
10.FC:  PEK CA CAN 1890.00 FB150 2835.00 CA PEK 1890.00 YB100 1890.00
CNY 4725.00 END
11.FN:
FCNY4725.00/SCNY4725.00/C3.5/TCNY50.00CN/TCNY50.00YQ/ACNY4825.00
12.FP:  CASH,CNY
13.RMK: CA/QPMZ5U
14.RMK: CA/M8TZY4
```

```
15.CTU999
◆ADM 3 <F12>
◆
```

图 5-25 为预留座位成功后的 CA1310 航班的舱位布局，显示预留座位成功。

```
 CA1310  /Y/30JUN/CANPEK/B757/F8Y192
Y 2   [[[[[[3[[[[     4          5
    12345678901234567890123456789012
RF  ********************************  FR
RE  ********************************  ER
RD  ********************************  DR
R ====================================R
R ====================================R
LC  *****************************!**  CL
LB  ********************************  BL
LA  ********************************  AL
    12345678901234567890123456789012
Y 2   [[[[[[3[[[[     4          5
```

图 5-25　预留座位成功后的 CA1310 航班的舱位布局

电子客票出票：

```
◆ETDZ 1  <F12>
    ACNY 5065.00       ZDIMPU
 ELECTRONIC TICKET ISSUED.
◆
```

图 5-26 为旅客王松的电子客票行程单。

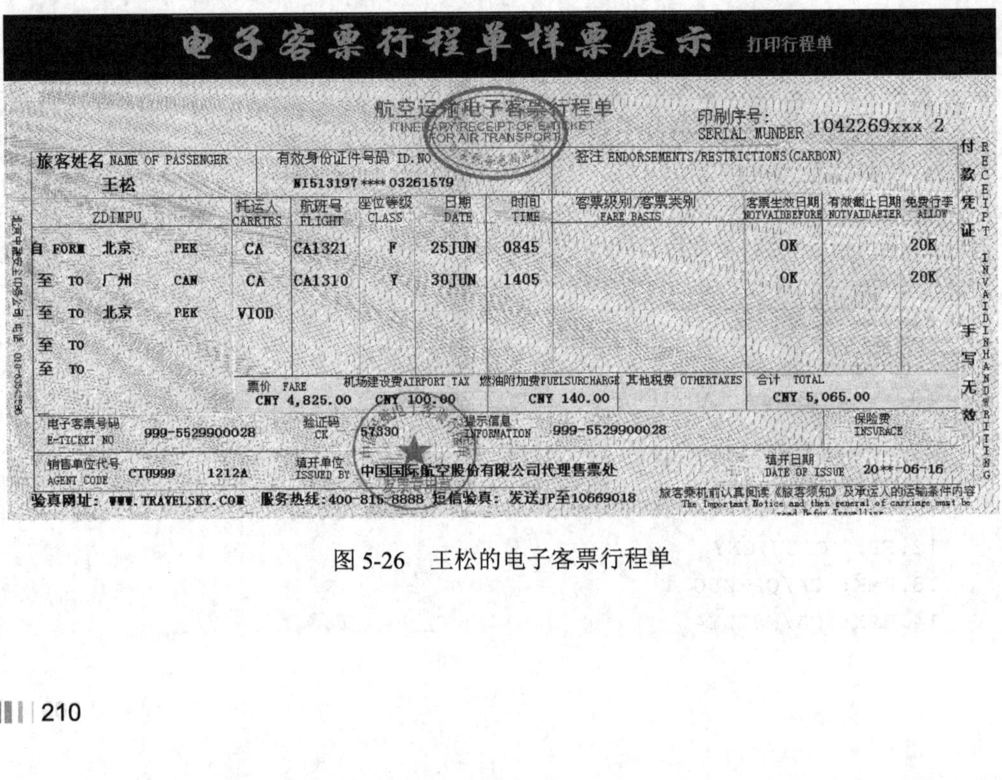

图 5-26　王松的电子客票行程单

至此，本任务课目的操作完成。

任务检测

旅客何娇（VIP）订购5月25日济南到厦门F舱，要求坐第一排靠走廊的座位；5月30日厦门到济南Y舱，要求坐第三排靠窗的座位。

任务十三　旅客指定座位订座后的额外订座

实训课目：旅客张军订购6月25日北京到广州M舱，要求坐靠窗的座位；6月30日广州到北京Q舱，要求坐靠走廊的座位。由于某种原因，旅客张军要求广州到北京额外占用一个座位。

课目要求：展示订座过程，出票、打印行程单。

查询6月25日北京到广州的航班座位情况：

```
◆AV PEKCAN/ 25JUN  <F12>
 AV PEKCAN  25JUN(SAT)
 1.CZ3196  PEKCAN  0840  1145   B738  0  S E DS# F8 YA CA ...
 2.CA1321  PEKCAN  0845  1140   B757  0  S E DS# F8 YA CA ...
 3.CZ3162  PEKCAN  1005  1310   A320  0  L E DS# F8 YA CA ...
 4.CZ3152  PEKCAN  1030  1230   B757  0  L E DS# F8 YA CA ...
 5.CA1315  PEKCAN  1155  1455   B757  0  L E DS# F8 YA CA ...
 6.CZ3102  PEKCAN  1205  1505   A330  0  L E DS# FA YA CA ...
 7.CZ3106  PEKCAN  1305  1605   B757  0  L E  DS# F8 YA CA ...
 8.CZ3104  PEKCAN  1515  1800   B767  0  D E DS# FA YA CA...
◆
```

订CA1321航班M舱的座位：

```
◆SD 2M1  <F12>
1.CA1321  M  Sat  25JUN  PEKCAN  HK1  0845  1140  E
◆
```

查询6月30日广州到北京的航班座位情况：

```
◆AV CANPEK/30JUN <F12>
 AV CANPEK 30JUN (THU)
 1.CZ3151 CANPEK 0720 0930 B757 0 ^ B E DS# F8 YA CA IA...
 2.CZ3101 CANPEK 1000 1210 A320 0 ^ L E DS# F8 YA CA IA...
 3.CA1322 CANPEK 1255 1610 B757 0 ^ L E DS# F8 YA CA IA...
```

```
 4.CA1310 CANPEK 1405 1720 B757 0 ^ S E DS# F8 YA CA IA...
 5.CA1316 CANPEK 1610 1915 B757 0 ^ D E DS# F8 YA CA IA...
 6.CA1302 CANPEK 1955 2255 B757 0 ^ S E DS# F8 YA CA IA...
◆
```

订 6 月 30 日广州到北京 CA1310 航班：

```
◆SD 4Y1
N 张军
C TEL:151****5497
T TL/1200/24JUN/CTU999
@<F12>
CA1321  M  Sat  25JUN  PEKCAN  HK1  0845  1140  E
CA1310  Q  Thu  30JUN  CANPEK  HK1  1405  1720  E
BR6PH2
◆
```

输入旅客张军的身份证信息：

```
◆SSR FOID CA HK/532187****05123654/P1
@<F12>
SSR .... OK!
◆
```

提取 PNR 记录，查看信息：

```
◆RT BR6PH2  <F12>
     **** ELECTRONIC TICKET PNR FOR CRS SYSTEM ****
1.张军      BR6PH2
2.CA1321 M Sat 25JUN PEKCAN HK1 0845 1140   E
3.CA1310 Q Thu 30JUN CANPEK HK1 1405 1720   E
4.C TEL:151****5497
5.TL 1200/24JUN /CTU999
6.SSR: FOID CA HK NI532187****05123654/P1
7.FC:PEK CA CAN 1889.00 YB80 1512.00 CA PEK 1890.00 YB74 1399.00 CNY
2911.00 END
8.FN:
FCNY2911.00/SCNY2911.00/C3.5/TCNY50.00CN/TCNY50.00YQ/ACNY3011.00
9.FP:  CASH,CNY
10.RMK: CA/P6BVI0
11.RMK: CA/YVCHUC
12.EI: 打折机票，不得转签!/1
```

```
13.CTU999
◆
```

调出 CA1321 航班的舱位布局图：

```
◆ADM 2    <F12>
◆
```

“2”为 PNR 中航班号的序号

图 5-27 为指定座位前 CA1321 航班的舱位布局。

```
   CA1321  /F.Y/25JUN/PEKCAN/B757/F8Y192
   F 0 Y   [[[1[[[      2         3
     1234567890123456789012345678901234
 RF  **********************************  FR
 RE  XX********************************  ER
 RD  **********************************  DR
 R ======================================R
 R ======================================L
 LC  **********************************  CL
 LB  XX********************************  BL
 LA  **********************************  AL
     1234567890123456789012345678901234
   F 0 Y   [[[1[[[      2         3
```

图 5-27　指定座位前 CA1321 航班的舱位布局

为旅客张军在 CA1321 航班指定一个靠窗的座位（4A）：

```
◆SSR SEAT CA HK1 PEKCAN M 25JUN 4A/P1
@<F12>
SSR ...SEAT SEAT CA HK1 PEKCAN M 25JUN 4A/P1.  OK!
◆
```

屏幕信息显示，SSR 指定座位成功。

提取 PNR 记录，查看信息，调出 CA1321 航班的舱位：

```
◆RT BR6PH2  <F12>
     **** ELECTRONIC TICKET PNR FOR CRS SYSTEM ****
1.张军      BR6PH2
2.CA1321 M Sat 25JUN PEKCAN HK1 0845 1140   E
3.CA1310 Q Thu 30JUN CANPEK HK1 1405 1720   E
4.C TEL:151****5497
5.TL 1200/24JUN/CTU999
6.SSR: FOID CA HK NI532187****05123654/P1
7.SSR: SEAT CA HK1 PEKCAN M 25JUN 4A/P1
8.FC: PEK CA CAN 1889.00 YB80 1512.00 CA PEK 1890.00 YB74 1399.00 CNY 2911.00
END
9.FN: FCNY2911.00/SCNY2911.00/C3.5/TCNY50.00CN/TCNY50.00YQ/
ACNY3011.00
```

```
10.FP:  CASH,CNY
11.RMK: CA/P6BVI0
12.RMK: CA/YVCHUC
13.EI: 打折机票，不得转签!/1
14.CTU999
◆ADM 2 <F12>
◆
```

图 5-28 显示指定座位预订成功。

```
  CA1321  /F.Y/25JUN/PEKCAN/B757/F8Y192
  F O Y   [[[1[[[       2          3
    1234567890123456789012345678901234
RF  **********************************  FR
RE  XX********************************  ER
RD  **********************************  DR
R ====================================R
R ====================================L
LC  **********************************  CL
LB  XX********************************  BL
LA  ***!******************************  AL
    1234567890123456789012345678901234
  F O Y   [[[1[[[       2          3
```

"!" 表示指定座位预订成功

图 5-28　预留座位成功后 CA1321 航班的航位布局

调出 CA1310 航班的舱位布局图的操作如下：

```
◆ADM 3  <F12>
◆
```

图 5-29 为指定座位前 CA1310 航班的舱位布局。

```
  CA1310  /Y/30JUN/CANPEK/B757/F8Y192
 Y 2   [[[[[[3[[[[      4          5
    12345678901234567890123456789012
RF  ********************************  FR
RE  ********************************  ER
RD  ********************************  DR
R ==================================R
R ==================================R
LC  ********************************  CL
LB  ********************************  BL
LA  ********************************  AL
    12345678901234567890123456789012
 Y 2   [[[[[[3[[[[      4          5
```

图 5-29　指定座位前 CA1310 航班的舱位布局

为旅客张军在 CA1310 航班指定一个靠走廊的座位（4D）并需求一个额外占座（4E）：

```
◆SR SEAT CA HK1 CANPEK Q 30JUN 4D/P1
@<F12>
SSR ...SEAT SEAT CA HK1 CANPEK Q 30JUN 4D/P1.  OK!
◆
```

```
◆SSR EXST CA HK1 CANPEK Q 30JUN 4E/P1
@<F12>
SSR .... OK!
◆
```

提取PNR记录，查看信息：

```
◆RT BR6PH2  <F12>
    **** ELECTRONIC TICKET PNR FOR CRS SYSTEM ****
1.张军      BR6PH2
2.CA1321 M Sat 25JUN PEKCAN HK1 0845 1140   E
3.CA1310 Q Thu 30JUN CANPEK HK1 1405 1720   E
4.C TEL:151****5497
5.TL 1200/24JUN/CTU999
6.SSR: FOID CA HK NI532187****05123654/P1
7.SSR: SEAT CA HK1 PEKCAN M 25JUN 4A/P1
8.SSR: SEAT CA HK1 CANPEK Q 30JUN 4D/P1
9.SSR: EXST CA HK1 CANPEK Q 30JUN 4E/P1
10.FC: PEK CA CAN 1889.00 YB80 1512.00 CA PEK 1890.00 YB74 1399.00 CNY
2911.00 END
11.FN: FCNY2911.00/SCNY2911.00/C3.5/TCNY50.00CN/TCNY50.00YQ/
ACNY3011.00
12.FP: CASH,CNY
13.RMK: CA/P6BVI0
14.RMK: CA/YVCHUC
15.EI: 打折机票，不得转签!/1
16.CTU999
◆ADM 3  <F12>
◆
```

图5-30显示预留额外座位成功。

```
  CA1310  /F.Y/30JUN/CANPEK/B757/F8Y192
  F 0 Y   [[[1[[[      2          3
    1234567890123456789012345678901234
RF  **********************************  FR
RE  XX*!******************************  ER
RD  ***!******************************  DR
R ======================================R
R ======================================L
LC  **********************************  CL
LB  XX********************************  BL
LA  **********************************  AL
    1234567890123456789012345678901234
  F 0 Y   [[[1[[[      2          3
```

图5-30　预留座位成功后的CA1310航班的航位布局

电子客票出票：

```
◆ETDZ 1  <F12>
  ACNY 4650.00 = Fare:2911.00 + TAX: 340.00+ EXST SEAT: 1399.00
     BR6PH2
ELECTRONIC TICKET ISSUED.
◆
```

张军的电子客票行程单，如图 5-31 所示。

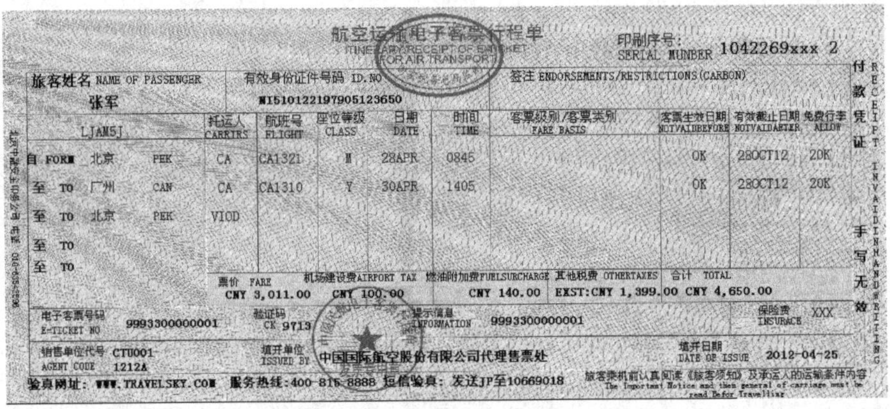

航空运输电子客票行程单
ITINERARY/RECEIPT OF E-TICKET FOR AIR TRANSPORT
印刷序号：SERIAL NUMBER 1042269xxx 2

旅客姓名 NAME OF PASSENGER：张军
有效身份证件号码 ID.NO：NI510122197905123650
签注 ENDORSEMENTS/RESTRICTIONS(CARBON)
LJAM5J

			承运人 CARRIERS	航班号 FLIGHT	座位等级 CLASS	日期 DATE	时间 TIME	客票级别/客票类别 FARE BASIS	客票生效日期 NOTVAILDBEFORE	有效截止日期 NOTVAILDAFTER	免费行李 ALLOW
自 FORM	北京	PEK	CA	CA1321	M	28APR	0845		OK	28OCT12	20K
至 TO	广州	CAN	CA	CA1310	Y	30APR	1405		OK	28OCT12	20K
至 TO	北京	PEK	VIOD								
至 TO											
至 TO											

票价 FARE	机场建设费 AIRPORT TAX	燃油附加费 FUELSURCHARGE	其他税费 OTHERTAXES	合计 TOTAL
CNY 3,011.00	CNY 100.00	CNY 140.00	EXST:CNY 1,399.00	CNY 4,650.00

电子客票号码 E-TICKET NO：9993300000001　验证码 CK 9713　提示信息 INFORMATION：9993300000001　保险费 INSURACE：XXX
销售单位代号 AGENT CODE：CTU001 1212A　填开单位 ISSUED BY：中国国际航空股份有限公司代理售票处　填开日期 DATE OF ISSUE：2012-04-25
验真网址：WWW.TRAVELSKY.COM　服务热线：400-815-8888　短信验真：发送JP至10669018
旅客乘机前认真阅读《旅客须知》及承运人的运输条件内容 The Important Notice and then general of carriage must be read Befor Travelling
付款凭证 RECEIPT　手写无效 INVALID IN HANDWRITING

图 5-31　张军的电子客票行程单

提取 PNR 记录，查看出票后的信息：

```
◆RT BR6PH2  <F12>
     **** ELECTRONIC TICKET PNR FOR CRS SYSTEM ****
1.张军      BR6PH2
2.CA1321 M Sat 25JUN PEKCAN RR1 0845 1140   E
3.CA1310 Q Thu 30JUN CANPEK RR1 1405 1720   E
4.C TEL:151****5497
5.T TN/999-5529900029
6.SSR: FOID CA HK NI532187****05123654/P1
7.SSR: SEAT CA HK1 PEKCAN M 25JUN 41A/P1
8.SSR: SEAT CA HK1 CANPEK Q 30JUN 41D/P1
9.SSR: EXST CA HK1 CANPEK Q 30JUN 41E/P1
.........
13.FN:
CNY2911.00/SCNY2911.00/C3.5/TCNY50.00CN/TCNY50.00YQ/ACNY3011.00
.........
18.CTU999
◆
```

查看旅客张军的电子客票信息：

```
◆DETR TN/999-5529900029  <F12>
  ISSUED BY:  INTERNATIONAL AIRLINE ORG/DST: PEK/PEK  ISI:
  TOUR CODE:          CRS_PNRNO: BR6PH2
  PASSENGER: 张军
  EXCH:                          CONJ TKT:
0 FM 1PEK CA 1321 M 25JUN 0845 OK Y 20 K 25JUN/25Dec
        RL:  P6BVI0                   OPEN FOR USE
0 TO 2CAN CA 1310 Q 30JUN 1405 OK Y 20 K  25JUN/25Dec
      RL:  YVCHUC                    OPEN FOR USE
TO 3PEK
FC: PEK CA CAN 1889.00 YB80 1512.00 CA PEK 1890.00 YB74 1399.00 CNY 2911.00 END
FARE: CNY 2911.00                          FOP:  CASH,CNY
TAX: CNY  340.00                            OI:
EXST_SeatFARE: CNY 1399.00          EXST Seat: 7E
TOTAL: CNY 4650.00                         TKTN:  999-5529900029
◆
```

额外座位的金额款是订妥座位的价格

至此，本任务课目操作完成。

任务检测

旅客侯宁订购 7 月 6 日福州到西安 M 舱，要求坐靠窗的座位；7 月 18 日西安到福州 Q 舱，要求坐靠走廊的座位。由于某种原因，旅客张军要求西安到福州额外占用一个座位。

参 考 文 献

订座业务操作手册，2020. 中国民航信息网络股份有限公司.
中国民航订座系统航空公司自动出票手册，2020. 中国航信.

附　录

附录一　名词与释义

【国际航空运输业务中的五种空中自由】五种空中自由，又称业务权、商业权、航行权，是指国际航空运输业务中定期航班所具有的权利。1928 年，以美国为首的欧美联盟提出了民用航空运输的业务权问题，这就是后来世界公认的五种空中自由。

五种空中自由的内容如下。

1）飞越一国领土而不降停的自由和权利。

2）在一国领土上作非商业性降停（指为了添加燃料，或因机械、气象等原因的降停，而不上下旅客、货物、邮件）的自由和权利。

3）在一国领土上卸下来自航空器所属国家的旅客、货物、邮件的自由和权利。

4）在一国领土上装上前往航空器所属国家的旅客、货物、邮件的自由和权利。

5）在一国领土上装上前往或卸下来自任何其他国家的旅客、货物、邮件的自由和权利（国际上又称为以远权）。

【CRS】中国民航代理人分销系统，常称为代理人分销系统。在订座系统处理的所有旅客中，约 70%以上是由 CRS 完成的，其余由航空公司订座系统（ICS）完成。

【ICS】航空公司订座系统，由航空公司管理、监控，用以完成公司客票订座销售。一般来说，ICS 的管理监控人员是能够管理本公司在 CRS 中的旅客订座记录的。这需要 CRS/ICS 所授权给予的用户特权（操作管理订座记录具体功能的授权）。

【DCS】计算机离港控制系统（departure control system，DCS），包括旅客值机（CKI）、配载平衡（LDP）和航班数据控制（FDC）三大部分。

【GDS】全球分销系统（global distribution system，GDS）。GDS 是 20 世纪 90 年代以来获得迅速发展的新型电子商务营销网络，是为代理人提供航空和旅游产品分销服务的计算机技术及网络服务系统相结合的系统总称。GDS 通常是以国际性航空公司为龙头，与连锁饭店、度假村、汽车租赁公司、铁路公司、旅游公司等与旅游相关的企业形成联盟共同建设的，提供航班订位、订房、旅游预订等综合服务的分销与信息服务系统。

【承运人】承运人是指包括填开客票的航空公司和承运或约定承运该客票所列旅客及其行李的所有航空公司。

【销售承运人】销售承运人是指航空公司的代码（IATA 二字代码）被作为运输承运人记录在电子乘机联或有价票联上的航空公司。

【实际承运人】实际承运人是指提供实际航空运输及其附带服务的航空公司。当有代码共享协议时，实际承运人不一定是销售承运人。

【销售代理人】销售代理人是指取得企业法人地位的，获得相应管理部门颁发的营业许可证，从事民用航空运输销售代理业务的营利性企业。一般来说，航空运输销售代理人不同于授权销售代理人，它具备以下条件。

1）取得中华人民共和国企业法人资格。

2）根据经营运输销售的类别，企业注册资金不得少于销售类别的要求。

3）有固定独立的电信设备、设施齐全的营业场所。

4）至少有三名取得航空运输销售人员相应业务合格证的从业人员。

5）必须获得国际航协（IATA）、中国 BSP 的认可，并遵守规定和服从管理。

【授权销售代理人】授权销售代理人是指经航空公司授权，并为航空公司航班提供销售业务的代理人。

【ASD】航空系统部（Air System Division，ASD）。2002 年 1 月，国际航协（IATA）北京办事处，基于互联网技术建立的销售代理人服务平台。它把国际航协代理人办公室、BSP 办公室、BSP 航空公司、国际航协认可的代理人、数据处理中心（DPC）和清算银行等相关部门联系在一起，是 BSP 运作无纸化的服务平台。销售代理人使用此服务平台，可完成日常的和定期的与国际航协、BSP 办公室等客票销售业务情况的往来传递工作，保证与加快了 BSP 快捷、准确、方便的运作操作。

【地面服务代理人】地面服务代理人是指取得法人地位，从事民用航空运输地面服务代理业务的企业。

【授权地面服务代理人】授权地面服务代理人是指经航空公司授权，并为航空公司航班提供地面服务的地面服务代理人。

【旅客订座】

基本要求：订座只有在旅客按照航空公司规定的手续和购票时限内交付票款，经航空公司或其销售代理人确认后，方能认为座位已经订妥和有效。

购票时限：已订座位的旅客应在航空公司规定或预先约定的时限内购买客票；否则，原订座位不予保留。

个人资料：为了订座和安排相关服务的需要，旅客必须向航空公司提供准确完整的个人资料（如有效身份信息、地址、电话等）。

订座优先权：重要旅客、紧急公务、抢险救灾人员、多航段航班或高舱位订座的旅客享有订座优先权。

座位的取消：旅客没有按航空公司规定使用已订妥的座位，也未告知航空公司的有关部门，航空公司可以取消其已订妥的始发航班座位和已订妥的续程、回程航班座位。

【旅客购票】旅客可到航空公司直销机构或其销售代理人的售票处购票。旅客购票须提供本人有效身份证件或公安机关出具的其他有效身份证件，并填写《旅客订座单》。

儿童、婴儿购票，应提供儿童、婴儿出生日期的有效证明。

限制运输旅客购票，应按航空公司的要求提供相关证明，经航空公司同意后，方可购票。

【客票变更】

自愿改变舱位等级：旅客购票后，如要求改变舱位等级，航空公司及其授权销售代理人应在航班有可利用座位和时间允许的条件下按相应票价的运输适用条件予以办理。

自愿改变航班、日期：旅客购票后，如要求改变航班、日期，应最迟在航班规定离站时间前提出，并按相应票价的运输适用条件办理。

改变承运人及签转：旅客自愿要求改变承运人，在符合下列全部条件下，航空公司或其授权销售代理人可予以签转。

1）旅客使用的票价无签转限制。

2）旅客客票未改变过航班、日期。

3）旅客改变承运人的要求在航班规定离站时间 24 小时（含）以前提出。

4）接受签转的承运人与航空公司有票证结算关系。

5）接受签转的承运人同意载运且该航班相应的座位等级有可利用座位。

【旅客退票】

一般规定：由于航空公司未能按照运输合同提供运输或旅客要求自愿改变其旅行安排，对旅客未能使用的全部或部分客票，航空公司应按规定办理退票。

办理退票时，应填写航空公司规定的退款单据。除遗失客票的情形外，旅客必须凭客票未使用的全部乘机联和旅客联，方可办理退票。

航空公司有权向客票上列明姓名的旅客本人办理退票。

当客票上列明的旅客不是该客票的付款人，且客票上已列明退票限制条件，航空公司应按列明的退票限制条件将票款退给付款人或其指定的人。

旅客退票应出示本人有效身份证件；如退票受款人不是客票上列明的旅客本人，应出示旅客和退票受款人的有效身份证件。

旅客要求退票，应在其客票有效期内向航空公司提出，并在客票有效期内办理退款手续。超出有效期则不予办理退款手续。

退票地点：旅客非自愿退票，可在原购票地、航班始发地、经停地、终止地的航空公司直销机构、经航空公司特别授权的销售代理人售票处或引起非自愿退票地点的航空公司授权地面服务代理人售票处办理。

旅客自愿退票，应在下列地点办理。

1）在出票地要求退票，原则上只限在原购票的售票处办理。

2）在出票地以外的航班始发地或终止旅行地要求退票，可在当地的航空公司直销机构办理；如当地无航空公司直销机构，可在经航空公司特别授权的当地销售代理人售票处办理。

3）持不定期客票的旅客要求退票，原则上只限在原购票的售票处办理。

非自愿退票：由于航空公司的原因，旅客要求退票，始发地应退还全部票款；经停地应退还未使用航段的全部票款，但不得超过原付票款金额。以上两种情况均不收取退票费。

自愿退票：旅客自愿要求退票，按相应票价的运输适用条件办理。

下列情形免收退票费。

1）支付革命伤残军人和因公致残人民警察票价的客票，免收退票费。

2）支付婴儿票价的客票，免收退票费。

3）旅客伤病，需提供航空公司要求的相关证明，免收退票费。伤病旅客的陪伴人员，应与伤病旅客同时办理退票手续，免收退票费。

旅客在航空公司航班经停地自动终止旅行，该航班未使用航段的票款不退。

【航空运输保险及赔偿】保险人对于其承保的对象（如旅客行李、货物邮件），在航空运输过程中受到损失时，保险人应根据保险条款给予被保险人赔偿。对于运输旅客身体损害赔偿，根据中国民用航空局的规定，国内旅客航空公司最高赔偿 15 万元人民币。旅客自行向保险公司投保的航空运输意外伤害险，按投保条款另外计算。我国实行航空运输保险及赔偿，是如上所述的“双向保险制”。

【航空旅客人身意外伤害保险】机票所含保险和航空意外险是两个概念。

机票所含保险是航空公司因自身责任造成航空旅客人身伤亡，应对旅客赔偿的责任保险。飞机保险的责任范围包括：一是机身险，即飞机在飞行或滑行中及在地面上发生的造成飞机及其附件的意外损失或破坏；二是第三者责任险，即由于飞机或从飞机上坠人、坠物造成第三者人身伤亡或财物损失；三是旅客法定责任险，即由于乘客在乘坐或上下飞机时发生意外，造成旅客的人身伤亡或所携带和已经交运登记的行李、物件的损失等。机票所含保险主要是指旅客法定责任保险，是由保险公司赔付给航空公司，再由航空公司赔付给旅客的。

航空意外险则由旅客直接持保单到保险公司索赔。对旅客来说，是否购买航空意外险完全是自愿的。航空意外险是航空旅客人身意外伤害保险的简称。它是保险公司为航空旅客专门设计的一种针对性很强的商业险种。它的保险期限从被保险乘客踏入保单上载明的航班班机的舱门开始到飞抵目的港走出舱门为止。它的保险责任是被保险乘客在登机、飞机滑行、飞行、着陆过程中，即在保险期限内因飞机意外事故遭到人身伤害导致身故或残疾时，由保险公司按照保险条款所载明的保险金额给付身故保险金，或按身体残疾所对应的给付比例给付残疾保险金。

【承运人的责任】中国民用航空局令第 164 号《国内航空运输承运人赔偿责任限额规定》于 2006 年 1 月 29 日经国务院批准，2006 年 3 月 28 日起施行。由于承运人过失造成旅客在航空器或上下航空器的过程中受伤或死亡，承运人应承担赔偿责任，对每名旅客身体伤害的最高赔偿限额为人民币 40 万元。对每名旅客随身携带物品的赔偿责任限额为人民币 3000 元；对旅客托运的行李和对运输的货物的赔偿责任限额为每公斤人民币 100 元。

【常旅客奖励计划】常旅客奖励计划（frequent flyer awards，FFA）是指航空公司或航空公司联盟对经常乘机的公务、商务旅客，实行累计飞行里程奖励的竞争方式。实施办法：当旅客申请加入常旅客奖励计划后，航空公司为其建立账户和档案，由计算机为其记录旅行信息和累计飞行里程。当旅客累计的里程达到规定的数据后，便可获得一定里程的免票或免票升舱或免费行李或优先候补或其他优惠或多项综合优惠。

【国内载运权】国内载运权是指对在一个国家内的航空运输（如旅客、货物、邮件）的载运权。国内载运权主要针对国际航空运输（如旅客、货物、邮件）。

【联程客票】联程客票是指列明有两个（含）以上航班的电子客票。

【来回程客票】来回程客票是指从一地出发至另一地并按原航程返回该地的电子客票。

【连续客票】连续客票是指填开给旅客并与另一本客票连在一起，共同构成一个单一运输合同的客票。

【定期客票】定期客票是指列明航班、乘机日期并订妥座位的电子客票。

【不定期客票】不定期客票是指未列明航班、乘机日期或未订妥座位的电子客票，也称 OPEN 票。

【乘机联】乘机联是指客票中标明"运输有效"的部分，表示该乘机联适用于指定的两个地点之间的运输（仅适用于纸质客票）。

【旅客联】旅客联是指客票中标明"旅客联"的部分，始终由旅客持有（仅适用于纸质客票）。

【全票价】全票价是指在票价适用期内的头等舱、公务舱、经济舱等各舱位等级的销售票价中的最高票价。

【折扣票价】折扣票价是指不属于全票价的其他票价。

【免费运输】免费运输是指航空公司以飞机运送旅客、行李但不收取报酬的国内航空运输，包括但不限于航空公司因礼遇、市场促销、雇员因私或因公出行、常旅客奖励等的免费运输。

【误机】误机是指旅客未按规定时间办妥乘机手续或因旅行证件不符合规定而未能乘机。

【漏乘】漏乘是指旅客在始发站办理乘机手续后或在经停站过站时未能搭乘指定的航班。

【错乘】错乘是指旅客乘坐了不是其客票上列明的航班。

【行李】行李是指旅客在旅行中为了穿着、使用、舒适或便利而携带的必要或适量的物品和其他个人财物。除另有规定外，包括旅客的托运行李和随身携带物品。

【随身携带物品】随身携带物品是指经航空公司同意在规定的行李品种、数量、重量和体积范围内由旅客自行携带乘机并负责照管的行李物品。一般来说，对于旅客随身携带的物品，Y 舱位不得超过 20 千克，C 舱位不得超过 30 千克，F 舱位不得超过 40

千克。超过部分按逾重行李收费。逾重行李收费，每公斤按成人经济舱单程最高直达运价的1.5%计算。

【托运行李】托运行李是指旅客交由航空公司负责照管和运输的行李。

【行李牌识别联】行李牌识别联是指由航空公司专为识别托运行李出具给旅客的凭据。

【逾重行李票】逾重行李票是指由航空公司填开的，收取逾重行李费的凭证。

【离站时间】离站时间是指航班旅客登机后，关机门的时间。

【起飞时间】起飞时间是指飞机从出发站起飞，飞机发动机启动的时间。

【到达时间】到达时间是指飞机在到达站降落，飞机发动机关闭的时间。

【经停地点】经停地点是指除航班出发地点和目的地点以外，在旅客乘坐的航班飞行过程中预定停留的地点。

【中途分程】中途分程是指经承运人事先同意，旅客在出发地和目的地间旅行时由旅客有意安排在某个地点的旅程间断。

【自愿升降舱】自愿升降舱是指旅客由于自身的需要，要求升降已经订好的舱位等级。如Y舱换F舱，或F舱换Y舱。自愿升降舱旅客应到营业部或机场销售柜台办理有关手续。

【非自愿升降舱】非自愿升降舱是指在航班异常的情况下，承运人服务于旅客的操作。如果没有对等的舱位，承运人将替旅客办理有关手续。

【办理乘机手续】办理乘机手续是指旅客乘坐飞机前，要在航空公司的柜台服务窗口，确认所乘的航班、日期、起飞时间及身份，换取登机牌及行李托运等有关手续的过程。旅客须持有效身份证件才能办理此项手续。

【日期时间表示】在航班订座和查看航班信息时所用的表示方式。时间用四位数字表示。例如，1600表示16:00；0825表示8:25。日期用五位表示，包括两位数字和三位字母：两位数字表示日期01～31；三位字母表示月份，一月JAN、二月FEB、三月MAR、四月APR、五月MAY、六月JUN、七月JUL、八月AUG、九月SEP、十月OCT、十一月NOV、十二月DEC。例如，25SEP表示9月25日。

【电子客票】电子客票（electronic ticketing，ET）是纸质机票的电子形式，将票面信息存储在订座系统中，可以像纸票一样执行订票、出票、作废、退票、换票、改转签等操作，是世界上最先进的客票形式。它创新了订票、出票、值机、结算的电子化流程，即在售票员每次操作的同时，在主机系统里生成一个相应的电子数据记录。电子客票所有的销售、离港和结算数据全部安全地储存在航空公司的数据库中，售票员可以随时提取电子客票，查看客票信息。不仅保证了安全、准确、快速的信息传递，而且便于检索、查询和管理。

对于旅客来说，使用电子客票与使用纸质机票一样，并无差别。旅客购票登机的全过程如下。

1）旅客通过网络或航空售票处订座、支付、出票或自行打印行程票。

2）旅客在机场值机柜台出示身份证，办理值机手续，获得登机牌和报销凭证。

3）旅客持登机牌、身份证件、报销凭证通过安全检查。

4）旅客持登机牌登机。

电子客票使用行程单作为客人购买电子客票的付款凭证或报销凭证，同时具有提示客人的作用。行程单采取一人一单制，不作为办理乘机手续和进行安全检查的必要凭证使用。

电子客票依托现代信息技术，将纸质机票的票据流变成电子化数据流，不仅具有纸质机票的全部功能，而且在订票、离港、结算等方面有了更全面、安全、快捷、便利的发展，是目前世界上最先进的客票形式，是整体提高航空公司管理水平的重要方法。

【电子客票订座】电子客票订座属于订座系统（CRS/ICS），是通过电子客票的方式来实现客票订座的系统。目前，旅客订座的服务记录 99%以上由 CRS/ICS 完成。电子客票订座的旅客须持有效身份证件和票款或票款支付的凭据。

【电子客票票号】电子客票票号是电子客票的唯一标识符，由 13 位数字和一个“-”组成。格式为：NNN-KKKKKDDDDD。其中，NNN（三位数字）是航空公司的结算代码，表示此电子客票是属于该航空公司的；KKKKK 是电子客票的号段域代码，编码规则内定；DDDDD 是客票序号（流水号），范围是 00001～99999。

电子客票票号由 BSP 航空公司统一发放，由各销售部门申请领取，存放于 CRS/ICS 中。开票、使用和作废等操作记录于 CRS/ICS 中。

【ICS ET】属于 ICS 出具的电子客票。

【BSP ET】属于 CRS 出具的中性（票）电子客票。

【航空运输电子客票行程单】《航空运输电子客票行程单》由国家税务总局监制并纳入税务机关发票管理，为单联机打发票。它是适用于境内出具的国内、国际航线的电子客票付款凭证，是旅客购买电子客票的唯一报销凭证。票面内容包括印刷序号、旅客姓名、有效身份证件号码、航程、承运人、航班号、日期、票价、民航发展基金、燃油附加费、填开单位、查询网址等。

【PNR】旅客订座记录（passenger name record，PNR）是 CRS/ICS 处理的主要对象。一般情况下，一条 PNR 必须包含如下项目：旅客姓名组（NM，GN）、航段组（SD）、联系地址组（CT）、出票情况组（TK）、特殊服务组（SSR）、责任组（RP）。

PNR 有一个五位字符代码的记录号。编号规则：第 1 个字符必须是英文字母，第 2～5 位可以是字母或数字。在五位字符代码中，不能有英文字母“O”。

近年来，随着国内航空市场的不断发展，旅客量呈高速增长态势，在订座量不断攀升的情况下，订座系统中传统的五位 PNR 编码的使用已经接近饱和。为进一步提升国内航空公司的国际竞争力，满足航空公司未来业务的发展需要，对航空公司系统（ICS）和代理人系统（CRS）及离港系统（DCS）的 PNR 编码长度，由五位扩充为六位。

六位记录编码首字母规则如下。

1）ICS 使用 M、N、P、Q、R、S、X、Y（共八个字符）之一作为首字母。

2）CRS 使用 H、J、K、L、B、C、G、Z（共八个字符）之一作为首字母。

【DIET 协议】国内航空公司之间的 ET（电子客票）协议。该协议实施跨航空公司的电子客票销售协议。出票的航空公司必须与客票所有航段上的所有实际航空公司（除本公司外）签订双边的 DIET 协议，否则不能销售。该协议在 ICS 中为 DIET 配置表。

【VC】出票承运人（validating carrier，VC）。航空公司的结账代码出现在电子客票票号中的出票航空公司。出票承运人应为电子客票交易的控制和被授权实体。

在 DIET 协议中，涉及的是 OC 与 VC 的协议，不包括代码共享协议。

【国际时区和日界线】全球分为 24 个时区，各个时区以本区内的中央经线的地方时作为全区共同使用的时刻，每 15 个经度划分为一个时区。

首先，以 0° 经线和 180° 经线为中央经线，向东、向西各 7.5°，划出两个相对的时区，分别称为中时区和东西十二时区。

日界线划在太平洋上，大部分在 180° 经线上，但并非直线，而是略有曲折，是为了不让一个国家被日界线一分为二。确定日界线后，日界线西侧为东十二区，东侧为西十二区，两个时区钟点相同，日期相差一天，东十二区比西十二区早一天。因此，向东越过日界线时，日期要减一天；向西越过日界线时，日期要加一天。

【时差换算】地球自转产生了时差问题，飞机跨越经度飞行，在计算飞行时间和始发地、到达地的时刻时，应考虑时差的换算。

时差换算的基本方法是

B 地时间=A 地时间+B（时差）−A（时差）

在培训系统中，使用“CO:T/城市对”指令，如 CO:T/PEKNYC

附录二　旅客、行李国内运输规定

一、电子客票销售模式

1. 销售模式

B2C：旅客通过航空公司网站购票。

B2B：代理人通过登录航空公司网站销售电子客票。

ICS ET：基于航空公司订座系统出具的电子客票。

BSP ET：BSP 代理人出具的中性（票）电子客票。例如，通过机票预订网站（如携程旅行网、去哪儿网）销售电子客票，通过电话销售服务中心销售电子客票，通过大客户直销模式销售电子客票。

2. 联运电子客票

联运电子客票（interline e-ticketing，IET）是指当旅客的航程中出现非指定出票承运人的其他航空公司的航班时，确保旅客仅用一张电子客票即可完成旅行。

二、《航空运输电子客票行程单》的获取方式及处理办法

1. 获取方式

在网站上购买电子客票（B2C）的旅客可以通过邮寄的方式获取《航空运输电子客票行程单》，也可以在机场售票柜台领取。

2. 处理办法

1）收回《航空运输电子客票行程单》。

① 旅客正常退款，应收回《航空运输电子客票行程单》。

② 若旅客将电子客票换为纸票，原《航空运输电子客票行程单》须收回。

2）不收回《航空运输电子客票行程单》。

① 若旅客将电子客票换为电子客票，不用收回旧行程单，如果出现新旧票款差额，差额部分需要旅客再打印一份《航空运输电子客票行程单》。

② 旅客自愿升舱，如未携带《航空运输电子客票行程单》需要办理变更手续时，无须收回原《航空运输电子客票行程单》，可直接按电子客票换电子客票流程操作，使用 OI 指令补差额后，打印出此差额行程单并交给旅客，与原行程单共同作为旅客的报销凭证。

附录三　客票的定义、组成及用途

一、客票的定义

客票是指由承运人或代表承运人所填开的被称为“客票及行李票”（passenger ticket and baggage check）的凭证，包括运输合同条件、声明、通知及乘机联和旅客联等内容，是承运人与旅客之间航空运输合同订立和运输合同条件的初步证据。客票包括纸质客票和电子客票。

电子客票是普通纸质客票的一种电子替代产品，即通过电子数据形式来实现客票销售、旅客乘机及相关服务的客票方式。纸质客票将相关信息打印在专门的机票上，而电子客票将票面信息存储在订座系统中，保留时限为一年。由于原来纸制客票上的信息全部被保存在系统中，电子客票只是“无纸”而不是“无票”，完全不同于无乘机联登机。

电子客票可以像纸质客票一样，执行出票、作废、退票、换开等操作。此外，电子客票采用全部电子化的结算流程，不需要纸制票联就能结算。旅客可通过互联网购买机票和用银行卡支付票款，无须再到售票柜台去付款、取票，也无须送票，旅客直接到机场凭有效身份证件办理乘机手续。

联运电子客票是指跨航空公司的电子客票。它是建立在中国航信订座、离港、结算系统上的综合性项目。它允许签订 IET 协议的航空公司之间相互提供服务。IET 的主要功能为订座和出票，双方可以相互销售对方电子客票以及航段改期、签转、作废、退票、特殊情况处理，航班不正常需要相互签转时可直接候补接收，不再换开纸票。

二、客票的组成及用途

1. 客票的组成

客票由财务联、出票人联、1～4 张的乘机联、旅客联组成。

财务联（绿色）由出票部门的工作人员填开（或打印），客票撕下后，凭此做销售日报，并与销售日报一同上交财务，供财务部门审核和入账使用。

出票人联（粉红色）填开客票后撕下，由出票部门存档以备查考。

乘机联（淡黄色）供旅客在办理登机手续时使用，由办理乘机手续部门或换开客票的部门撕下。在填开客票时，作废乘机联必须由出票部门撕下后与财务联一起附在销售日报上交财务部门。

旅客联（白色）填开客票时不撕下，交给旅客，由旅客留存。

2. 客票的有效期

客票的有效期自旅客开始旅行之日起一年内运输有效。如果客票全部未使用，则从客票填开之日起一年内运输有效。特种票价的客票有效期，按该客票使用票价的有效期计算。客票有效期的计算，从旅行开始或填开客票之日的次日零时起至有效期满之日的次日零时为止。

计算客票有效期的指令：◆DATE:起始日期/客票有效天数

3. 客票号码

客票号码共有 13 位数，前 3 位是航空公司的三字代码，第 4 位是客票乘机联数，第 5～13 位是客票序号。

4. 客票使用的一般规定

每名旅客都应单独持有一本客票。外国旅客的客票应使用英文填写，国内旅客的客票应使用中文填写。

每一客票的乘机联必须列明舱位等级，并在航班上订妥座位和日期后方可由承运人接受运输。对未订妥座位的乘机联，承运人应按旅客的申请，根据已付的适用票价和所申请航班的座位可利用情况为旅客预订座位。

客票为记名式，只限客票上所列姓名的旅客本人使用，不得转让和涂改，否则客票无效，票款不退。

旅客未能出示根据承运人规定填开的并包括所乘航班的乘机联和所有其他未使用的乘机联和旅客联的有效客票，无权要求乘机。

客票的乘机联必须按照客票所列明的航程，从始发地点开始顺序使用。如果客票的第一张乘机联未被使用，而旅客在中途分程地点或约定的经停地点开始旅行，则该客票运输无效，承运人不予接受。旅客应在客票的有效期内完成客票上所列的航程。

5. 民航发展基金

民航发展基金属于政府性基金，于 2012 年 4 月 1 日起开始征收，国内航线原则上为每人次 50 元，国际航线为每人次 90 元，具体视情况调整。民航发展基金的设立是为了取代原来对乘客征收的机场建设费及对航空公司征收的民航基础设施建设基金。

6. 旅费证

1）用途。旅费证（miscellaneous charges order，MCO）可用于支付下列服务的费用（但不得专门用于资金转移）：①航空或地面运输费用；②逾重行李收费；③按货物运送的行李费；④综合旅游的地面费用；⑤提供高级设备的航空或地面运输费用；⑥提高等级或付款不足时的附加费用；⑦税款及费用；⑧预先交付的款项（定金）；⑨可以退还的差额；⑩旅馆膳宿费用；⑪收取“预付票款通知（PTA）”的款项；⑫为残疾旅客提供服务，如氧气、救护车、特殊设备的费用；⑬各种杂费，如订座费或改变航程费。

2）有效期。旅费证自填开之日起一年有效。

3）分类。

① 指定运输。为指定运输而填开的旅费证，用于支付旅客或行李的航空或地面运输费用。

② 指定综合旅游的地面服务费用。作为此类用途而填开的旅费证应列给指定的旅游代理人，用以支付综合旅游的地面服务费用。

③ 非指定运输和其他服务。当填开非指定运输和其他服务的旅费证时，“服务类别”栏内注明“FURTHER TRANSPORTATION AND/OR EXCESS BAGGAGE”，并说明原填开的承运人，方有权办理该旅费证的退款。

4）旅费证的价值限额。为指定运输填开的旅费证每张换取服务联应填入价值；在为航空运输及其相关服务填开旅费证时，应适用相应的货币规定。

在遵守适用的政府规定和货币规章的前提下，对旅费证的价值又有以下限制：①当旅费证用于指定运输或地面服务安排时，不得超过该项运输或地面服务的实际价值；

②如非指定运输或其他服务，不得超过USD750（或相当于在填开或重新填开旅费证时以银行卖出价换算的等值货币）；③开给原填开票证的承运人、用于退款的旅费证可超过价值限额。

5）遗失旅费证。旅客遗失旅费证后，向承运人办理挂失的程序与遗失客票的程序基本相同。所不同的是，旅客只可申请办理退款，不可申请办理补开。

附录四　国内民航运输生产指标

一、航空运输量

航空公司对旅客、行李、货物、邮件的运输数量称为航空运输量。其中，旅客运输量计算单位为人次，成人和占座位的儿童均按一人计，婴儿不计；行李、货物、邮件的运输量，称为货邮运输量，计算单位是吨。

二、航空运输总周转量

航空运输总周转量包含两项：旅客周转量和货邮周转量。货邮周转量的单位是吨公里；旅客周转量的单位通常是人公里，在计算航空运输总周转量时，需要换算成吨公里。

旅客周转量=Σ（旅客运输量×旅客运输距离）

货邮周转量=Σ（货邮重量×货邮运输距离）

航空运输总周转量=旅客周转量+货邮周转量

三、航班客座利用率

航班客座利用率又称为上座率，它反映了飞机座位的利用情况，是航班效益的重要指标。计算公式为

航班客座利用率=（航班旅客数/航班可提供座位数）×100%

四、航班载运率

航班载运率反映了飞机业务载运能力的利用情况，是航班效益的重要指标，也是合理安排航班、调整航班密度的重要依据。计算公式为

航班载运率=（航班实际业载/航班最大业载）×100%

五、飞机利用率

飞机利用率是指一架或一种机型的飞机，在一定时间段内（通常是一年）的日平均飞行小时。它是从时间角度反映飞机的利用情况，是企业经济效益的重要指标。为了飞行安全，一种机型飞机的寿命是固定的。提高飞机利用率，能充分利用企业资产、降低

成本。计算公式为

飞机利用率=时间段内的飞行小时/时间段（天）

六、航班正常率

航班正常率是指正常运行的航班数量和计划航班数量的百分比。它客观反映了航空公司的航班实施情况，也体现了航空公司生产的组织管理水平。计算公式为

航班正常率=（正常航班数/计划航班数）×100%

七、吨公里成本

吨公里成本是指航空公司完成每一吨公里的运输，平均消耗的各项费用开支。它是航空公司经济效益的综合指标之一。计算公式为

吨公里成本=运输成本总额（元）/运输总周转量（吨公里）

八、飞机生产率

飞机生产率是指一架或一种机型的飞机，在单位时间内（小时）所完成的运输周转量（吨公里）。飞机生产率是航空公司航空运输飞行效益的主要指标，是运输生产计划的重要参数。计算公式为

飞机生产率=运输周转量（吨公里）/运输飞行小时

附录五　用经纬度计算两城市距离

地球上，两个城市之间的理论距离是地球球面的大圆上两点之间的弧长距离。地球球面上的大圆上两点之间的弧长距离目前是根据大地坐标系决定的，即由两个城市（地球球面上的两点）的经纬度坐标决定的。这是理论距离。

大地坐标系是由大地经度和大地纬度构成的坐标系。大地坐标系和空间直角坐标系的关系如下。

设点A（MLonA, MLatA），其中，MLonA为大地经度，MLatA为大地纬度。

X=*a*×cos（MLatA）×cos（MLonA）/sqr［1−e×e×sin（MLatA）×sin（MLatA）］

Y=*a*×cos（MLatA）×sin（MLonA）/sqr［1−e×e×sin（MLatA）×sin（MLatA）］

Z=*b*×sin（MLatA）/ sqr［1−e1×e1×cos（MLatA）×cos（MLatA）］

其中：

e×e=（*a*×*a*−*b*×*b*）/*a*×*a*, e1×e1=（*a*×*a*−*b*×*b*）/*b*×*b*

a、*b*为地球椭球的长、短轴半径。

地球是一个近乎标准的椭球体，它的赤道半径约为6378千米，极半径约为6357千

米，平均半径约为 6371 千米。

如果假设地球是一个完美的球体，那么它的半径就是地球的平均半径，记为 R。那么，就有 e＝e1＝0。

大地坐标系和空间球面直角坐标系的关系如下：

$$X=R\times\cos(MLatA)\times\cos(MLonA)$$
$$Y=R\times\cos(MLatA)\times\sin(MLonA)$$
$$Z=R\times\sin(MLatA)$$

如果以 0° 经线为基准，纬线以赤道平面为基准，那么根据地球表面任意两点的经纬度就可以计算出这两点间的地表距离（忽略地球表面地形对计算带来的误差，仅仅是理论估算值）。

设第一点 A 的经纬度为（LonA, LatA），第二点 B 的经纬度为（LonB, LatB），按照 0° 经线的基准，东经取经度的正值（Longitude），西经取经度的负值（-Longitude），北纬取正值（Latitude），南纬取负值（-Latitude）。设地球半径为 R，中心为 O，经度 MLonA、MLonB $\in[-\pi, \pi]$，纬度 MLatA、MLatB$\in[-\pi/2, \pi/2]$。

A（MLonA, MLatA）的坐标可表示为

$[R\times\cos(MLatA)\times\cos(MLonA),\ R\times\cos(MLatA)\times\sin(MLonA),\ R\times\sin(MLatA)]$

$$A(MLonA, MLatA) \implies A(X_1, Y_1, Z_1)$$

B（MLonB, MLatB）的坐标可表示为

$[R\times\cos(MLatB)\times\cos(MLonB),\ R\times\cos(MLatB)\times\sin(MLonB),\ R\times\sin(MLatB)]$

$$B(MLonB, MLatB) \implies B(X_2, Y_2, Z_2)$$

A、B 两点的直线距离|AB|：

$$|AB|=Sqr[(X_1-X_2)\times(X_1-X_2)+(Y_1-Y_2)\times(Y_1-Y_2)+(Z_1-Z_2)\times(Z_1-Z_2)]$$

利用余弦定理可求出 A、B 两点与地球 O 点夹角的度数 K，即

$$|AB|\times|AB|=|OA|\times|OA|+|OB|\times|OB|-2\times|OA|\times|OB|\times\cos K$$

其中，|OA|、|OB|是地球的平均半径 R

$$\cos K=(2\times R\times R-|AB|\times|AB|)/(2\times R\times R)$$
$$K=\arccos(\cos K)$$

地球球面上 A、B 两点弧长距离＝$R\times K$。

那么根据三角推导，可以得到计算 A、B 两点弧长距离（球面距离）如下：

$$\overset{\frown}{AB}=R\times\arccos[\cos(MLatA)\times\cos(MLatB)\times\cos(MLonA-MLonB)+\sin(MLatA)\times\sin(MLatB)]$$

而 arccos（x）可以表示为：

如果 $x<0$, $x=x+3.141\,592\,6$，只求 A、B 两点的劣弧长度。

$$\arccos(x)=[0:3.141\,592\,6/2,1:0,x: \mathrm{arctg}(\mathrm{sqr}(1-x^2)/x)]$$

培训系统汇集了国内主要城市（150 个）比较准确的经纬度坐标。根据城市的经纬

度坐标，就可以计算这些城市间的理论距离。

地球上，两个城市之间的实际距离和理论距离是有差距的。两个城市之间的实际距离不是理论距离，但可以以理论距离为依据。两个城市之间的距离选取理论距离，有了理论距离，才可以计算里程价格、客票价格，根据飞机机型计算空中飞行时间等。